비즈니스 포트폴리오

Business Portfolio

류문상

法 文 社

머리말

대학은 취업만을 위해 존재하는 교육기관이 아닙니다. 특히나 우리나라는 학생들이 특정 과목에 집중된 주입식 교육을 받고 대학에 온 이유로 전공지식뿐만 아니라 다양한 교양분야에 대한 교육도 필요하며 학교 건물 안에서만 배우는 것이 아니라 기업이나 기관과의 연계 활동을 통해 실무적인 경험을 쌓아야 합니다. 그러나 현 시점에서 우리나라 대학은 취업률이 그 학교의 수준을 결정하는 상황으로 몰리고 있는 듯합니다. 더구나 취업의 질보다 양을 따지는 우리사회의 고질적 잣대로 인해서 학생들은 자신의 적성이나 기업의 비전 등을 충분히 검토하지 못하고 서둘러 자신의 인생을 좌우할 수 있는 취업을 불과 몇 달 간의 구직 활동을 통해 결정하는 안타까운 일들이 반복되고 있습니다.

대학 4년을 공부해도 확실한 자격증이 보장된 분야가 아닌 학생들은 자신의 진로에 대한 방향성을 전혀 찾지 못하고 방황하는 경우가 대부분입니다. 그렇다고 그 학생들이 과거와 같이 학교생활을 대충한 친구들이 아닙니다. 스펙 전쟁이라는 흐름 속에 강의 출석 하나, 학점 하나 그리고 외국어와 컴퓨터 등 취업에 필요하다는 것들을 얻기 위해 최선을 다한 친구들입니다. 그럼에도 불구하고 이런 불행한 상황이 지속되는 이유는 학교가 세상의 변화에 동떨어져 실무와 연관이 적거나 오래전 효력이 다된 내용을 학생들에게 전달하고 있기 때문이고, 기업이 필요로 하는 것이 무엇인지 알고자 하는 노력을 제대로 하지 않기 때문이라고 감히 생각하고 있습니다.

기업은 학교보다 훨씬 빠르게 변화해 왔습니다. 그럴 수밖에 없었던 것이 학교는 시장 환경에 둔감해도 괜찮았지만 기업은 소비자를 모르고서는 살아남기 어렵기 때문입니다. 따라서 기업은 과거와는 다르게 업무에 대한 적합도와 전문성에 중점을 두고 인재를 뽑는 반면, 대학은 여전히 학생들에게 학교 이름이나 전공여부 그리고 학점을 큰 가치로 두고 취업준비를 시키는 와중이라 인력의 공급처와 소비처가 너무도 상이한 관점을 가지고 있어 취업준비생들만 중간에서 고생을 하고 있는 셈입니다.

포트폴리오는 과거 예·체능 분야에서 자신의 작품을 보여주는 개념에서 이제는 진학이나 취업을 위해 거의 모든 분야에서 요구되는 업무 능력에 대한 증명서로 확장되었습니다. 학과나 학점이 실제 업무에 크게 연관이 없다는 것을 실감한 지 오래인 기업 입장에서 취업 희망자들이 얼마나 기업 환경에 대한 이해가 있고 즉각적인 업무 능력이 있는지를 가늠할 수 있는 것은 짧은 시간의 면접이나 그럴 듯하게 작성된 자기소개서나 이력서보다는 포트폴리오가 낫다는 판단을 하는 것은 지극히 당연한 현상입니다.

그런 이유로 본 교재는 대학 졸업을 앞두거나 취업을 준비하고 있는 많은 분들에게 가장 효과적으로 도움을 줄 수 있는 가이드가 될 것이라는 것과 아울러 각종 공모나 투자를 앞둔 사업가 분들에게도 실제적 도움이 되리라 믿습니다.

이 책이 나오는 데 가장 큰 의지가 되어준 이상민, 그리고 도서출판 법문사 대표님께 심심한 감사의 말씀을 드립니다.

2021년 8월

류 문 상

차례

CHAPTER Ⅴ   포트폴리오 작성(기획단계)   63

CHAPTER

취업환경 분석

A. 대졸 취업 현황

A. 대졸 취업 현황

    2021년 3월 통계청의 조사에 따르면 2월 취업준비자는 작년 같은 달보다 8만3000명(10.8%) 늘어난 85만3000명이었다. 관련 통계가 집계된 2003년 이후 2월 기준 가장 많은 규모다. 특히 20, 30대 취업준비자가 76만명으로 7만4000명 증가했다. 취업준비자는 비경제활동인구 가운데 취업을 위한 학원이나 기관에서 강의를 듣는 사람과 취업준비를 하는 사람 수를 합친 것이다. 보통 대학 졸업식과 함께 채용이 활발하게 진행되는 2월임에도 청년들의 상당수가 취업 문턱을 넘지 못하고 고전하고 있는 것이다. 취업할 의지조차 없이 그냥 쉬는 이른바 '니트NEET·Not in Education, Employment or Training 족'도 지난해 크게 늘어난 것으로 조사됐다. 청년 취업준비자가 크게 늘어난 건 신종 코로나바이러스 확산 여파로 기업들이 신규 채용을 미루거나 아예 줄였기 때문으로 분석된다. 통계청 관계자는 "청년들이 취업에 성공해서 취업자로 옮겨가야 하는데, 코로나19로 계속 취업준비자로 머무르는 사람이 많아졌다"고 설명했다.

    한편, 현대경제연구원이 발표한 '국내 니트족 현황과 시사점' 보고서에 따르면 국내 니트족은 지난해 43만6000명으로, 2019년보다 약 8만5000명(24.2%) 증가했다. 2016년(26만2000명)과 비교하면 4년간 1.7배로 늘었다. 보고서에선

▌그림 1-1　2021년 4년제 대학 졸업 예정자 취업 현황

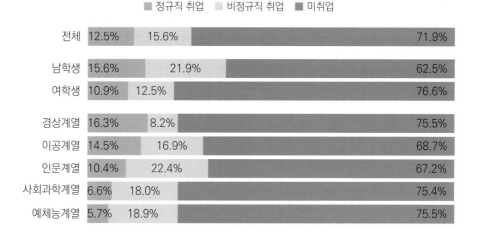

출처 : 잡코리아, 2021

15~29세 비경제활동인구 중 미혼이면서 육아·가사, 통학, 심신장애, 취업·진학준비, 군 입대 대기 등에 해당하지 않고 그냥 쉰 사람을 니트족으로 분류했다. 전체 청년 인구에서 니트족이 차지하는 비중은 2016년 약 2.8%에서 2020년 4.9%로 2.1%포인트 높아졌다. 따라서 잡코리아가 집계한 2021년 국내 4년제 대학을 졸업하는 졸업예정자 중 절반 이상이 아직 취업에 성공하지 못한 것으로 나타난 것이며 특히 정규직 취업에 성공한 대졸예정자는 10명 중 1명 수준에 그쳤다.

1 계열별 취업 현황

교육부 대학 알리미가 공시한 2019 '졸업생 취업 현황'에 따르면 계열별, 학과별로 취업률 차이가 상당한 것으로 파악됐다. 계열별로 살펴봤을 때, 가장 취업률이 높은 계열은 단연 의약계열로 83.9%(남자 84.2%, 여자 83.8%)를 기록했다. 그 다음으로 공학계열 69.4%(남자 70.7%, 여자 65.0%), 사회계열 62.4%(남자 64.2%, 여자 60.6%), 예체능계열 62.2%(남자 67.0%, 여자 59.8%), 자연계열 60.7%(남자 63.4%, 여자 58.4%), 인문계열 56.8%(남자 58.9%, 여자 55.7%), 교육계열 48.2%(남자 46.6%, 여자 48.9%) 등의 순이었다. 과거와 비교했을 때 남자와 여자 간 취업률 격차가 크게 벌어지지 않은 점이 눈에 띈다.

■ 표 1-1 2019년 계열별 4년제 대학 졸업자 취업 현황

구분	졸업자	취업대상자	취업자	취업률 (%)	취업률 (남)	취업률 (여)	비고 (2017)
인문계열	39,655	33,388	18,949	56.8	58.9	55.7	55.4
사회계열	91,213	83,757	52,228	62.4	64.2	60.6	60.6
교육계열	15,980	14,723	7,094	48.2	46.6	48.9	46.8
공학계열	79,280	70,279	48,788	69.4	70.7	65.0	67.7
자연계열	38,118	31,206	18,927	60.7	63.4	58.4	59.1
의약계열	23,904	22,991	19,298	83.9	84.2	83.8	83.6
예체능계열	35,538	31,597	19,666	62.2	67.0	59.8	61.3
총계	323,688	287,941	184,950	64.2	66.7	61.8	62.6

출처 : 뉴스앤잡(http://www.newsnjob.com)

☑ 희망 취업 분야

취업포털 인크루트가 조사한 '2020 대학생이 가장 일하고 싶은 기업'에 따르면 대학생 절반가량은 대기업에 입사하겠다고 밝힌 반면, 중소기업 희망자는 지난해보다 절반 감소한 것으로 조사됐다.

설문에 참여한 대학생들이 바라는 취업형태는 '대기업'이 44.9%의 득표율로 1위에 올라 절반에 가까운 대학생이 대기업 입사를 희망하고 있는 것으로 나타났으며 이어서 '공공기관·공기업'(22.3%)이 '중견기업'(21.8%)을 근소한 차이로 제치고 2위에 올랐다. 나머지는 '기업형태는 상관없음'(7.1%) 그리고 '중소기업'(3.9%)이 차지했다. 2019년 조사 대비 동일 설문조사 결과에 따르면 당시 입사 희망기업 1,2위에 '대기업'(41.2%)과 '중견기업'(25.0%)이 올랐으며, 이어 '공공기관'(20.5%), '중소기업'(6.6%) 순으로 나타났는데 올해 결과와 비교하자면 중소기업은 전년과 대비하여 2.7% 감소해 선호도가 급격히 낮아졌으며 '중견기업' 또한 3.2% 감소했다. 이와 반면 '대기업'과 '공공기관' 득표율은 각각 3.7%, 1.8% 늘어 이들과 대조를 보였다. 문제는 기업의 형태가 상관없다고

■ 그림 1-2　4년제 대학 졸업자 희망 취업 분야

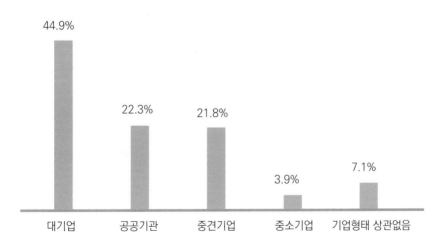

Q. 한편, 일하고 싶은 기업 고른 기준은?

대기업 : 만족스러운 급여 및 보상(36.1%), 구성원으로서의 자부심(12.0%)
공공기관 : 고용안정성(52.2%), 워라밸을 중시하는 기업풍토(19.3%)

출처 : 인크루트, 2020

답변한 취준생의 비중이 7%가 넘는다는 것과 아울러 위 조사와 별도로 진행된 다른 연관 조사에서 2021년 상반기 신입직 취업에 도전하는 취준생의 무려 46.0% 이상이 전공이나 적성 등을 고려하지 않은 소위 '묻지마지원', '문어발지원'이라도 불사하겠다고 답했다는 것인데 인생의 가장 중요한 선택이 될 수 있는 취업을 이런 식으로 결정하겠다는 많은 젊은이들의 생각이 얼마나 우리의 미래전망을 어둡게 하는지에 대해 심각하게 고려해봐야 할 것이다.

③ 채용계획

2021년 3월 상반기 취업시즌을 앞두고 잡코리아가 국내 대기업 및 중소기업 813개사를 대상으로 '상반기 대졸 신입사원 채용계획'에 대해 설문조사를 진행한 결과 상반기에 대졸 신입사원 채용계획이 '있다'고 답한 기업이 41.5%로 10곳 중 4곳에 불과했다. 대기업 중에는 절반 정도인 47.2%가 상반기에 대졸 신입사원 채용계획이 있다고 답했고, 중소기업 중에는 38.7%가 채용계획이 있다고 답해 대기업이 소폭 많았다. 특히 동일 기업 중 작년 상반기에 대졸 신입사원을 채용한 기업이 57.7%에 달해, 코로나 등 시장경기 악화로 인해 대기업을 포함한 전반적인 기업 채용이 상당 수준 냉각될 것으로 예상된다.

한편, 올해 신입사원을 채용한다고 답한 대기업 중 69.4%가 수시채용을 진행할 계획이라고 밝혀 대기업의 신입직 수시채용 방식의 확산세가 빠를 것으로 전망된다. 대기업의 신입사원 수시채용은 현대자동차그룹, LG그룹, KT 등이 도입한 이후 최근 SK그룹이 내년부터 신입직 정기공채를 전면 폐지하고 수시채용을 도입한다고 밝혔고 이에 앞서 SK그룹은 올해 상반기 계열사별 수시

■ 그림 1-3   2021년 상반기 기업 채용 계획

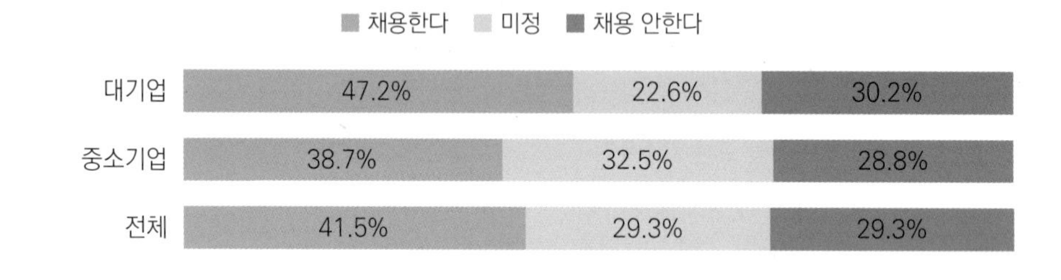

■ 채용한다 ■ 미정 ■ 채용 안한다

	채용한다	미정	채용 안한다
대기업	47.2%	22.6%	30.2%
중소기업	38.7%	32.5%	28.8%
전체	41.5%	29.3%	29.3%

출처 : 잡코리아, 2021

채용을 시작한다고 발표했다. 현재 SK하이닉스가 신입사원 수시채용을 진행 중이고 3월 중순부터 순차적으로 계열사별 수시채용을 진행할 예정이다. 중소 기업은 대기업보다 높은 수준인 76.9%가 수시채용을 진행한다고 답했으며 채 용전형은 조사결과 상반기에 대졸 신입사원을 채용하는 대기업 10곳 중 6곳 (60.0%)은 비대면 채용전형을 진행한다고 답했다. 중소기업 중에는 비대면 채 용전형을 진행하는 기업이 31.6%에 그쳤고, 68.4%가 대면 채용전형을 진행한 다고 답했다. 따라서 취업을 위한 포트폴리오의 중요성은 더 커졌다고 볼 수 있다.

④ 취업 준비 내용

2017년에 교육부와 한국직업능력개발원이 발표한 '대학 진로교육 현황조사' 결과를 보면 대학생들이 대학생활 중 가장 고민하는 것은 '졸업 후 진로'(4년제 대학생 60%, 전문대생 59.7%)로 나타났는데 이는 '학업'이나 '경제적 어려움' 등 다른 고민에 비해 압도적으로 큰 비중을 보이는 것이고 이후 공식적으로 조사 된 것은 없으나 이러한 지표는 나아지지 않았을 것으로 보인다. 다른 한편으 로 졸업 후 '취업'(4년제 대학생 62.4%, 전문대생 68.4%)을 하겠다는 응답이 가장 높았지만, '아직 잘 모르겠다'(4년제 대학생 22.0%, 전문대생 15.1%)는 답변도 상 당한 수치이고 문제는 취업을 하겠다고 계획은 하고 있지만 구체적으로 취업 방향을 정한 학생은 절반도 되지 않을 것이라는 데 있다. 취업이 대학만의 책 임은 아니지만 대학에 학비를 내고 입학하여 공부하는 학생들이 절대적으로 가지는 목적이 취업이라고 할 때 대학이 얼마나 학생들의 이러한 고민을 이해 하고 해결책을 제시하기 위해 노력했는지는 미지수이다. 취업률 즉 취업자 숫 자만 맞추기 위해 학생들의 적성에 대한 관심이나 실제 기업환경에서 비전 있 는 기업에 대한 통찰력 없이 일단 아무 곳이나 취업하고 보자란 식으로 유도하 거나 심지어 무책임한 창업을 권유하기도 한다. 그나마 제공되는 취업관련 학 교 행정 서비스에 대한 프로그램 중 참여 학생의 만족도가 가장 높은 서비스로 4년제 대학생은 현장실습 및 인턴 프로그램(3.83/5)을, 전문대생은 학과(전공) 교수와의 진로 및 취업상담(3.94/5)을 꼽았는데 이러한 만족도도 다른 프로그 램 대비 상대적인 만족일 뿐 서비스 그 자체에 대한 만족과는 거리가 있다.

잡코리아가 2021년 상반기 신입직 취업을 준비하는 취업준비생 1,111명을

■ 그림 1-4 2021년 상반기 취업 준비 활동

2019 취준생 취업준비	
자기소개서 준비	57.7%
면접 준비	49.1%
직무/전공공부	39.6%
지원기업 분석	25.8%
영어성적관리	21.9%

2021 취준생 취업준비	
채용공고 검색	51.8%
전공자격증 취득 준비	39.6%
자기소개서 준비	31.0%
지원기업 분석	31.0%
직무/전공공부	19.9%

출처 : 잡코리아, 2021

대상으로 '취업시즌 중 취업준비 방법'에 대해 설문조사를 진행한 결과 올해
취준생들의 취업준비 방법이 달라졌다는 것을 알 수 있다. 예년에는 취업시즌
이 시작되면 '자기소개서를 준비한다'는 취업준비생이 가장 많았으나, 올해는
전체 대상 응답자 2명 중 1명에 달하는 51.8%가 '채용공고 검색'을 꼽았다. 위
결과는 우선 코로나 등 거시환경의 급격한 변화로 예년에 비해 채용을 하는 기
업의 수가 급감함으로 인해 취업 자체의 기회가 줄어든 관계로 채용정보를 우
선적으로 입수하는 것이 중요해졌다는 의미이기도 하지만 가장 눈에 띄는 것
은 면접과 자기소개서 준비에 대한 중요도가 대폭 줄어들고 전공자격증과 지
원기업 분석과 같은 취업준비생의 전문성을 보다 나타낼 수 있는 항목에 대한
준비의 중요성이 커지고 있다는 것이다. 이는 설문 항목으로 질의되지 않아
답변이 나오지 않았으나 이것들보다 훨씬 취준생의 전문성을 보다 자세하고
차별적으로 보여줄 수 있는 포트폴리오 제작은 향후 취준생들이 가장 많은 시
간을 들여야 할 준비 사항이 될 것이라 생각된다.

　한편, 일반적이지 않는 즉 다른 나라에서는 생각지도 못할 문제가 우리 취
업환경에 존재하고 있는데 취업을 위해 사교육을 받는 대학생이 10명 중 3명
에 이른다는 것이다. 2019년(38.2%) 대비 다소 감소하였지만, 잡코리아가 알
바몬과 함께 국내 4년제대학 3,4학년과 2021년 졸업예정자 총798명을 대상으
로 '취업사교육 경험'에 대해 설문조사를 진행한 결과 전체 응답자 중 '최근 일
년 이내 취업사교육을 받은 적 있다'고 답한 대학생이 31.6%로 10명 중 3명에
달했으며 이들이 일 년 동안 취업사교육비로 지출한 금액은 평균 218만원으로

■ 그림 1-5 취업 사교육 현황

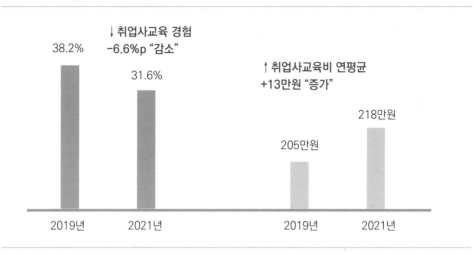

출처 : 잡코리아, 알바몬, 2021

집계됐다. 전공계열별 취업사교육 경험을 조사한 결과 인문계열 대학생 중 '취업사교육을 받은 경험이 있다'고 답한 대학생이 40.0%로 가장 높았고 이어 경상계열(39.8%), 이공계열(30.6%), 사회과학계열(30.1%), 예체능계열(23.7%) 순으로 취업 사교육 경험자 비율이 높게 나타났다.

위 결과는 대학을 졸업하기 위해 지출해야 하는 비용과 시간적 노력이 선진국에 비해서도 상당한 수준임에도 대학이 취업을 하기 위해 필요한 역량을 학생들에게 충족시켜주지 못한다는 증거이며, 대학 당국은 통렬한 반성을 통해 소비자의 욕구를 수행하지 못하는 기업이 시장에서 사라지는 것처럼 학생들이 원하는 바를 채워주지 못하는 대학은 퇴출되어야 할 것이다.

CHAPTER 11

포트폴리오
(portfolio)

A. 포트폴리오의 개념
B. 포트폴리오의 목적
C. 포트폴리오의 종류

A. 포트폴리오의 개념

　포트폴리오는 영어로 서류가방, 자료 수집철, 자료 묶음 등을 뜻한다. 자신의 이력이나 경력 또는 실력 등을 알아볼 수 있도록 자신이 과거에 만든 작품이나 관련 내용 등을 모아 놓은 자료철 또는 자료 묶음, 작품집으로, 주로 실기와 관련된 경력증명서이다. 따라서 거의 예능계열에서 학교 입시를 위해 준비하는 시청각적 작품을 의미하였는데 최근에는 기업에 입사하기 위해 취업준비생들이 제출하는 희망 분야에 대한 전문성을 나타내는 보고서로 영역이 확대되었다.

　기업이 포트폴리오를 점점 중요하게 여기는 이유는 다음과 같이 분석할 수 있다.

1 대학에서 배운 전공지식과 실제 업무 간에 차이

　대학은 취업만을 위한 곳이 아니다. 학문의 전당이자 다양한 교양을 쌓는 곳으로 그런 이유로 이 사회는 대학생을 지성인이라고 부른다. 그렇지만 어느 사이 취업률을 통해 학교의 순위를 매기고 신입생을 유치하기 위해 가장 먼저 꺼내드는 카드가 취업과 관련된 것이 되었다. 하지만 90년대 이후 활발하게 시행된 다양한 산학 프로젝트에도 불구하고 대학에서 가르치는 내용들은 아직도 실무와 거리가 먼 것이 사실이다. 이는 학문의 순수성이 요구되는 순수 학문의 이야기가 아니다. 응용학문의 영역에서도 여전히 이론 따로 실무 따로 식의 교육이 반복되다 보니 대학을 졸업해도 바로 기업체에 투입되어 자기 역할을 할 수 있는 자원이 턱없이 부족하다는 것이 일반 기업들이 공통적으로 보이는 의견이다. 미국이나 유럽의 경우 실무 학문의 경우 교수진은 비현실적인 논문만 써대는 학자가 아니라 실무에서 역량을 발휘한 사람들로 구성하는 경우가 대부분이다. 따라서 사례중심 교육, 실무중심 교육이 가능하기에 기업과의 연계 활동도 자연스럽게 이루어지는 경우가 많지만 한국의 경우 오로지 책과 논문으로만 실무를 간접 경험한 교수들이 대부분이고, 교수평가가 여전히 실무에서 별반 필요도 없는 그들만의 논문을 쓰는 것으로 인정되는 관계로 학생들은 다양한 과목을 대학에서 수강했다지만 정작 기업에 들어가서 사용할 것이 많지 않고 기업들과의 연계 활동도 주도적 역할을 해야 할 교수들이 뒷짐을 지는 경우가 많아 학교와 기업 간 불신은 사실 점점 커져왔다고 해도 과언이 아니다.

2 신입사원 교육 투자에 대한 부담

과거 2000년 이전에는 큰 기업을 중심으로 신입사원에 대한 O.J.T On the Job Training 라는 교육 및 실습 프로그램이 시행되었다. 신입사원들이 특정 부서에 투입되기 전 회사 전반에 대한 이해를 돕고, 회사 내 각 파트에서의 업무에 대한 직접적 체험을 해 봄으로써 자신의 적성을 미리 파악해보라는 취지의 프로그램이었으나 이제는 거의 시행하고 있지 않다. O.J.T 프로그램이 더 이상 기업에서 시행되지 않는 이유는 여러 가지가 있으나 일단 비용적 부담이 크다는 것이 첫 번째 이유이다. 보통 한 달에서 길게는 3개월 기간 동안 실제 업무에 도움이 되지 않는 신입사원들을 위해 단지 교육만을 위한 프로그램을 운영하는 것은 상당한 경비와 별도의 교육인력이 필요하다. 두 번째는 실행 효과가 점점 떨어진다는 것인데 신입사원들이 교육 중 이탈하는 것은 물론 1년도 채 근무하지 않고 이직이나 사직을 하는 경우가 늘어남에 따라 막대한 비용과 인력을 들여 시행한 프로그램의 가성비가 떨어졌기 때문이다. 따라서 기업은 대기업일수록 대학을 갓 졸업한 완전한 신입사원보다는 중소기업에서 어느

■ 그림 2-1 On the Job Training 개요

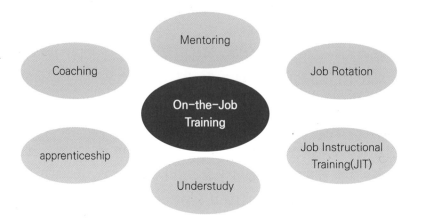

정도 실무를 경험했거나 최소한 인턴십을 통해 경험치를 쌓아 실무에 바로 투입될 수 있는 반경력사원을 선호한 지 오래다.

3 낮아지는 기업 충성도

신입사원들이 어렵게 구한 직장을 쉽게 그만두는 이유는 다양하겠지만 근본적으로 본인에게 그 기업이 처음부터 적합한 곳이 아니기 때문에 입사 초기 그러한 점이 구체적으로 드러났기 때문인 것으로 여겨진다. 경력사원들은 보통 이직을 고려할 때 급여수준이나 복지와 같이 업무와 관련이 적은 요인을 중심으로 판단하는 경향이 크나 신입사원의 경우는 그 요인이 자신에게 주어진 업무에 대한 자신감 결여 혹은 주변 환경 특히 같이 일하는 상사나 동료 간의 불화, 심지어 물리적 근무환경의 불만 등 다양하다. 기업이 과거와 같이 피고용자들에 대한 장기적인 고용 보장을 하는 것은 드문 일이 되었지만 마찬가지로 근무자 또한 한 기업에 자부심이나 애정을 가지고 기업의 성공이나 실패와 자신의 장래를 함께 하고자 하는 의지를 가진 경우도 찾아보기 매우 어려운 일이 되었다. 이에 따라 잦은 이직이 인사상의 불리함을 가져오는 인식도 변화하였

▌그림 2-2 신입사원 평균 근속 연수

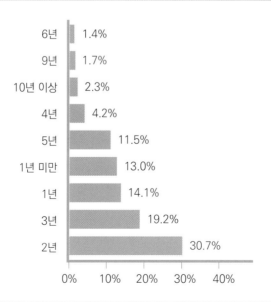

출처 : 통계청, 2018

으며 한 직장에 근무하는 평균 연수도 급속하게 줄어들고 있다. 이러한 현상은 중소기업의 경우 더욱 빠르게 확산되고 있다.

2018년 5월 기준 통계청의 조사 결과를 보면 '첫 직장 평균 근속기간'은 1년 6개월 내외로 나타난 바 있다. 업종별 평균 근속연수를 살펴보면 가장 짧은 직종은 '금융·보험'으로 2.1년이었고 다음으로 '기계·철강'(2.2년), '전기·전자'(2.4년), '정보통신·IT'(2.5년) 등의 순이었다. 근속연수가 상대적으로 높은 업종은 '자동차·운수'(4.5년)였으며, 이어 '석유·화학'(4.2년), '제조'(3년), '유통·무역'(2.9년) 등이었다.

응답기업들은 신입사원의 근속연수가 '짧다'(48.5%)고 생각하고 있었으며, 그 원인을 '연봉이 낮아서'(39%, 복수응답), '직무가 적성에 맞지 않아서'(36.6%), '입사지원 시 생각했던 업무와 실제 업무가 달라서'(25.6%), '강도 높은 업무, 야근 등 근무환경이 좋지 않아서'(21.5%), '회사에 비전이 없다고 생각해서'(20.9%), '복리후생이 좋지 않아서'(18.6%) 등으로 생각했다.

■ B. 포트폴리오의 목적

대학생들이나 취업준비생들이 포트폴리오를 작성하는 목적은 취업에 기본적으로 요구되는 스펙(졸업증명, 학점증명, 자기소개서, 이력서, 각종 수상실적 및 외국어 능력 검증 등) 외에 당연히 취업에 유리한 추가적 자원을 만들어 내기 위함이나 취업 목적 외에 국가기관, 지방자치단체, 기업 등에서 실시하는 각종 공모전에 참가하기 위한 프로젝트 목적의 포트폴리오를 제작하기도 하며, 창업을 목적으로 투자자들에게 설명을 하기 위한 자료를 만들기 위해 작성하기도 한다. 특히 대학생들 상대로 제시되는 공모전의 경우 과거처럼 대학생 특유의 신선한 아이디어나 공익적 차원의 사업 명분을 요구하기보다는 사업성과나 실제로 사업을 지속적으로 성장시킬 수 있는 가능성을 따지기 때문에 취업을 위한 용도나 투자자를 위한 것과 유사한 조건을 요구 받고 있다.

■ C. 포트폴리오의 종류

    비즈니스 포트폴리오는 사업영역이나 제품 아이템 그리고 작성자가 내보이고 싶은 자신의 강점 등에 따라 달라지기 때문에 유형이 매우 다양하다고 할수 있다. 필자는 대학교 3학년 때 두 학기 동안 비즈니스 포트폴리오를 강의하는데 만약 학생 50명이 듣는다면 50개의 포트폴리오가 나온다고 보면 된다. 일반적으로 목적에 따라 다음과 같이 구분할 수 있다.

1 취업용 포트폴리오

    대학생들이 졸업 후 취업을 위해서 작성하거나 실무 경력을 가진 자들이 경력직으로의 취업을 위해 작성하는 것으로 작성자가 취업을 하게 되면 발휘할수 있는 업무적 역량을 보여주는 것에 중점을 두게 된다. 따라서 실제 업무와의 연관성이 가장 중요하며 기발한 아이디어나 독특한 업무적 개성보다는 구체적인 업무 지식과 아울러 비용이나 매출에 대한 정량적 내용을 담아내는 것이 보다 효과적이다. 본 교재는 무역이나 유통 그리고 기타 서비스업을 중심으로 하는 포트폴리오 작성을 다루는 것이므로 이런 관점에서 살펴보면 크게 네 가지로 나누어 볼 수 있다.

가. 해외 브랜드 도입

    해외 브랜드와 독점 계약을 체결하여 국내에 도입 전개하는 전 과정을 설명하는 포트폴리오이다. 해외 브랜드의 직접 도입이 본격화된 1980년대 후반 이후 몇 차례의 국내 경제위기를 겪는 와중에도 성장세를 멈춘 적이 없는 해외 브랜드 사업에 대한 관심은 앞으로도 지속될 전망이다. 따라서 기업의 크기와 무관한 모든 무역회사를 비롯하여 거의 모든 사업 영역에서의 기업들이 해외 브랜드의 제품을 구매하여 판매하는 기존의 사업방식을 넘어서 브랜드를 도입하여 사업을 전개하는 방식에 대한 역량을 보여주는 포트폴리오는 당연히 관련 기업으로부터 매우 긍정적인 평가를 받을 것이다. 해외 브랜드 도입에 대한 전문적 지식이나 충분한 경험을 갖춘 사람은 실무에서도 부족한 상황이기에 단순히 유망해 보이는 해외 브랜드를 소개하는 수준이 아니라 비용과 매출과 이익을 정량적으로 분석하여 브랜드의 시장성을 증명하고, 아울러 타겟 소비자에 대한 자체 조사를 시행함으로써 포트폴리오의 실제적 가치를 제고하는 것이 중요하다.

나. 브랜드 해외진출

앞에서 설명한 해외 브랜드를 국내에 도입하는 포트폴리오와 상반되게 우리나라 브랜드를 해외에 진출시키는 전 과정을 담은 포트폴리오로, 진출하고자 하는 대상 국가에 대한 이해를 바탕으로 한다. 우리나라와 상이한 법률, 제도, 유통채널과 같이 사업 환경에 직접적인 영향을 주는 요인들은 전문가 수준에서 다뤄져야 하며 소비자들의 소비 유형과 행동 등 문화 전반에 대한 깊은 지식이 수반되어야 하는 포트폴리오로 글로벌 마케팅 차원에서 검증되어야 하는 쉽게 접근하기 어려운 작업이다. 그러나 우리나라의 경우 무역을 본격화하던 초창기부터 수입보다는 수출주도의 사업에 중점을 두고 지원을 아끼지 않은 상황이 지속되고 있으므로 무역협회나 무역진흥공사와 같은 관련 공기업을 목표로 하는 취업 준비생들에게는 보다 유리한 내용으로 접근할 수 있다는 장점이 있으며 각종 공모전에도 긍정적인 평가를 받기가 수월하다는 강점이 있다.

다. 자체 브랜드 개발

기존에 있는 브랜드들을 계약에 의거 운영하는 방식이 아닌 포트폴리오 작성자가 개발한 브랜드를 시장에 전개하여 수익을 창출하는 프로세스를 보여주는 포트폴리오로 제품이나 서비스에 있어 작성자의 창의적인 아이디어를 보여줄 수 있다는 데에서 기존 브랜드 운영과는 차별점을 갖는다. 여기서 말하는 자체 브랜드란 사업의 영역에 제한을 두지 않고 취업준비자가 희망하는 직종이나 업태에 맞는 제품이나 서비스를 개발하여 만든 브랜드로 기존 브랜드의 경우 이미 확정된 제품과 서비스 그리고 그 외 이미 결정나 있는 마케팅 믹스를 가지고 포트폴리오를 작성하는 제한이 있으나 자체 브랜드는 네이밍과 로고에서부터 기존 브랜드와 차별적인 제품, 가격, 유통, 촉진전략까지 다양하게 수립할 수 있어 보다 큰 재량권을 가진다. 따라서 보통 디자인 전공이나 자연과학 계열 학생들이 기존 제품과 차별되는 것을 개발하는 차원에서 자주 사용하기도 한다. 이러한 포트폴리오는 한편, 투자자들에게 어필할 수 있다는 장점도 있는데 실제로 실현가능성이 높아 보이는 브랜드와 제품의 경우 정부

■ 그림 2-3 자체 브랜드 개발 포트폴리오

나 지방자치단체의 지원 속에 투자자들과 매칭되어 자신이 수강한 프로젝트를 실제로 구현하는 일이 드물지 않다.

라. 시장분석을 통한 특정 브랜드 개선 방안 제안

시장 내 특정 브랜드를 선정하여 브랜드의 문제점을 파악하고 이에 대한 대안을 기업에 제시하는 것으로 이때 해당 기업은 당연히 포트폴리오 작성자가 취업을 희망하는 기업일 것이다. 시장의 기능 중에 정보의 기능이라는 것이 있다. 시장 규모의 확대와 소비자 욕구 및 트렌드의 급속한 변화 등으로 인해 기업은 소비자를, 소비자는 기업을 모르는 정보의 불일치가 커짐을 매출의 크기나 소비자의 반응을 보고 그 차이를 좁히는 것으로 아무리 큰 대기업이라고 해도 모든 소비자들의 성향이나 행동을 파악하기 힘들다. 더구나 매번 일관된 조사방법으로 소비자를 분석하려 한다면 본질적인 변화나 소비자의 행동을 결정하는 태도나 인지 요인을 알아내기 어려울 것이다. 한편, 많은 경쟁 브랜드에 대해 소비자들이 가지는 상대적 신념을 객관적으로 접근하기도 쉬운 일은 아닐 것이다. 따라서 객관성과 논리를 갖추어 제시하는 자사 분석은 절대적으로 기업 입장에서는 환영할 일이다. 이때 기업 분석은 절대 주관적이 되어서는 안 되며 소수 의견을 마치 대다수의 의견인 것처럼 확대해서도 안 된다. 보통 소비자 조사를 통한 분석이 주류를 이루는데 이때 샘플 수, 조사방법, 신뢰도, 타당도 검증과 같이 기본적으로 통계가 요구하는 조건은 구비하여야 한다. 통계를 모르거나 익숙하지 않은 대학생들은 흔히 빈도분석 frequency analysis 만을 가지고 결론을 도출하는 경우가 많은데 이런 노력이 의미가 없다고 단정짓기는 어려우나 최근 포트폴리오에서의 소비자 분석은 앞서의 통계 조건을 충족시키는 쪽으로 일반화되고 있으므로 이에 대한 감안을 하여야 한다. 이러한 포트폴리오는 손익을 구체화하기가 어려운 서비스 분야에 종사하고자 하는 취업준비생들이 주로 채택하는 것으로 최근 제작되어 항공사에 큰 호응을 얻은 포트폴리오의 예를 들면 항공 승무원을 준비하는 대학생이 국내 항공사와 해외 항공사가 제공하는 일체의 서비스 즉 발권에서 수화물 찾기까지 고객이 경험한 항공사 서비스에 대한 소비자 평가를 통해 국내 항공사와 해외 항공사 간의 차이점을 발견하고, 이차적으로 국내 항공사간 차이점을 구분함으로써 항공사들이 자사 서비스의 강점과 단점을 인식하게 하고 단점을 개선하는 방법을 제시한 것이다.

CHAPTER III

포트폴리오(portfolio) 주제 선정

A. 적성과 비전의 차이

취업을 앞 둔 대학생들에게 어떤 기준으로 취업을 하고자 하냐고 묻는다면 열에 여덟은 적성이라고 답을 하며 취업면접을 보러온 면접자들에게 어떤 이유로 지원을 하였냐고 물어보면 열에 아홉은 '비전이 있는 기업이라서'라는 대답을 해오는 것을 저자는 그간의 경험으로 알고 있다. 그렇다면 그들에게 다시 적성이 무엇이며 비전이 무엇이라고 생각하냐고 되물었을 때 그에 대한 답을 하는 정확히 하는 사람은커녕 아예 대답을 못하는 경우가 대다수여서 오히려 물어본 저자가 곤혹스러웠던 상황도 여러 번이었다. 인생에서 결코 가볍지 않은 취업을 준비함에 있어 가장 중요하다고 생각한다는 것의 개념조차 모르고 있다는 것은 사실 본인뿐만 아니라 그들을 받아들여야 하는 사회나 기업의 입장에서도 웃어넘길 단순 해프닝은 아니라는 생각이다.

먼저 적성이라는 개념을 살펴보겠다. 일반적인 사전적 의미는 어떤 일에 알맞은 성질이나 적응능력, 또는 그와 같은 소질이나 성격으로 설명되고 있다. 반면 사회복지학사전을 보면 일정한 훈련에 의해 숙달될 수 있는 개인의 능력, 즉 어떤 특정 활동이나 작업을 수행하는 데 필요한 능력이 어느 정도 있으며, 그러한 능력의 발현가능성의 정도라고 해석하고 있다. 여기서 우선적으로

■ 그림 3-1   미션과 비전

Mission "해야 하는 것"	구분	Vision "되고 싶은 것"
• 존재적 의미 • 사명 • 비전의 상위개념	관점	• 달성하고자 하는 수준이나 대상 • 지향점 • 미션의 하위 개념
• 해야만 하는 일을 추상적/선언적 형태로 표현	성격	• 달성하고자 하는 구체적 수준을 표현
• 현재의 모습 • '본질', '정체성'	시점	• 미래의 모습 • '꿈', '목표'

알 수 있는 것은 적성은 능력 혹은 능력을 발휘할 수 있는 가능성이라는 것에 중점을 둔다는 것이다. 그러나 대다수 학생들은 적성을 자신의 능력치를 고려하지 않고 단순히 본인이 좋아하는 분야 즉 호불호의 관점에서 보고 있다는 것이다. 보다 냉정한 표현을 빌자면 여기서 말하는 능력이라는 것도 단순하게 할 수 있다 없다란 의미가 아니라 남보다 잘할 수 있다란 상대적 능력치를 의미함으로 자신이 적성에 맞는다란 표현은 내가 다른 지원자들에 비해 더 업무를 잘 할 수 있는 능력을 가지고 있다라는 것인데 불행히도 우리나라 대학생들은 자신의 능력치를 실무적으로 검증받을 기회가 현저하게 적다. 그러하니 상대적인 능력치 비교는 엄두도 내지 못할 형편이다.

두 번째로 비전 vision 이라는 개념이다. 사전적 의미는 조직이 장기적으로 지향하는 목표, 가치관, 이념 등을 통칭하는 개념으로 일반적으로 조직이 앞으로 어떻게 되어야 하는지에 대한 이상적인 모습을 가리킨다. 이러한 비전은 미션 mission 과 구분되는데 미션이 절대적으로 수행되어야 할 조직의 목적, 즉 존재의 이유라고 본다면 비전은 오랜 시간 유지되지만 상황에 따라 바람직하게 바뀔 수 있는 것이다. 이것을 비전을 이유로 특정 기업에 지원했다는 면접자들에게 현실적으로 적용한다면 일차적으로 기업의 비전이 무엇인지 알고 있으며 기업의 비전이 자신의 비전과 일치되어서 지원했다는 의미여야 한다는 것이다. 그렇다면 과연 지원자들은 해당 기업의 비전이 무엇인지 알고 있을

■ 그림 3-2 기업 홈페이지

까? 아니 자신의 비전을 확고하게 가지고 있을까? 생각해볼 필요가 있다. 예를 들면 홈페이지 상에 명기된 기업의 비전이 '고객 우선', '고객 만족'을 표방하는 것을 자주 접할 수 있을 것이다. 그럼 이런 기업의 비전이 자신의 비전과 구체적으로 어떤 동질성을 가지는가? 그 어떤 지원자도 쉽게 대답을 할 수 있는 문제는 아닐 것이다. 보다 근원적인 문제를 다루자면 그 어떤 기업도 자사 홈페이지에 기업의 비전 혹은 미션에 대해 이윤의 극대화나 생산성 제고와 같이 실제적으로는 정말 중요하지만 사회에 보여지기엔 완전히 기업 중심적인 내용을 담는 곳은 없을 것이다. 그러므로 기업이 보여주기 위한 비전과 실제 기업에서 사람을 뽑을 때 중요하게 고려하는 기준이 다를 수 있다는 것이며 이는 외모를 면접점수에 반영하지 못한다는 법리적 사실만을 근거로 면접 시 옷차림을 캐주얼 차림으로 가는 것과 같은 것이다.

　다음은 취업준비생들이 선호하는 공기업의 대표들이 최근 내건 인재상이다. 아래 내용을 소개하는 이유를 금방 알 수 있듯, 무슨 의미인지 모르진 않겠지만 취업준비생들에게 구체적으로 요구하는 것이 무엇인지 알 수 있게 하는 것은 하나도 없을 것이다.

- 한국철도공사(손병석 사장) : ▲사람 중심의 사고와 행동을 하는 인성, 열린 마인드로 주변과 소통하고 협력하는 사람지향 소통인 ▲고객만족을 위해 지속적으로 학습하고 노력해 담당분야에서 전문성을 갖춘 고객지향 전문인 ▲한국철도의 글로벌 경쟁력을 높이고 현실에 안주하지 않으며 미래의 발전을 끊임없이 추구하는 미래지향 혁신인.

- 한국중부발전(김호빈 사장): 혁신적 사고와 열정으로 새로운 가치창출에 도전할 줄 아는 인재는 강한 자부심과 책임감으로 자기업무에 주도적일 것이며 상호존중과 배려로 세계와 소통할 수 있어야 한다.

- 국가철도공단(김한영 이사장): 전문인·융합인·상생인.

- 한국가스기술공사(고영태 사장): 새로운 세계에 도전하는 사람, 헌신적인 열정을 가진 사람, 고객의 문제해결에 유능한 사람.

따라서 포트폴리오를 준비하는 취업준비생 입장에서 지향하여야 할 점은 자신의 비전을 기업의 그것에 맞추기보다는 자신의 비전을 먼저 확고하게 수립하는 것이 중요하며 이를 위해서는 앞서 설명한 적성여부를 먼저 파악한 후 적성이 있다. 즉 자신이 관련 업무에 상대적으로 우월한 능력이 있다고 판단되면 그 기업의 시장 내 지속가능성을 따져 보는 것이 바람직한데 전문가도 아닌 사회 초년생의 입장에서 기업의 향후 잠재력을 파악한다는 것은 매우 어려운 일이므로 이때 주변 전문가들의 도움이나 아주 정밀하고 폭넓은 기업 검색 노력이 뒷받침되어야 한다.

B. 자기 경쟁력 분석

앞장에서 적성의 의미를 다루었듯 포트폴리오를 작성하는 취업준비생들은 자신의 경쟁력이 어느 수준인지 객관적으로 파악할 필요가 있다. 그러기 위해서는 먼저 취업하고자 하는 기업에서 원하는 스펙이나 특정 업무 역량에 대해 파악해야 하는데 이는 학교 내 지도교수나 취업담당관 등 접근하기 쉬우나 실무적 내용을 알기 어려운 관계자들보다는 현직에서 그 일을 수행하고 있는 사람이나 해당 기업의 인사팀에 직접적으로 문의하는 것이 가장 정확한 방법이다. 보통 학생들에게 위와 같은 행동을 하라고 지시하면 난감해 하는 경우가 많은데 지금까지 공부 및 기타 활동을 하며 주어진 환경에서 수동적으로 지내온 성향의 학생들이 대부분인 관계로 본인의 일임에도 능동적으로 자신이 구해야 하는 정보를 스스로 찾아 나서는 데 자신이 없기 때문이다. 기업의 입장에서는 지원자가 알아서 원서를 작성하고 면접을 보기보다는 적극적으로 기업이 알고자 하는 인재상을 사전에 습득키길 바란다. 그렇게 하여야 지원자도 기업도 상호간에 있을 수 있는 잘못된 정보나 인식을 제거하여 결과적으로 기업은 원하는 인재를, 지원자는 원하는 기업을 찾는 데 보다 효과적이기 때문이다. 다음은 일반적으로 기업에서 요구하는 요인들이라고 취업준비생들이 고려하는 스펙들인데 보다 심도 있고 실무적으로 다루어보고자 한다.

1 출신학교

몇몇 대기업들이 출신대학을 이력서에 게재하지 못하게 하고 면접 시에도 블라인드 테스트라고 해서 출신학교를 묻지 않는다고 하지만 여전히 출신학교는 취업을 결정하는 핵심조건이다. 외국계 회사의 경우 상대적으로 이러한 조건을 중요하게 생각하지 않는 경우가 많아 소위 명문대나 수도권 내 유명대학생이 아닌 경우라면 보다 적극적으로 외국계 회사 지원을 염두에 둘 필요가 있다.

한국직업능력개발원이 2020년 12월 주최한 취업포럼에서 '우리나라의 매출액 기준 500대 기업의 경우 1차 서류 전형을 통과하기 위해서는 학점, 전공, 출신학교 등 전통적으로 강조되어온 스펙이 여전히 중요하다' 발표하며 이 가운데 하나라도 부족하면 대기업 취업이 어렵다고 강조했다. 일단 출신학교를 노력으로 바꾸기는 어렵다. 재학도중 편입을 하거나 대학원을 가는 경우가 있는데 편입은 기존 학과 수업을 충실하게 하면서 준비하는 것은 매우 힘든 일일 뿐 아니라 학점의 누수를 가져올 수 있는 위험성이 있다. 한편, 좁은 취업문에 직장이 아닌 대학원으로 발길을 돌린 대학 졸업생이 늘고 있다. 대학알리미에 따르면 2020년 전국 일반대학원 정원 내 지원자 수는 8만 4696명으로 전년보다 2566명(3.12%) 증가했다. 이처럼 일반대학원에 문을 두드리는 학부 졸업생이 늘었다는 것은 대학 4년 과정을 마친 학생들이 취업을 위해 사회로 진출하기보다 계속 교육기관에 남으려는 경향이 커졌음을 의미하는데 이유는 역시 취업난이다. 고등교육을 마친 대졸자라고 해도 마땅한 일자리가 없다 보니 대학원으로 눈을 돌릴 수밖에 없다는 것이고 상대적으로 고학력인 대학원생이 학부생보다 취업에 용이하다는 사실도 학부 졸업생의 대학원 진학 선택에 힘을 싣는 것으로 풀이된다. 실제로 2020년 충청권 기준 일반대학원 졸업생의 취업률은 77%인 반면 대학 졸업자의 취업률은 60.9%에 그쳤다.

❷ 전공

우선 구체적인 전공을 떠나 인문사회계에 대한 취업환경은 자연계열 및 이공계에 비해 열악해져만 가는 상황이다. 예체능계의 특별한 상황은 예외로 치더라도 취업률이나 취업 후 처우조건을 따져보면 이러한 불균형은 앞으로도 쉽게 바뀔 수 있을 것으로 보이지 않는다. 대학 인문역량 강화사업 CORE: initiative for College of humanities' Research and Education 은 인문사회계열의 졸업생들을 지원하고자 하는 사업으로 교육부는 20여 개 대학을 선정, 대학 당 5억

■ 그림 3-3   기업 선호 전공 계열

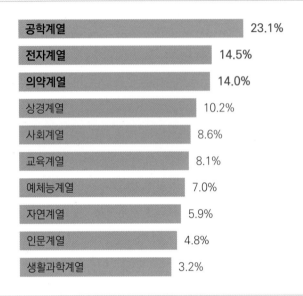

공학계열	23.1%
전자계열	14.5%
의약계열	14.0%
상경계열	10.2%
사회계열	8.6%
교육계열	8.1%
예체능계열	7.0%
자연계열	5.9%
인문계열	4.8%
생활과학계열	3.2%

출처 : 인쿠르트, 2020

~40억 원을 지원할 방침이다. 그러나 이러한 단기정책으로 현 상황에 변화를 주기는 어렵다. 최근 취업포털 '사람인'의 조사에 따르면 기업의 62.4%가 '채용 시 이공계 출신 지원자를 선호한다'고 응답했다. 이들 중 대기업의 71.4%, 중소기업의 63%가 이공계 출신을 선호한다고 답했다. 지원자의 학점이 동일할 때 기업의 53.9%가 '이공계를 인문계보다 더 높게 평가한다'는 결과도 있었다. 설사 인문계 출신 학생들이 취업에 성공한다고 해도 이공계와는 출발선부터 차이가 나는 점 역시 인문계 전공 학생들의 실망을 더 크게 만든다. 한국노동연구원에 따르면 인문계 전공 졸업자의 40%가 첫 직장을 비정규직으로 시작하는 것으로 드러났다. 이는 이공계와 비교했을 때 11%p나 높은 비율이다. 첫 직장 월평균 임금 역시 정규직의 경우 인문계가 182만 원, 이공계가 207만 원으로 무려 25만 원이나 차이가 났다. 비정규직 역시 인문계가 139만 원, 이공계가 153만 원 수준이었다.

❸ 학점

대학생들이 학점에 크게 신경을 쓰지 않았던 시기는 민주화 운동이 대학을 휩쓸던 1980년대로 종료된다. 이후 대학에서 학점이 취업의 필수 기준으로 취급되면서 학생들의 학점에 대한 열정은 현재까지도 이어 내려오고 있다. 그러나 학점에 대한 기업의 평가는 갈수록 낮아지고 있는데 이러한 이유는 그동안의 인사관리 경험에 의거 학점이 높은 취업준비생이 낮은 준비생보다 더 일을 잘한다는 것이 뚜렷하게 증명되지 않았으며, 학점에 후해진 대학들의 정책으로 그 변별성을 잃게 되었기 때문이다. 따라서 현재 학점은 그저 학창시절의 근태 정도로 감안되고 있다고 해도 과언이 아니다. 우리나라 전체 교육의 문제이기도 하지만 대학 교육마저 학생들이 스스로 창의력을 끌어내고 객관적인 이론과 지식의 습득을 바탕으로 논리를 더해 하나의 프로젝트를 수행하는 능력을 효과적으로 키워주지 못하고 있기 때문에 그저 중, 고등학교 시절 암기식의 강의의 반복에 의한 학점 따기로는 학생의 능력을 구분하기가 불가능하다. 그런 이유로 학점이 높으면 그저 주어진 일에 열심히 했구나 인정을 하는 것이지 학생이 높은 학점을 받은 과목에 우수성을 가졌다고 보지 않는 것이다. 한편, 교육부가 발표한 '2021년 4월 대학정보공시'에 따르면 전국 195개 4년제 대학에서 지난해 과목별 A학점 이상을 취득한 재학생 비율은 54.7%로 전년(33.7%)보다 21%포인트 상승했다. 또한 B학점 이상을 취득한 재학생까지 확대하면 87.5%로 전년(71.7%)보다 15.8%포인트 늘었다. 이러한 소위 '학점 인플레' 현상이 이어지면서 취업시장에서 대학교 학점은 더욱 변별력과 신뢰성을 잃게 될 것으로 보인다.

④ 외국어

영어는 직장 결정에서 중요한 역할을 한다. 특히나 인문사회계열에서는 전공 혹은 그 이상의 능력을 요구받기도 한다. 다른 한편으로 해외취업 희망자가 늘면서 영어의 중요성은 갈수록 높아지는 상황이다. 공기업들도 어학 성적을 취업 조건으로 보면서 매년 영어시험 응시자는 늘고 있다. 어학시험은 시험에 따라 목적도 달라지므로 시험을 보기 전에 목적부터 잘 따져야 한다. 취업준비생들이 주로 준비하는 영어 어학시험은 토익TOEIC, 텝스TEPS, 오픽OPIC 등이지만 그 밖에도 아이엘츠IELTS, 토플TOEFL 등이 있다. 텝스는 서울대 언어교육원에서 개발한 영어시험으로 텝스 관리위원회에서 주관하고 있으며 고시생이거나 로스쿨을 준비하는 사람들이 응시하고 있다. 토익이 비즈니스 영어 실력을 본다면 텝스는 문제를 최대한 빨리 푸는 해결능력을 시험한다. 따라서 텝스의 중요한 포인트는 빠른 문제풀이라고 할 수 있다. 본격적으로 텝스가 시행되면서 토플 점수를 대체하는 경우가 많아 텝스의 수요도 같이 증가하고 있다. 하지만 토익은 대다수 기업에서 요구하는 경우가 많아 만약 취업준비생일 경우에는 토익과 텝스 둘 다 보는 것이 유리하다. 아이엘츠는 영국을 비롯한 영연방국가로의 유학을 위해 준비되고 있다.

토익을 통해서 읽기와 쓰기를 시험할 수 있다면 말하기를 평가하는 토익스피킹을 지원해 자신의 영어 회화 실력을 확인해볼 수 있다. 예전에는 듣기 및 읽기 시험으로 전반적인 영어 실력만 알 수 있었지만 토익스피킹은 자신의 회화 실력을 직접적으로 확인하는 것이다. 문장 읽기와 사진 묘사, 질의응답 등으로 구성돼 있고 20분의 시험 시간을 거친다. 한편 토익스피킹 외에도 말하기 시험으로 오픽이 있다. 최근에는 많은 회사들이 오픽여부를 따져보는 경우가 늘고있다. 그러나 보다 중요한 변화는 기업이 이러한 공식적 어학점수에도 과거와 같은 무조건적인 신뢰를 하고 있지 않다는 것이다. 점수는 매우 높지만 실제 업무에서는 거의 실력발휘를 하지 못하는 상황을 적지 않게 경험한 기업 입장에서는 학원에서 단기간의 점수따기 기술을 익혀 실력이 아닌 요령으로 고득점이 가능하다는 것을 알게 되었다. 따라서 면접시 영어 말하기 실력을 테스트하는 경우가 늘어나고 있는데 과거와 같이 자기소개와 평범한 주변 사안을 가볍게 테스트 하는 수준이 아니라 업무와 관련있는 비중있는 내용을

▌그림 3-4 취업 영어 조건

삼성전자 (영업·마케팅·해외영업)	오픽 IH 이상, 토익스피킹 레벨 7 이상
삼성물산(상사부문)	오픽 IH 이상, 토익스피킹 레벨 7 이상
포스코	오픽 IM3 이상, 토익스피킹 150점 이상
한국무역협회	토익 850점
전북은행(우대사항)	토익 900점, 텝스 750점, 토플 105점 이상

심도있게 묻는 경우가 많다. 업무의 성격에 따라 원어민을 인터뷰 장소에 초 빙하기도 한다.

5 자격증

자격증은 취업준비생들이 차별적인 스펙을 갖추기 위해 준비하는 것인데 특 히 구체적으로 자신의 취업방향이 정해진 경우 자격증의 수준에 따라 큰 장 점으로 작용할 수 있다. 한국직업능력개발원이 2016년 기준으로 취업준비생 이 많이 응시하는 시험 10종을 발표하였는데 10종은 토익, 토익스피킹(또는 오 픽), 토플, 텝스와 같은 영어시험에 한국어능력검정시험, HSK, JPT, 테셋, 한 자능력검정시험, 한국사능력검정시험이었다. 이때 한자능력시험과 한국사능 력검정시험은 유효기간이 평생이지만 나머지는 2년이다. 따라서 유효기간 관 리도 매우 중요한 사안이 되고 있다. 영어 관련 일반적인 사안은 앞장에서 설 명하였으므로 인문사회계열 취업준비생들이 많이 준비하는 자격증에 대해 간 략하게 설명하면 아래와 같다.

가. 컴퓨터활용능력시험

대한상공회의소에서 시행하는 국가자격시험으로 1999년 4월 11일, 제1회 컴퓨터활용능력 2, 3급 필기시험을 시작으로 지금까지 이어지고 있다. 이름과 는 달리 사무에서 활용하는 컴퓨터 사용법 전반을 다루는 시험이므로, 컴퓨터 관리 및 조립 같은 엔지니어 관련 내용은 다루지 않는다. 2016년까지는 1급을 취득하면 공무원 시험에서 1%의 가산점, 2급은 0.5%의 가산점을 얻을 수 있어 서 컴퓨터 자격증 중 가장 인기가 많았으나, 2017년부터 국가직 공무원에 한해 정보화 자격증 가산점이 폐지되었고 2021년에는 지방직마저 폐지가 될 예정이 다. 다만 공공기관이나 사기업 사무직에 입사하기 위해서 기본적으로 가져가 는 자격증으로 인식되며, 내부 승진에도 도움이 되는 건 변함없는 사실이다.

나. 국제무역사

국제무역사 자격증은 한국무역협회에서 주관하는 관련 국제무역사 시험에 통과해야 얻을 수 있다. 국제무역사 시험은 민간자격증으로, 무역관련 전문자

■ 표 3-1 무역관련 자격증

구분	자격분류	내용
관세사	국가자격	관세사는 화물의 주인인 화주로부터 위탁을 받아 수출입 통관 업무를 대행한다. 주로 무역관련 업무절차를 대행하거나 물류관련 연계서비스를 제공한다.
보세사	국가자격	보세사는 보세화물 및 내국물품을 반입 또는 반출할 때, 보세구역에 장치된 물품을 관리 또는 취급할 때 입회 및 확인을 한다.
원산지관리사	국가공인 민간자격	원산지관리사는 원산지인증 수출자 제도상 원산지 관리 전담자로, 원산지충족여부확인·관리, 원산지증명서 발급 등을 담당할 수 있는 지식을 갖춘 전문인력을 말한다.
외환 전문역	국가공인 민간자격	외환 전문역은 금융기관의 외환업무 담당자를 말한다. 개인고객과 관련된 직무 담당자를 위한 1종과 기업고객과 관련된 직무 담당자를 위한 2종으로 나누어진다.
무역영어	국가공인 민간자격	무역영어검정은 무역관련 영문서류의 작성·번역 등 영어구사 능력은 물론 무역 실무지식을 평가한다.

격을 취득하는 자격증이 아니라 무역 업무능력을 검증하는 자격증이다. 따라서 무역관련 업무를 함에 있어서 반드시 갖추어야 할 자격증은 아니지만 국내에서 유일한 무역실무능력 인정시험으로, 무역업계 종사자 및 예비 무역인들의 객관적인 무역실무능력검증을 위해 준비하는 공인자격증으로 인정받고 있다. 한편, 무역전문인력을 양성하기 위한 시험으로 국제무역사 외에 무역영어가 있는데 국제무역사는 민간자격증이고 무역영어는 국가공인 민간자격증이다. 국제무역사 2급 자격시험은 초급 무역실무 지식을 검증하기 위해 한국무역협회 무역아카데미가 2012년부터 시행해 온 무역관리사 자격시험을 국제무역사 2급으로 개편하여 시행하는 자격시험이다. 관세사는 무역관련 시험 중에 최고의 전문자격증이다.

다. 유통관리사

유통관리사는 산업통상자원부에서 주관하고 대한상공회의소가 위탁 시행하는 국가전문자격증으로 소비자와 생산자 간의 커뮤니케이션, 소비자 동향 파악 등 판매 현장에서 활약할 전문가의 능력을 평가하기 위한 시험이다. 과거에는 1년에 시험이 2번 치러졌지만 현재는 3번으로 늘어났으나 단 1급은 7월

1번만 치른다. 백화점이나 마트 등에서 활약할 전문 인력을 양성하기 위한 자격증으로 1982년부터 시행된 판매사 자격증을 뿌리로 하는 나름 역사가 오래된 자격증이다. 유통관리사 자격증은 3단계 등급으로 나누어지는데 1급의 경우는 2~3급과 달리 자격요건을 갖추어야 응시할 수 있다. 이 자격 요건이라는 것이 유통관리 분야에서의 장기간의 실무경력이 인정돼야 하기 때문에 일반적인 취업준비생들은 자격제한이 없는 2급이나 3급을 볼 수밖에 없다. 대졸 취준생은 대개 2급에 응시한다. 유통관리사만으로 취업이 보장되는 것은 아니지만 가산점을 주는 기업이 많다

6 NCS

NCS 국가직무능력표준, National Competency Standards 란 산업현장에서 직무를 수행하는 데 필요한 능력(지식, 기술, 태도)을 국가가 표준화하여 교육훈련, 자격인정 등에 NCS를 활용하여 현장중심의 인재를 양성할 수 있도록 지원하는 것을 목적으로 한다. 과거 삼성그룹이 신입사원 선발에 활용했던 시험인 SSAT SamSung Aptitude Test, 현 GSAT와 같은 직무적성검사를 국가 차원에서 치르는 개념이라고 볼 수 있다. 기업은 NCS를 활용해서 조직 내 직무를 체계적으로 분석하고 이를 토대로 직무 중심의 인사제도(채용, 배치, 승진, 교육, 임금 등)

■ 표 3-2   NCS 직업 기초 능력 영역 분류도

직업기초능력 영역	허위능력
의사소통능력	문서이해능력, 문서작성능력, 경청능력, 의사표현능력, 기초외국어능력
수리능력	기초연산능력, 기초통계능력, 도표분석능력, 도표작성능력
문제해결능력	사고력, 문제처리능력
자기개발능력	자아인식능력, 자기관리능력, 경력개발능력
자원관리능력	시간관리능력, 예산관리능력, 물적자원관리능력, 인적자원관리능력
대인관계능력	팀워크능력, 리더십능력, 갈등관리능력, 협상능력, 고객서비스능력
정보능력	컴퓨터활용능력, 정보처리능력
기술능력	기술이해능력, 기술선택능력, 기술적용능력
조직이해능력	국제감각, 조직체제이해능력, 경영이해능력, 업무이해능력
직업윤리	근로윤리, 공동체윤리

를 운영할 수 있고 취업준비생은 기업이 어떤 능력을 지닌 사람을 채용하고자 하는지 명확히 알고 이에 맞춰 직무능력을 키울 수 있어 스펙 쌓기 부담이 줄어든다.

국가직무능력표준은 특히나 공기업을 준비하는 취업준비생에게는 필수요건이 되었다. 국가직무능력표준의 분류는 직무의 유형Type을 중심으로 국가직무능력표준의 단계적 구성을 나타내는 것으로, 국가직무능력표준 개발의 전체적인 로드맵을 제시하고 있는데 한국고용직업분류KECO·Korean Employment Classification of Occupations 등을 참고하여 분류하였으며 '대분류(24) → 중분류(80) → 소분류(257) → 세분류(1,022개)'의 순으로 구성된다. 해외에서는 이미 대학생의 직업기초능력을 평가하는 제도가 일반화돼 있다. 미국 CLA Collegiate Learning Assessment의 경우 대학 1학년생과 4학년생을 대상으로 비판적 사고력, 분석적 논리력, 작문 능력을 에세이 형식으로 측정하고 있고, 호주 역시 GSA Graduate Skills Assessment라는 테스트를 통해 작문능력, 비판적 사고력, 문제해결력, 대인관계능력 등을 측정하고 있다. 테스트 결과는 진학이나 취업에 활용되고 있으며 대학교육의 부가가치를 측정함으로써 대학의 교육성과와 보완해야 할 문제점 등을 파악하는 데도 활용되고 있다.

7 업무관련 경력

우리나라 대학 교육이 기업에서 요구하는 내용이나 수준에서 그 기대치를 충족시키고 있다고 생각하는 기업은 많지 않을 것이다. 기업은 이미 오랜 경험을 통해 출신학교는 물론 전공과 학점 등 객관적으로 지원자의 능력을 증명하는 요인들이라 판단해 온 것들이 실제 업무상에서 두드러진 차이를 가져오지 않는다는 것을 알고 있다. 심지어 토익점수가 900이 넘는 지원자 중 외국과의 커뮤니케이션에서 제대로 역할을 하지 못하는 사람들이 적지 않다는 것은 새삼스러운 일이 아니다. 대학교육은 유통기한이 지난 구태의연한 이론중심의 교육에서 아직 벗어나지 못하고 있고 외국어 평가의 경우 학원에서 단기간에 점수만 높이는 테크닉만 익힌 경우가 많기 때문이다. 그런 이유로 대기업은 명목상은 신입사원을 채용한다고 하나 사실상 경력사원을 선호하는 경우가 많다. 중소기업에서라도 관련된 업무를 실제로 해본 지원자가 대학만을 마치고 입사한 사람보다 업무 적응력과 수행능력이 우수한데다가 신입사원 교육비를 절감할 수 있기 때문이다. 그런 이유로 취업준비생들은 최소한 지원하는 회사의 업무와 관련성이 있는 업무를 인턴이건 단기 아르바이트건 아니면 몇 년 전부터 정부와 학교에서 지원까지 해주는 창업을 통한 경력치를 가지고 있는 것이 매우 유리하다. 물론 학생 수준에서 창업을 한다는 것은 차별적인 기술력을 보유하고 있거나 외부 지원이 없는 경우는 성공할 확률이 매우 적은 일이지만 본인이 투자하지 않는 실험성 프로젝트라면 과감히 시행해 볼 가치가 있다. 일반적으로 대학생들이 단순히 돈을 위해 편의점, 카페 등 거주지나 집 주변에서 구하는 단순 아르바이트를 많이 하는 편인데 이는 금전적으로 도움이 되는 일일지는 모르나 기업에서 인정해줄 경력이 아니기 때문에 본인이 가고자 하는 취업 방향이 잡히게 되면 다소 금전적 이익이 준다 하더라도 업무 경력을 쌓을 수 있는 곳을 찾아보는 것이 바람직할 것이다.

C. 기업선정 기준

1 취업 방향성

우리나라 대부분의 대학 입시생들이 대학을 선택할 때 가고자 하는 대학이나 전공을 자기중심적으로 선정하는 것이 아니라 수능이나 내신에 맞추어 그 범위 안에서 고르는 것이 일반적인데 취업에 있어서도 자신이 가고자 하는 뚜렷한 취업 방향이나 희망 기업이 없이 그저 주어지는 취업정보에 따라 그때그때 지원을 하는 바람직하지 못한 경우가 비일비재하다. 이것은 가중되는 취업난으로 인해 취업을 주도적으로 하기가 매우 어려운 이유가 크게 작용하기는 하지만 이런 식으로 취업을 결정하게 되면 취업을 했다하더라도 오랜 시간 자신의 경력을 일구어 내기가 어렵고 일을 하면서 얻게 되는 삶의 만족도가 크게 떨어질 것은 분명하다. 본 저자가 그간 취업 특강을 통해 실제로 경험한 대학 4학년 학생들의 취업에 대한 결정지수는 의대, 간호학과, 공대계열, 교육학, 사회복지학과 등 전공이 자격증 취득에 절대 유리하고 다른 전공에 비해 차별적인 전문성이 있는 경우를 제외하면 10%를 넘지 못하는 것으로 알고 있다. 대학 4년을 공부했지만 백 명 중 열 명조차 코앞에 다가 온 졸업 후 자신의 진로에 대해 확신은 커녕 구상조차 제대로 못하고 있는 것이다. 이런 이유는 앞에서 밝혔듯 취업준비생의 문제가 아니다. 정부, 기업, 학교 등 취업을 위한 사회 구조적 시스템이 너무도 정량지표 위주로 짜여 있고 학교 교육과 동떨어져 있는 실제 시장을 중심으로 하지 않기 때문이다. 그렇다고 취업준비생들이 이러한 여건을 탓하며 뒷짐지고 있을 수는 없는 노릇이기에 현명한 자기 구제 노력을 게을리 하여서는 안 된다. 앞에서 주지한 바대로 자신의 경쟁력을 토대로 가장 입사가능성이 높은 기업군을 도출하고 각 기업에 최적화된 전략을 수립하여야 한다. 물론 이런 전략의 시행에는 우선 순위를 정해야 한다. 무작정 지원 가능한 곳을 다다익선이라 생각하여 지원하는 것보다는 타임 스케줄을 따져 선택과 집중을 하는 것이 유리하다.

2 지속가능성

언제부터인가 '지속가능성'이란 용어가 우리 사회 다방면에 사용되고 있다. 사회, 문화, 경제, 정치 등 우리가 살아가는 주변 환경이 점점 더 급속하게 변화되고 이러한 변화로부터 일어나는 거대한 흐름 속에 우리 모두는 자유롭지 못하기 때문이다. 변화는 속도뿐만 아니라 그 영역도 빠른 속도로 넓혀지고 있다. 작년부터 본격화된 이전에 경험하지 못한 상황인 코로나 정국을 예로 들지 않더라도 국내환경에만 안주하다가는 쓰나미처럼 밀어 닥치는 해외 요인의 영향에 의해 생존을 위협받는 것은 이제는 너무도 흔한 일이 되어버렸다. 따라서 취업준비생은 안정성이 떨어지는 사기업보다는 공기업을, 중소기업보다는 대기업을 더 나아가 전공과 상관없는 공무원시험에 매진하는 추세가 지속되고 있는데 국가 발전 차원에서 바람직한 일이 아니라는 문제이기도 하지만 단기적 정책이나 지원차원에서 해결될 수 없는 필연적 현상이라 보인다. 이러한 환경에서 취업준비생들도 지원하는 분야나 기업의 지속가능성 여부를 따져 보지 않을 수 없을 것이다. 이때 보다 중요한 지속가능성은 시장의 규모나 기업의 자본, 매출 크기, 재정 안정성 등과 같은 미시적 지표보다는 기술의 발달과 소비자의 라이프스타일 변화와 같은 거시적 요인에 있다는 것이다. 이러한 거시 요인은 전문가도 예측하기 어렵기 때문에 취업준비생 관점에서 정확히 분석하여 예측한다는 것은 사실 쉬운 일은 아니다. 세상 모든 일에 요령이라는 것이 존재하지 않듯 이러한 사안에 단기적인 해결방안은 없다. 평소에

■ 그림 3-5   ESG 경영

사회 제반 현상에 관심을 가지고 그러한 현상들의 변화가 자신이 지향하는 취업분야에 미치는 영향 등을 살펴보는 노력과 아울러 주변에 접촉 가능한 전문가들에게 구체적인 정보를 수집하는 것 외는 왕도가 없다.

한국능률협회컨설팅이 '2021 한국에서 가장 존경받는 기업' 조사 결과를 발표했는데 이 조사는 2004년부터 국내에서 유일하게 기업 전체의 가치 영역을 종합적으로 평가하는 조사 모델을 개발해 발표한 것으로 국내 전체 산업을 망라한 30대 기업을 선정하는 '한국에서 가장 존경받는 올스타 All Star 기업'과 산업별 1위 기업을 선정하는 '한국에서 가장 존경받는 산업별 1위 기업' 등 두 가지 유형으로 구성된다. 이와 같은 조사는 지속가능경영 추진 체계를 이룩하기 위해서 경제, 사회, 환경에 대해 다각도에서 발전적 이슈를 도출하고 이해관계자와의 발전적 협력에 앞장서고 있는 기업을 알려주는 지표일 뿐만 아니라 기업만의 단독 성장이 아닌 주주, 직원, 고객, 사회와의 융합을 선도적으로 이끌면서 기업 신뢰도와 이미지를 모두 향상시켜야 한다는 것을 일깨워주고 있다. 따라서 ESG 'Environment' 'Social' 'Governance' 경영이 지속가능성장을 위한 핵심요인으로 부상하고 있는데 즉, 기업 활동에 친환경, 사회적 책임 경영, 지배구조 개선 등 투명 경영을 고려해야 지속가능한 발전을 할 수 있다는 철학을 담고 있다.

③ 장기적 전략

대학을 진학할 때 각자의 수능점수 및 내신이 달라 지망가능 대학이 다른 것처럼 같은 취업준비생 입장이라 하더라도 기업에서 요구하는 요인들에 각자가 가지고 있는 수준에 따라 취업성취도는 다르게 나타날 것이다. 특정 요인에 불리함이 있어 일반적으로 본인이 가고자 하는 기업에 입사하기 어렵다고 하자. 이럴 경우 아예 그 분야의 지원을 포기하는 것보다는 어느 정도 경력을 쌓으며 경력직으로 입사 가능성이 높은 기업을 찾아보는 것이 현명하다. 예를 들어 롯데, 신세계, 현대와 같이 대기업이 운영하고 있는 유통채널에 입사하고 싶지만 본인이 가지고 있는 스펙이 당장 통하지 않을 것 같은 상황이라면 그 기업들과 협력관계인 중소기업에 입사하여 대기업의 MD들과 수시로 접촉하여 자신의 업무능력을 증명하게 되면 헤드헌팅사와 같은 취업지원 에이전트를 통하지 않아도 해당 대기업으로부터 직접적인 스카웃 요청을 받는 경우가 점점 늘고 있으며 이는 신입사원보다는 경력사원을 선호하는 현재 대기업의 취업 정책에도 부합하는 일이다. 이러한 과정은 미국이나 유럽 같은 선진국에서는 당연하게 받아들이는 경로로서 유명브랜드나 다국적 기업에 입사하기 위해 그 저변의 중소기업부터 경력을 시작하여 점차 조건을 높여가는 것은 처음부터 대기업에 들어가 업무 범위를 좁히고 간접 업무량을 늘리는 것보다 장기적 관점에서 보면 탄탄한 기초를 구축할 수 있는 기회가 될 수 있다.

D. 주제선정 관점과 예시

실용학문 영역에서 취업 목적이나 투자유치 등의 비즈니스용 포트폴리오를 작성하기 위해 가장 먼저 요구되는 것은 주제를 선정하는 일이다. 목적이 분명한 이상 그 목적을 달성하기 위해 적합한 주제를 선정하는 것은 가장 중요한 일이자 생각보다 매우 어려운 작업일 수 있다. 특히 자신의 장래에 대한 특별한 준비 없이 학교생활에만 충실해 온 대학생들의 경우 고학년의 경우에도 주제를 정하는 데 있어 한 학기가 소요되는 경우도 종종 보아왔다.

포트폴리오의 주제는 매우 다양하다. 본서가 인문사회 및 경영계열을 중심으로 구성되는 것을 감안하여 추려본다 하더라도 상당한 범위를 보이는데 무역, 금융, 광고 및 홍보, 마케팅, 유통, 영업 그 외에도 많으며 항공사나 호텔 서비스 직종에 대한 주제를 선정한 예가 드물지 않다.

포트폴리오 주제 선정을 위한 관점으로는 크게 두 개로 나누어 볼 수 있다. 먼저 자신이 희망하는 사업영역이나 기업 혹은 브랜드를 중심으로 시장 환경 분석이나 신규 사업 제안, 기존 사업의 문제점을 분석하여 개선안을 제시하는 등의 연역적 방법이다. 예를 들어 아모레 퍼시픽에 입사하고 싶은 취업준비생 이 있다면 아모레 퍼시픽이 취급하는 브랜드를 특정하여 소비자의 쇼핑 성향 이나 구매 행동을 분석하여 제품 전반(인지도, 이미지, 품질, 가격 등)에 대한 현재 시장 상황과 개선방안을 제시하는 것이다. 물론 이공계 학생이라면 화장품 내 성분을 실험을 통해 제시하여 제품의 생산에 대한 제안을 할 수 있겠지만 인문사회나 경영계열의 경우 그러한 접근 방식이 어려우므로 본인의 주관을 피하기 위한 소비자 조사나 논문, 잡지와 같은 문헌정보 분석을 통해 마케팅 차원에서 접근하는 경우가 대다수이다. 한편, 화장품 취급 기업에서 근무하고 싶은 취업준비생이 있다면 국내외 화장품 시장의 흐름을 분석하여 향후 전망에 대해 논리적인 대안을 제시한다면 이 또한 기업에서 무리 없이 받아들이는 포트폴리오이자 다양한 기업에 제출할 수 있다는 장점도 있다. 무역계열 희망자의 경우 브랜드를 특정하여 해외에 진출시키거나 국내에 런칭하는 프로세스를 구체적이고 실무적으로 보임으로써 자신의 실제적 역량을 돋보이게 할 수도 있는데 최근에는 단순 무역 중심 업무보다는 이렇게 무역을 기본으로 하되 보다 능동적이고 실제 사업에 구현할 수 있는 포트폴리오를 무역관련 기업에서 원하는 것을 실감하고 있다.

반면 사업영역은 정하되 기업이나 브랜드를 특정하지 않고 시장상황을 다각도로 분석하여 니치마켓niche market 즉, 수요는 있는데 공급이 없거나 미치지 못하는 시장을 찾아내어 이에 합당한 사업 아이템을 제시하는 귀납적 방법이

▌그림 3-6 포트폴리오 주제 관점

연역적 탐색 (Deductive Search)	VS	귀납적 탐색 (Inductive Search)

있는데 이는 연역적 탐색보다 깊이 있는 자료 수집력과 분석력이 필요하나 그만큼 가치적인 측면에서 기업으로부터 더 인정받는 포트폴리오라고 할 수 있다. 몇 가지 실제 사례를 들어본다면 편의점 도시락의 획일적 반찬구성에 대한 소비자의 불만족을 개선하여 다소 가격은 높더라도 고객맞춤형 도시락을 개발하여 배달을 통해 사업을 실행하는 것과, 우리나라 사람들이 화장품을 구매할 시 유기농이나 자연주의를 선호하면서도 입안으로 들어가는 립밤은 큰 관여도 없이 편의점에서 화학제품을 사용하는 것을 도출하여 미국으로부터 유기농 립밤을 도입하여 함으로써 면세점에 입점시켜 큰 호응을 얻은 바 있다. 또한 여성들이 수영장이나 강, 바다에서의 레저활동이 늘어가는 추세 속에 가장 고민이 되고 있는 몸매나 자외선 차단에 대한 욕구를 충족시킬 래시가드 제품을 제안하여 투자를 받음으로써 현재 국내 유명 브랜드로 우뚝 선 사례도 있다.

CHAPTER **IV**

시장환경 분석

A. 정보수집

B. 거시/미시 환경 분석

C. 소비자 분석

A. 정보수집

시장조사는 1900년대에 미국에서 시작되어 2차 세계대전 이후 유럽과 일본 등 선진국에서 성행하게 되었다. 시장조사는 시장에서 직접 획득한 정보를 바탕으로 기업의 의사결정에 효율적인 정보를 제공하는 것을 1차 목표로 두고 있으며 기업의 의사결정에는 예산책정, 신규사업, 신제품개발, 가격결정, 유통채널 선정, 촉진전략 수립 등 기업에서 수행하는 모든 업무 분야에 걸쳐 시행된다. 해외시장 조사는 국내시장과 달리 먼 거리, 상이한 문화, 종교, 언어들의 차이 등으로 매우 광범위하고 전문적인 수준을 요구한다. 시장조사는 다음과 같은 필요성에서 그 이용이 확대되고 있다.

첫째, 소비자 중심 시장의 출현을 들 수 있다. 대량생산방식이 출현함에 따라 시장환경도 변화하여 공급이 수요를 앞지르게 되고, 구매자 중심의 시장이 나타나기 시작한 지는 이미 오래전 일이다. 아무리 역사와 전통을 자랑하는 유명 브랜드나 세계적인 규모의 재무구조를 자랑하는 대기업이라 하더라도 시장의 변화에서 자유로울 수 없으며, 소비자의 욕구를 무시하거나 이에 부합되지 않은 제품의 출시는 기업의 생존에 바로 영향을 미칠 수 있다.

둘째, 경쟁의 심화가 시장조사의 수요를 유발하였다. 기업은 경쟁사보다 나은 품질의 제품을 생산함은 물론, 좀 더 효과적인 마케팅과 판촉을 통해 제품을 지원해야만 한다. 정보산업이나 기타 기간산업 수준의 고도로 발달된 기술과 자본을 요하지 않는 패션산업에서 신규 브랜드의 생성은 매우 활발하고, 그만큼 시장의 경쟁 심화 속도가 빠르게 진행되는 편이다.

셋째, 예상되는 위험을 줄여 수익을 최대화하려는 목적에서 시장조사가 확산되었다. 제품 출시비용이 높아지고 반면 시장 내 성공률이 낮아짐에 따라 보다 전문적인 정보의 수집과 분석이 필요하게 되었다. 제품의 목표가 되는 고객의 성향을 파악하게 되면 표적 시장에 더욱 적합한 광고 매체 및 판촉 전략을 수립할 수 있는 것이다.

넷째, 기술 및 소비자 태도 변화의 가속화를 들 수 있다. 급속한 속도로 일어나는 변화에 대응하기 위해 기업은 시장조사 기술의 도움으로 고객의 습관과 태도, 제품의 개발을 모니터링하게 되었다.

다섯째, 정보기술의 급속한 진보는 시장조사의 수준을 높임과 동시에 보다

■ 그림 4-1　정보수집 방법

현장조사(Field/Backside)
문헌조사(논문/신문/잡지 외)
전문가조사(인터뷰/서신 외)
전문기관(On/Off)
소비자조사(정성/정량)

빠르고 정확한 정보를 요구하게 되었다. 경영정보 시스템이 발달하여 경영자와 마케팅 관리자는 지속적으로 정보를 얻을 수 있게 되어 자료를 통계적 방법으로 축약, 분석하여, 관리자에게 이 자료를 추세, 예측, 빈도분포, 평균, 상관관계 등의 형태로 집계하여 제공한다. 수입브랜드의 경우, 일반적인 조사 외 수입 대상국의 문화, 언어, 종교, 소비자 기호 등과 같은 요인들이 우리나라에서 만들어 낼 수 있는 문제는 없는지 파악할 필요가 있다.

　포트폴리오의 주제를 정한 뒤 전개를 함에 있어 반드시 선행되는 것이 시장조사이다. 사실 시장조사에서 포트폴리오의 수준이 결정된다 해도 과업이 아닐 정도로 시장조사의 범위와 질은 매우 중요하며 시장조사를 위해 필요한 정보를 수집하는 방법도 각각의 장단점을 미리 파악하여 시행해야지 무작정 온갖 매체와 사람들의 구전으로 화자되는 정보들을 검증없이 사용하여서는 시작부터 잘못된 방향으로 흐를 확률이 높다 하겠다.

1 현장조사

　현장조사는 말 그대로 직접적인 현장에 나가 실시간의 정보를 습득한 후 분석하는 방법이다. 보통 패션 트렌드를 분석하기 위해 유명 패션거리에 나가 사람들이 착용한 의복이나 잡화의 색상이나 디자인에 대해 정보를 수집하거나 전시회에 나가 부스에 참가한 제품들을 비교 분석하는 방법을 들 수 있는데 생생하고 기대하지 못한 정보를 얻을 수 있다는 장점이 있으나 기본적으로 교통비나 체재비와 같은 관련 비용이 발생하고 가장 큰 우려 사항은 조사자의 능력치에 따라 조사 수준이 달라질 수 있다는 것과 조사자의 주관이 개입되어 조사 결과에 영향을 줄 수 있다는 점이다.

② 문헌조사

논문, 신문, 잡지, 블로그 등 활자화된 정보를 습득하는 것을 문헌조사라고 한다. 비교적 비용이 들지 않으며 장소에 제한을 받지 않는 장점이 있으나 논문의 경우 신뢰도는 높지만 관련 내용이 이론 중심의 내용이 많거나 시점이 지나치게 과거에 치우쳐 있어 실제 업무에 활용하기 어려운 경우가 많고, 신문 특히 잡지나 블로그의 경우는 많은 독자 유입을 위해 재미나 흥미 중심의 내용에 치중하거나 심지어 사실관계를 과장 내지 왜곡하는 경우가 많아 있는 내용을 그대로 정보로 활용하기 어렵다는 문제점이 있다.

③ 전문가조사

알고자 하는 내용에 가장 정통하다 여겨지는 전문가들을 상대로 조사하는 것은 시기적으로나 정확도면에서 권장될 만한 조사방법이다. 그러나 경우에 따라 비용이 상당할 수 있고 조사 자체가 성사되지 않는 상황이 많아서 취업준비생의 경우에는 실행하기 어려운 조사 방법이라고 할 수 있다. 따라서 오프에서 전문가를 직접 만나 조사하기 어렵다면 다양한 관련 온라인 채널에서의 관계성을 평소에 유지하여 필요시 자문을 구하는 것이 대학생의 입장에서는 바람직하다 여겨진다.

④ 전문기관

무역업무의 경우 무역협회나 대한무역투자진흥공사와 같은 공공기관, 유통의 경우 국내 수많은 관련 협회 및 학회 그리고 공신력 있는 다양한 정보 제공 기관이 있지만 앞서 전문가의 경우와 마찬가지로 오프라인에서 기관을 통한 정보를 습득하기는 비용이나 실행 가능성에서 자유롭기는 어렵다. 온라인의 경우는 자신이 원하는 정보가 구비되어 있는지 알기 어렵고 해외 기관의 경우 비용도 상당하므로 기업체가 아닌 취업준비생 각자가 이런 기관을 이용하기는 쉬운 일이 아니다.

5 소비자조사

포트폴리오뿐만 아니라 논문에서도 결과의 객관성을 확보하기 위해 소비자 조사는 점점 그 중요성이 높아져가고 있고 조사방법도 고도화되고 있다. 하지 만 통계방법을 활용하지 못하면 조사방법의 적합도나 조사결과에 필요한 신뢰 도나 타당도와 같은 통계상 지표를 얻을 수 없다. 스스로 조사한 결과라고 하 더라도 단순 빈도결과만을 가지고 결과를 보여주는 것은 냉정하게 말해 가치 를 떠나 믿을 수 있는 조사 결과라고 말하기 어렵다. 따라서 어느 정도의 통계 기법 활용이 불가피한데 이것은 뒤에 상세하게 설명하기로 한다.

B. 거시/미시 환경 분석

마케팅 환경 Marketing environment 이란 기업의 마케팅관리기능 내, 외부에 존재하여 표적고객 target customer 과의 거리를 성공적으로 접근 유지하기 위 한 마케팅 관리자의 능력에 영향을 미치게 하는 행위자 및 영향요소의 집합 체를 말한다. 이러한 마케팅 환경은 기업의 마케팅 기회와 마케팅 활동에 직 접, 간접적으로 영향을 행사하는 것이다. 기업이 마케팅 활동을 원만하게 수 행하기 위해서는 항상 동태적으로 변화하는 마케팅 환경의 움직임을 지속적 으로 파악하고 분석하여 계획된 마케팅 전략이 성공되도록 노력하여야 한다. 모든 기업은 시장 내 소비자의 욕구를 충족시키기 위해 판매에 영향을 미치 는 제반 환경요인을 신중히 고려하여 마케팅을 수행해야 하는데, 기업이 상대 적으로 통제할 수 없는 요인을 기업의 환경적 변수 environmental variables 라 하 며, 반대로 기업이 통제할 수 있어서 환경에 적응시키기 위한 수단이 되는 모 든 마케팅 수단을 기업의 의사결정 변수 decision variables 라고 한다. 마케팅 환 경을 구성하는 요인은 다양할 뿐만 아니라 상호관계도 복잡하게 얽혀 있고 학자들의 견해 또한 다양하다. 이 방면의 연구가 깊은 대표적인 학자 몇 사람의 견해를 알아보면 다음과 같다. 소비자 행동consumer behavior 분야 전문가인 하워드J. A. Howard 는 마케팅의 환경요인을 수요, 경쟁, 비용, 유통구조, 법규 라고 하였고, 립슨H. A. Lipson과 라몽D. F. Lamont은 협동적 내지 경쟁적 시스 템, 사회적, 경제적, 정부 및 기술적인 요인으로 설명하고 있다. 홀로웨이R. J. Holloway 와 헨콕R. S. Hancock은 사회적(사회학적, 심리학적, 인류학적), 경제적 (소비자, 경쟁, 가격 규제), 윤리적, 법적, 물적, 기술적 요인들을 마케팅의 환경 요인들로 설명하고 있다. 이러한 요인들을 종합하여 현대 마케팅의 아버지라 불리우는 필립 코틀러P. Kotler 는 마케팅 환경을 '목표 고객과 사이에 성공적 인 거래와 관계를 형성, 유지하는 기업의 능력에 영향을 미치는 외부의 행위 주체와 제반 영향 요인으로 구성되는 것'이라고 정의했다. 다시 말해 마케팅 을 수행하는 집합체를 뜻한다고 볼 수 있으며, 환경 분석을 미시적 관점과 거 시적 관점으로 나누었다. 미시적 관점의 환경 분석은 기업 내부요인을 중심으 로 하는 내부 환경 요인 분석이고, 거시적 환경 분석은 기업 외부요인이 중심 인 외부 환경 요인 분석이라고 할 수 있다. 이외에도 많은 학자들의 견해가 있 으며, 특히 현존하는 환경요인과 그 변화 추이를 관찰하며 예측하는 체계적인 노력을 환경탐색environment scanning 이라고 한다. 포트폴리오에서 주제를 정 한 후 가장 먼저 시행해야 할 시장조사는 결국 이러한 타깃 기업의 환경에 영 향을 주는 모든 변수들을 우선적으로 수집하여 즉, 환경탐색을 통해 시장성을 분석하는 데 가장 큰 목적이 있다.

1 기업 환경

기업 환경enterprise environment 이란 기업 내·외부에 존재하면서 직간접적으 로 영향을 행사하는 기업 환경요소들을 말하며 이 기업 환경요소들은 계속하여 기업에 작용하고 기업 또한 이들에게 영향을 가함으로써 양자는 항상 교환 관 계에 있다고 볼 수 있다. 기업 환경을 크게 분류하면 거시 환경과 미시 환경, 그 외 이해자 집단이 있다.

가. 거시 환경

거시 환경macro environment 이란 기업경영에 있어서 기회와 위협을 동시에 제공해 주는 통제 불가능한 일반 환경 또는 외부 환경요인을 말한다. 거시 환경요인들의 대표적인 것들을 든다면 다음과 같다.

① **경제적 환경**economic environment : 경제적 환경이란 소비자들의 구매력과 소비형태에 영향을 미치는 요인을 뜻한다. 거시 시장(국제 원부자재, 설비, 에너지) 경제체제, 경제성장률, 산업구조, 재정 정책, 임금동향, 경기동향, 인플레이션, 국제협약(FTA, WTO) 등

② **정치 법률적 환경**political & legal environment : 정치적 환경인 정부 재정정책, 통화정책, 수출입 진흥정책, 사회보장정책, 공해 방지책, 소비자 보호 정책 등과 법률적 환경인 상법, 세법, 공정거래법, 민법, 기타 법률 등

③ **사회문화적 환경**social & culture environment
   • 사회적 환경 – 인종, 성, 연령, 사회계층, 사회적 책임, 소비자 운동 등
   • 문화적 환경 – 가치관, 신념, 풍속, 종교, 윤리, 도덕 등

④ **자연환경**natural environment : 기후, 온도, 강수량, 재해 등

▌그림 4-2 기업 거시 환경요인

나. 미시 환경

미시 환경micro environment이란 기업 내부에 존재하여 작용하고 영향력을 구사하는 요인들을 말하며 내부적으로 통제 가능한 환경요인들이다. 미시 환경요인들의 대표적인 것들을 든다면 다음과 같다.

① **목적소비자** : 기업이 주력하는 소비자의 동향(소득, 주거, 욕구 등의 변화)

② **공급자** : 원부자재 및 관련 부품 공급자, 유통업의 경우 벤더

③ **자금조달 능력**fund raising power : 자금의 양과 질의 결정, 조달방법
 • 장기자금 조달−주식, 자기금융, 장기차입 등
 • 단기자금 조달−지급어음, 단기차입금, 타인자본 이용방법 등

④ **내부 인적자원**human resources : 경영활동과 작업 수행의 주체(전문, 관리 인력)

⑤ **기술수준**technical level : 기술적 능력(고품질 제품 생산, 신제품 개발, 특허 등)

⑥ **경쟁력**competitive power : 동종 경쟁사와의 경쟁 우위의 확보(가격, 품질)

⑦ **유통경로**distribution channel : 판매경로의 확보·수정, 신 유통경로 개척 등

▌ 그림 4-3 기업 미시 환경요인

다. 이해자 집단

기업은 경영활동을 전개함에 있어 여러 종류의 사회적 집단과의 관계를 가지며 이들은 어떠한 형태로든 압력단체의 성격을 띠고서 영향력을 행사하게 되는데, 이러한 집단들을 일컬어 이해자 집단interest group이라고 한다. 대표적인 이해자 집단을 든다면 다음과 같은 것들이 있다.

① 주주stockholder : 기업의 소유주로서 정책과 전략 결정 참여, 이익분배와 잔여재산분배의 참여 등의 권리
② 금융기관financial agency : 자금 조달 등
③ 노동조합labor union : 단체교섭과 노사협조
④ 정부government 및 공공기관 : 제도적 및 정책적인 개입과 규제 등
⑤ 지역사회community : 공해와 자연환경 훼손, 지역사회 개발과 문화에의 기여, 지역사회의 소득 증가와 지역주민의 고용확대 등

▮ 그림 4-4 기업 이해자 집단 요인

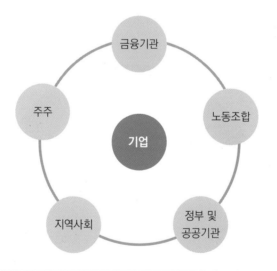

C. 소비자 분석

오늘날 소비자들은 빠르게 변화하고 있는 사회현상에 따라 그 욕구 또한 빠르고 다양하게 변화하고 있으며 수많은 정보와 상품의 홍수 속에서 다양한 선택적 상황에 놓여 있다. 따라서 소비자가 제품이나 브랜드를 찾던 시대는 지났고, 지금은 기업이 먼저 소비자에게 다가가 제품을 알리고 차별적 가치를 인식시키며 이를 통해 구매와 만족에 이를 수 있도록 총력을 기울여야 하며, 어떻게 팔 것인가를 연구하기보다는 소비자에게 필요한 제품이나 서비스가 무엇인지 먼저 알아내는 것이 더 중요한 시대가 되었다. 따라서 소비자들의 욕구가 무엇이고, 추구하고자 하는 가치가 무엇인지 파악하고 이것을 마케팅에 적극 반영해 시장 가치를 창출하기 위해서는 목표 소비자에 대한 조사와 이해가 선행되지 않으면 효과적인 사업 전략을 수립하여 시행할 수 없다.

1 소비자 조사의 종류

소비자 조사의 종류는 매우 다양하다. 조사에 이용되는 매체, 장소, 대상 등의 다양한 기준이 존재하나 일반적으로 가장 많이 사용되는 대표적인 조사방법에는 정량과 정성조사가 있다.

가. 정량조사

양(量)적인 조사방법으로 일정한 기준으로 수집된 동질적 특성을 지닌 표본집단을 대상으로 통일된 유형의 설문지와 질문을 통해 규격화된 응답을 구하는 방식이다. 일반적으로 설문지를 이용하는 소비자 조사가 여기에 해당된다.

■ 그림 4-5　소비자 조사 과정

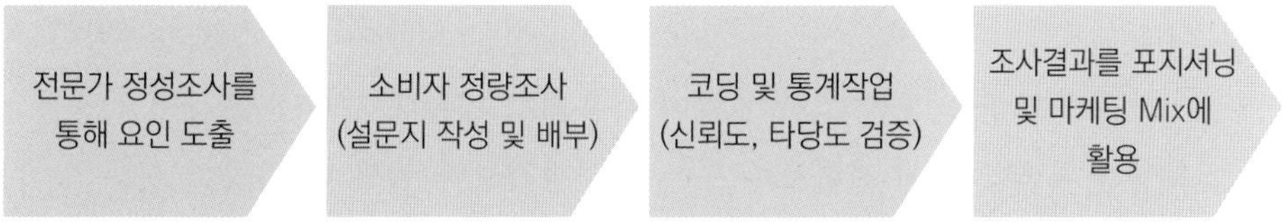

전문가 정성조사를 통해 요인 도출 → 소비자 정량조사 (설문지 작성 및 배부) → 코딩 및 통계작업 (신뢰도, 타당도 검증) → 조사결과를 포지셔닝 및 마케팅 Mix에 활용

규격화된 설문 문항과 짧은 응답시간으로 대규모 조사가 가능하며, 통계처리를 통하여 소비자의 의견을 수치화함으로써 조사결과를 객관화할 수 있다. 이처럼 설문지를 사용하여 조사하는 방법은 가장 대표적인 1차 자료 수집방법이지만 설문지는 처음부터 신중하게 설계하여 작성해야 하며, 조사를 실시하기 전에 충분한 사전 검토를 거쳐서 설문지를 완성해야 한다. 왜냐하면 설문지가 잘못 작성되면 조사된 자료를 효과적으로 분석하기도 어려울 뿐 아니라, 의사결정에 도움이 되는 유용한 정보를 얻을 수 없기 때문이다. 설문지는 기본적으로 조사의 목적과 관련해 파악하고자 하는 조사항목을 응답자들이 쉽게 대답할 수 있는 구체적인 질문으로 전환시켜야 하며, 응답자들이 이에 대해 정확한 정보를 제공해줄 수 있도록 동기를 부여해야 한다. 설문지를 배부하거나 질의하기 위한 조사방법에는 대인면접Personal Interview, 전화조사Telephone Interview, 우편·팩스조사Mail Survey, 인터넷조사Internet Survey 의 4가지 유형이 있다. 이 가운데 가장 많이 활용되는 조사는 대인면접법이며 최근에는 인터넷조사도 많이 활용되고 있다.

우편조사는 지방이나 해외 거주자, 전문가 등과 같이 면접원이 조사 대상자를 직접 접촉하기 어려울 때 유용하다. 면접 비용이 필요 없기 때문에 조사비용이 적게 들며, 복잡한 질문이나 면접원에게 사실적으로 말하기 곤란한 질문도 할 수 있다. 그러나 대인면접과 같은 상호작용이 없으므로 아무런 설명이 필요 없도록 아주 분명히 이해되는 질문으로 이루어져야 한다. 한편, 이 조사의 가장 큰 문제는 누가 설문지에 응답했는지 확실하게 알 수 없다는 것이다.

전화면접은 표본의 대표성은 중요하지만 시간과 비용이 충분치 못하고, 질문도 간단하며 사실적인 것에 국한될 때 유용한데 예를 들면 정당별 지지도 조사 등 정치 관련 조사에 적합하다. 다른 조사방법에 비해 상대적으로 비용이 적게 들고 매우 빠르게 다양한 응답자들을 쉽게 접촉할 수 있고 절차가 간편한데다 표본이 전화번호부 등으로 이미 준비되어 있는 상태이기 때문이다. 이러한 전화면접법에는 몇 가지 문제점이 있는데 짧은 설문만이 가능하고, 복잡하고 심층적인 질문은 하기 어려우며 응답 내용의 진위를 판별하기 어렵다는 점이다.

최근 인터넷을 통한 조사가 많이 사용되고 있는데 인터넷 조사의 장점은 신속성과 저렴함 외에 전화조사 또는 대면면접보다 훨씬 더 다양한 설문을 이용할 수 있다는 점이다. 예를 들어 광고나 홍보 동영상을 보여주면서 그 반응을 측정할 수 있고, 상품 포장이나 라벨, 상품 사진 등 각양각색의 화면을 보여주면서 응답을 받을 수 있기 때문이다. 단점은 우편조사와 마찬가지로 누가 응답했는지 정확하지 않고, 같은 응답자가 중복으로 응답할 수 있다는 점이다.

나. 정성조사

질(質)적인 조사라고도 불리는 정성조사는 우리가 알고자 하는 조사 목적에 대한 정보를 가장 많이 가지고 있다고 판단되는 사람들을 대상으로 하여 동기나 욕구 등과 관련된 정보들을 심층적으로 파악하는 조사방법이다.

대표적인 정성조사 방법은 집단심층면접법Focus Group Interview을 들 수 있다. 집단심층면접법은 앞서 설문지법과 같은 정량적 조사방법과는 달리 사람들의 생각이나 행동 등을 조사하는 데 매우 유용한 방법으로 준비된 주제에 대한 논의를 목적으로 모인 사람들(통상 4~8인)과 이야기 하는 과정에서 숙련된 사회자의 진행 기술에 의해 모인 멤버가 상호 영향을 미치는 환경을 만들고 주로 비구성적인 접근법에 의해 얻은 개개인의 반응을 통합하여 가설의 추출과 가설의 검증 등 그때그때의 목적에 따라서 관찰하고 분석된다. 사회자는 사전에 조사 목적에 맞는 질문의 요지와 순서를 적은 인터뷰 가이드를 작성해 인터뷰를 진행하는데 인터뷰 가이드는 설문지처럼 정형화된 것이 아니라 어떤 내용을 어떤 순서로 질문할 것인지를 요약하여 적은 것이기 때문에 그룹 인터뷰를 진행하면서 참석자의 반응에 따라 수시로 보완하거나 수정하기도 한다. 이러한 집단심층면접법은 조사설계와 자료수집의 신속성 그리고 응답자의 자유스러운 분위기 속에서 자료를 수집하기 때문에 생생한 언어와 함께 심층적인 정보를 얻을 수 있고 응답자의 대답을 조사현장에서 직접 볼 수 있기 때문에 현장성이 우수하다. 또한 조사 설계에서 예상치 못한 새로운 문제 발견사항이나 문제 발생 시 질문 방법 및 진행방법을 현장에서 바로 수정할 수 있어 진행의 탄력성이 있다는 것이 장점이다.

반면 조사대상자가 전체 모집단을 대표하지 못하는 단점이 있고 또한 조사대상자가 보통 한 그룹별로 8명 정도의 소규모 표본조사이므로 조사결과의 대표성 제시에는 한계점이 있으나 일반인들에게 물어보기 어려운 주제에 대한 사전 조사로는 매우 적당한 방법이라 할 수 있다.

집단심층면접법은 조사장소의 객관성과 조사 진행의 전문성을 확보하기 위해 외부 전문기관에 의뢰해 진행하는 것이 바람직하나 조사주제에 따라 회사

■ 그림 4-6   델파이 기법 과정

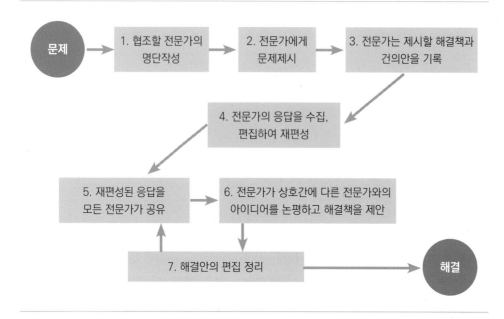

내부의 실무자가 실행할 수 있다. 즉 기본적인 조사 진행능력과 프로그램을 파악하고 있다면 회사 내부에서도 활용할 수 있는 조사기법이다.

정성조사 중 가장 정확도가 높다고 여겨지는 조사방법으로 델파이기법Delphi interview이 있다. 델파이기법의 기본가정은 "두 사람의 판단이 한 사람의 판단보다 정확하다"라는 것으로 이러한 가정에서 한두 사람의 전문가보다는 전문가집단을 이용하여 조사한다. 사회자는 면접원에게 직접적으로 질문을 하지 않으며 중립적인 태도를 유지하고, 응답자가 잘 이야기할 수 있도록 격려하고 응답자에게 공감을 표시해야 한다. 면접원은 설문지가 아니라, 대화지침서에 따라 응답자에게 질문하며 응답자의 반응은 녹음이 되고, 후에 조사결과는 보고서로 요약된다. 델파이기법의 장점은 여러 가지가 있는데 먼저 한 사람이나 소수 전문가가 아닌 예측 대상과 관련된 전문가 집단의 주관적 판단에 의하여 예측한다는 점이다. 또한 델파이 기법은 선정된 전문가들이 신중하게 작성된 단계적 질문지에 적어도 3번 이상 반복적으로 응답하는데 2단계부터는 이전 질문지에 대한 다른 전문가들의 응답 내용을 요약하여 제공한 후 다시 응답함으로써 정보와 지식을 객관화하는 기회를 가질 수 있다. 델파이기법의 단점으로는 집단의 몇몇 구성원들이 예측하려고 하는 미래의 어떤 면과 이해관계를 가지고 있는 경우에는 자신들의 견해를 다수의 견해로 만드는 것이 중요한 목적이 되기 때문에 집단의 진정한 예측이 오도될 우려가 있다는 점이다.

정성조사에서 높은 정밀도와 신뢰를 얻기 위해서는 전문가나 집단이 실제로 능력 있는 전문가들로 구성되어야 한다. 그러므로 정성조사의 성공여부는 전문가를 식별하고 선정할 수 있는 능력에 달려있다고 할 수 있다.

다. 정량조사와 정성조사의 진행 순서

정성조사와 정량조사는 각각 이루어지기도 하고 하나의 주제에 대해서 동시에 진행되기도 한다. 주제에 대한 전반적인 이해가 낮은 경우에는 정성조사를 통해 조사하고자 하는 내용에 대한 전문가들의 평균적인 태도, 관점을 이해하고 그 다음에 일반인들을 대상으로 정량조사를 진행하는 경우가 많다. 예를 들어 해외에서 새로운 브랜드를 도입하려는 기업에서는 해당 브랜드의 국내 인지도가 매우 낮을 것이므로 집단 심층 면접법을 이용하여 먼저 전문가들에게 목표고객들의 제품이나 브랜드에 대한 소비성향이나 구매행동에 대한 중요요인을 얻을 수 있으며 다른 한편으로는 새로운 브랜드 런칭을 위해 기업이 미처 파악하지 못했던 새로운 아이디어를 수집할 수 있다. 이후 목표소비자들을 대상으로 아직 한국에 선보이지 않는 신제품에 대한 품평회를 실행함으로써 제품에 대한 소비자 평가를 수집할 수 있다. 이는 이후 상품 바잉에 직접적인 영향을 미칠 수 있는 정보이기도 하다.

간혹, 정량조사를 위한 설문지를 작성하는 데 큰 문제가 없고 정량조사 데이터를 심층적으로 이해하고 싶을 때는 정성조사를 나중에 시행하기도 한다. 정량조사의 데이터 결과를 보고 의문이 생기는 부분을 직접 물어볼 수 있다는 장점이 있다. 한편, 정성조사와 정량조사를 완전히 동시에 진행하기도 한다. 이렇듯 정성조사가 꼭 정량조사를 보완하는 용도로만 시행되는 것은 아니다. 예상 밖의 필요나 장·단점이 있을 수 있는 환경에서 정해진 설문을 기계적으로 수행하는 정량조사에는 한계가 있다. 물론 정성조사 역시 구조화된 질문지를 이용하지만, 조사 진행자의 운신의 폭이 넓기 때문이다.

② 표본추출법

표본을 추출할 때에는 모집단 내의 모든 사람이 표본으로 뽑힐 확률을 같게

해야 한다. 표본을 설계하고 추출함에 있어, 조사자가 고려해야 할 점은 다음과 같다.

가. 조사 대상 모집단의 정의

표적집단이나 특정 표본을 추출할 모집단의 범위는 조사의 목적에 따라 달라진다.

나. 표본의 크기

대규모 표본을 추출하려면 높은 비용을 부담해야 한다. 결국 조사자는 소비자 조사에 있어서 표본의 규모와 결과의 대표성과 신뢰성 사이에서 적절한 타협안을 찾아야 하는 것이다. 표본의 크기가 크면 표본 오차의 크기는 줄어든다. 예를 들어 인구 50만 이상 되는 지역에서 95%의 신뢰구간과 ±5%의 표본오차로 계산할 경우 약 400명 정도 그리고 99%의 신뢰구간과 ±5%의 표본오차일 경우에는 약 600명 정도가 필요하다. 대개 전국의 5대 대도시(서울, 부산, 대구, 대전, 광주)의 성인남녀를 조사할 경우 800~1,000명, 전국의 성인남녀를 대상으로 할 경우는 1,500~2,000명 정도를 조사하는 것이 보통이다. 여기서 '95%의 신뢰구간과 ±5%의 표본오차'란 의미는 조사결과 '가'라는 의견을 가진 응답자가 75%로 나타났다면 같은 조사를 100번 시행해도 95번은 '가'라는 의견을 가진 응답자가 70~80% 정도 나온다는 뜻이다. 응답 대상자를 선정하는 방법으로는 아래와 같은 방법 등이 쓰인다.

① **무작위 표본추출법** : 유권자 명단, 우체국 주소목록, 전화번호부 같은 목록을 보고 이름과 주소를 미리 선택한다. 이 사전선택은 무작위로 이루어지며 면접원은 면접대상자에 대한 선택권이 전혀 주어지지 않는다. 무작위 표본 추출법은 객관적이고 기계적으로 엄격하기 때문에 다른 방법에 비해 정확도가 뛰어나며 또한 편견이 개입될 여지가 없다.

② **등간격 표본추출법** : 모집단의 전화번호부나 주소록이 있을 때 난수표를 이용해 출발점을 결정한 후 몇 개 건너 1개씩 표본을 선발하는 방법으로 전화 면접조사나 우편 조사에 많이 사용되는데 비교적 표본의 대표성이 유지되는 과학적인 방법이다.

③ **할당표본추출법** : 이 방법은 무작위로 조사 지역이나 전화번호를 선정한

후 최종 응답자는 난수표가 아닌 면접원 마음대로 결정하는 것이다. 그렇다고 해서 면접원이 아무하고나 면접을 해도 좋다는 뜻은 아니고, 모집단의 성과 연령비에 따른 응답자 수를 할당받아 그 수에 맞춰 면접한다는 것이다. 정부 조사나 학문적 성격의 조사는 무작위 표본추출법을 선호하는 반면 시장 조사 연구자들이 수행하는 상업적 목적의 조사는 대부분 할당표본추출법을 사용하고 있다.

④ **군집표본추출법** : 'A백화점 입점 고객' 하는 식으로 조사 대상자들이 모여 있는 곳을 찾아가거나 한 곳에 모이게 해 한꺼번에 면접하는 방법으로, 비과학적인 표본추출법이어서 조사 결과가 모집단을 대표한다고 말하기는 어렵다. 그러나 조사는 시급히 진행되어야 하고 표본의 대표성도 별로 요구되지 않을 때, 제품을 보여주고 설명해주거나 맛을 보여줘야 할 때 유용한 표본추출법이다.

❸ 설문지 작성방법

설문지 내 질문의 형태는 크게 폐쇄형 질문과 개방형 질문으로 나누어진다. 폐쇄형 질문이란 응답자에게 응답 보기를 주어 그중에서 몇 개를 고르도록 하는 것이며, 반면에 개방형 질문이란 보기 없이 응답자가 자유롭게 응답하도록 하는 것이다. 폐쇄형 질문은 응답 보기를 작성하기가 다소 귀찮지만 응답자들이 쉽고 정확하게 응답할 수 있도록 도와주기 때문에 될 수 있는 대로 질문은 폐쇄형으로 만드는 것이 좋다.

가. 척도

척도란 측정을 목적으로 일정한 규칙에 따라 질적인 측정 대상에 적용할 수 있도록 만들어진 계량적 도구 즉 측정 도구를 말한다. 사회과학에서 매우 강조되는 연구방법론으로 종류가 굉장히 많이 개발되어 있고, 사용하는 척도에 따라서 결과 데이터 역시 차이가 발생할 것이 거의 분명하기 때문에 설문 조사나 자료분석을 위해서는 절대적으로 중요한 개념이다. 사회과학에서 측정의 대상이 되는 개념이나 구성은 굉장히 막연한 경우가 많아서 과학적 방법으로 탐지할 수 없는 주관적이고 모호한 성격을 띠게 된다. 이 경우 사회과학자는 조작화 operationalization 를 통해서 그런 문제를 계량화 가능한 형태로 가공한다. 이때 조작화의 결과로 그 개념은 하나 또는 여러 지표 indicator 들로 구성될 수 있다. 예를 들어, '소비자가 제품을 구매하는 원인' 개념을 조작화하기 위해서는 브랜드 인지도, 품질, 가격, 이미지 등의 여러 지표들을 동원할 수 있다. 그리고 이런 지표들을 측정할 수 있도록 돕는 도구로 지수 index 와 척도가 있다. 지수와 척도는 서로 거의 동일한 기능을 수행하나, 지수가 다수의 데이터를 연산하여 일정한 수치를 도출한다면, 척도는 그에 더하여 강도구조 intensity structure 를 탐지할 수 있다는 추가적인 장점을 갖는다. 예컨대 소비자의 구매 후 만족도를 척도로 측정할 경우, 단순히 만족한다는 정도를 넘어서 어느 정도로 만족하는지에 대한 정보를 얻을 수 있다. 척도는 합성측정 composite measures 의 형태로 구성된다. 즉 단일문항이 아니라 복수의 문항들로 구성되어 있다. 구태여 여러 문항들을 동시에 활용하는 이유는 단일문항이 엄격한 기준으로 사용되기에는 너무 불안하기 때문이다. 어떤 개념은 다차원성 multi-dimensionality 을 갖고 있어서 하나의 문항으로는 그중 하나의 차원밖에는 측정하지 못할 수 있고, 또 여러 문항들이 서로 도와주지 않으면 응답자의 혼란이 초래되어 그 하나의 문항의 응답결과에 왜곡이 발생, 신뢰도와 타당도가 저해되기 때문이다. 조사자 입장에서도 합성측정을 활용해야 신뢰도 분석이나 차원성 분석 등의 통계적 검토가 훨씬 쉽다.

① **명명척도** : 설문지 질문을 작성할 때에는 척도를 어떤 형태로 할 것인지도 고려해야 하는데, 응답을 어떻게 받았느냐에 따라 통계 분석 방법이 달라지기 때문이다. 이때 명명척도란 남자는 1, 여자는 2 와 같이 응답보기 하나하나에 수량적 의미가 없는 숫자를 부여하는 것으로, 기본적인 인구통계학적 정보를 구할 때 가장 많이 사용되고 있는 척도이다.

■ **그림 4-7 명명척도의 예**

문제 다음 중 귀하가 가장 가보고 싶은 나라는 어디입니까?
가. 일본   나. 중국   다. 미국   라. 프랑스

② 서열척도 : 서열척도란 응답 보기 중에서 가장 중요한 혹은 가장 좋아하는 것부터 순서를 매기도록 하는 방법이다. 단순히 1위부터 순서를 매기는 것이므로 서열척도를 사용해 몇 가지 제품에 대한 신호도를 측정하면, 순위는 알 수 있지만 어떤 제품이 얼마만큼 더 선호되는지는 알 수 없다는 단점이 있다.

▌그림 4-8 서열척도의 예

문제 다음 중 귀하가 선호하는 순서대로 1~5위까지 순서를 매겨주십시요. 가장 선호하시는 나라에 1위, 가장 덜 선호하시는 나라에 5위를 주시면 됩니다.

일본　　중국　　미국　　프랑스　　영국
(　)위　(　)위　(　)위　(　)위　(　)위

③ 등간척도 : 등간척도란 서열척도에서 한 걸음 더 나아가 부여되는 수치 사이의 간격이 똑같은 것으로서, 어느 것이 얼마만큼 더 선호되는지도 계산할 수 있는 척도이다. 그러나 절대 영점 Absolute Zero Point, 아무것도 없는 상태을 가지고 있지 않기 때문에 수치상으로는 2배일지라도 실제로도 2배라고 말할 수 없다는 데 문제가 있다. 예를 들면 섭씨 0도가 온도의 부재를 의미하지 않기에 영상 10도가 영상 5도의 두 배라고 하기가 어려운 것과 같다.

▌그림 4-9 등간척도의 예

문제 일본에 대해 귀하가 선호하시는 정도를 표시해 주십시요.
1. 전혀 선호하지 않는다　2. 선호하지 않는다　3. 보통이다　4. 선호한다　5. 매우 선호한다

④ 비율척도 : 비율척도는 가장 많은 정보를 담을 수 있는 척도로 대상에 대한 순서, 대상에 대한 상대적 크기, 그리고 절대적 기준을 통한 비율 정보까지 포함하고 있다. 예를 들면 몸무게 10Kg의 경우 5Kg의 두배라고 할 수 있는데 이 경우 몸무게 0Kg이 절대기준이 될 수 있기 때문이다.

④ 소비자 조사 내용

가. 인지도 조사

인지도 조사는 브랜드가 소비자들에게 얼마만큼의 유명세를 가지고 있는지를 파악해 보는 것으로 소위 브랜드 자산가치를 파악할 때 가장 기초가 되는 항목이라고 할 수 있다. 인지도가 높으면 그만큼의 광고 판촉비용 절감을 의미하는 것이고 빠른 시기에 시장에 확장할 수 있다는 장점이 될 수 있다. 여기서 중요한 점은 그 인지도가 타깃 소비자 층에서 형성되어 있는지 하는 점이다. 타깃 소비자가 아닌 다른 나이대나 소득 수준 및 라이프 스타일이 다른 계층에서 유명하다면 직접적인 효과를 거두기 어렵다.

나. 이미지 조사

브랜드의 인지도가 아무리 높아도 긍정적인 이미지가 함께 공유되지 않으면 이를 개선하기 위해 인지도를 높이는 것보다 훨씬 많은 시간과 비용이 소모될 것이다. 일반적으로 브랜드의 이미지에 영향을 주는 요인들은 가격, 품질, 신뢰 등인데 제품이나 서비스의 특성에 따라 매우 차별적으로 달라진다. 한편, 일반적으로 거론되는 요인들보다 사회적으로 커다란 부정적 이슈를 가져온 경우 이미지에 미치는 영향이 지대한데 가끔 시장에서 그런 이유로 퇴출되는 경우를 목격하기 어렵지 않다. 한편 이미지에 대한 문제를 발견하였을 때 단순

■ 표 4-1 이미지 소비자 조사 예

Section	Definitely disagree		Somewhat disagree		Neither		Somewhat agree		Definitely agree		Total		Average	
	N	%	N	%	N	%	N	%	N	%	N	%	N	%
Luaurious	32	8.2	119	30.4	184	46.9	53	13.5	4	1.0	392	100	2.69	0.84
Fashionable	21	5.4	111	28.3	168	42.9	79	20.2	13	3.3	392	100	2.88	0.9
Individuality	29	7.4	115	29.3	168	42.9	65	16.6	15	3.8	392	100	2.8	0.93
Attractiveness	22	7.4	115	29.3	168	50.8	50	12.8	12	3.1	392	100	2.8	0.84
Quality	7	1.8	72	18.4	213	54.3	90	23.0	10	2.6	392	100	3.06	0.76
Practicality	7	1.8	33	8.4	178	45.4	143	35.5	31	7.9	392	100	3.4	0.82
Diversity	15	3.8	101	25.8	194	49.5	74	18.9	8	2.0	392	100	2.9	0.82
Shop atmosphere	13	3.3	63	16.1	232	59.3	73	18.7	10	2.6	391	100	3.01	0.76

하게 그 내용과 수준을 파악하는 것도 중요하지만 그보다 그 이유가 무엇인지를 밝혀내는 것이 보다 필수적이다. 〈표 4-1〉은 특정 브랜드의 이미지에 대해 소비자의 동의수준을 5척도로 분석한 것으로 이때 제시되는 이미지 요인은 각각의 의미가 겹치지 않아야 하며 브랜드와 관련 없는 사안을 불필요하게 묻는 일이 없어야 한다. 실무자들은 이런 결과를 토대로 기업이 원하는 방향과 다른 이미지를 해결하는 데 우선적인 노력을 경주할 수 있다.

다. 경쟁브랜드

경쟁브랜드는 원칙적으로 포지셔닝을 마친 후에 선별해야 한다. 실무자들이 일반적으로 범하는 오류의 하나가 자사의 경쟁브랜드를 아이템이 같다고 해서 유통망이나 가격 수준 등을 고려하지 않고 결정하려 드는 것이다. 소비자들은 다양한 경험에 따라 마음속에 축적해 놓은 브랜드에 대한 연상이 존재하고 점점 다양한 요인을 통한 평가에 의해 브랜드 포지셔닝을 결정하기 때문에 직접적인 조사 없이 개인의 경험이나 주관으로 경쟁브랜드를 성급하게 판단하는 것은 지양되어야 한다.

라. 정보원

인지도와 이미지가 소비자 쇼핑성향shopping orientation에 관련된 조사였다

■ 표 4-2　소비자 정보원 조사 예

Section		Fashion Magazine		TV		Through other people		Shop		Internet		etc.		Total		$X^2(P)$
		N	%	N	%	N	%	N	%	N	%	N	%	N	%	
Research Area	Myong Dong	15	19.0	3	3.8	25	31.6	26	32.9	9	11.4	1	1.3	79	100	20.463 0.155
	Kang Nam	14	15.7	2	2.2	29	32.6	22	24.7	18	20.2	4	4.5	89	100	
	Apgujeong	13	13.5	2	2.1	28	29.2	26	27.1	17	17.7	10	10.4	96	100	
	Shinchon	16	21.6	1	1.4	20	27	29	39.2	5	6.8	3	4.1	74	100	
Age	teenager	8	14.3	3	5.4	24	42.9	14	25	6	10.7	1	1.8	56	100	16.627 0.342
	20-24 years	25	14.6	3	1.8	54	31.6	53	31	25	14.6	11	6.4	171	100	
	25-29 years	20	22.5	2	2.2	18	20.2	29	32.6	16	18	4	4.5	89	100	
	30-34 years	5	22.7			6	27.3	7	31.8	2	9.1	2	9.1	22	100	

면 정보원은 소비자 행동consumer behavior과 연관된 조사이다. 정보원 분석이란 소비자가 브랜드나 제품을 구매하기 위한 정보를 어디서 어떤 방법으로 얻는지 알아보는 것으로 효과적인 광고나 홍보, 판촉의 적정 미디어를 알아내는 데에 매우 유용하다. 〈표 4-2〉는 소비자 거주 지역과 나이에 따른 타깃 브랜드 제품군의 정보원을 알아 본 사례이다.

마. 적정 가격대

브랜드를 외국에서 런칭하거나 수입하는 것을 주제로 한 포트폴리오의 경우 가격은 사업의 시작 가능 여부를 결정하는 중요조건이나 수입업자 입장에서 건드릴 수 없는 가격적 요인은 분명 존재한다. 수입제품 가격이 이미 정해진 경우가 많은데 불행히도 국내 소비자들은 그 가격을 합리적이라 받아들이지 못하는 경우가 많고 최근의 직구와 SNS 등의 정보 활용 등을 통해 현지가격을 매우 정확하게 인지하고 있으므로 과거처럼 해외에서 상품을 들여왔다고 해서 무조건적으로 가격을 높게 형성하는 경우는 거의 불가능한 상황이기 때문이다. 백화점, 홈쇼핑 등의 높은 판매 수수료와 높은 전문점 초기 투자비용 그리고 갈수록 인상되는 창고료 및 운반비 등을 감안할 때 가격에 대한 냉철하고 정확한 판단 없이 해외에서 브랜드를 도입하는 것은 무모한 일이 아닐 수 없다. 실제로 가격이 손익요건을 충족시킬 수 있다고 하더라도 실제 소비자들에게 적정 가격대를 물어보면 생각보다 실무자와 상당히 다른 가격인식을 하고 있다는 것을 알 수 있는 경우가 많을 것이다. 이는 실무자는 가격에 대해 산술적으로 판단함에 비해 소비자는 제품을 이미지로 판단하는 경우가 대부분이기 때문이다. 따라서 소비자가 평소 구매하는 단가를 알아보는 것도 의미가 있다.

바. 구매행동

구매행동은 소비자가 타깃 브랜드나 관련 아이템을 언제, 어디서, 얼마나 구매하였는지 파악하는 것으로 구매시점과 구매장소 및 객단가를 파악할 수 있다.

CHAPTER V

포트폴리오 작성
(기획단계)

▌ A. 시장세분화

시장은 다양한 욕구를 가진 개별 소비자들로 구성된다. 마케팅개념을 실천하기 위해서는 기업이 개별 소비자의 욕구를 파악하여 이를 충족시키는 것이 바람직하지만, 비용경제성의 측면에서 모든 소비자를 대상으로 하는 것은 현실적으로 불가능하다. 이와 반대로 다양한 소비자 욕구를 무시하고 하나의 제품이나 서비스를 가지고 전체 시장을 공략하는 것은 규모의 경제를 실현할 수는 있지만 충족되지 않은 욕구를 가진 많은 고객들을 발생시켜 결국 소비자의 외면을 받게 될 것이다. 이러한 문제를 해결하여 기업의 역량을 집중할 시장을 찾아내기 위한 선행 작업으로 기업은 시장세분화를 시행한다. 시장세분화란 전체 시장을 비슷한 시장끼리 묶어서 나누는 과정이다. 포트폴리오를 작성할 때 기존의 브랜드나 제품을 채택하는 경우 별도의 시장세분화 작업이 필요 없겠으나 본인이 새로운 브랜드나 제품을 개발하는 경우 필수적으로 요구되는 마케팅 관리과정의 하나이다.

▋ 1 시장세분화의 이점

시장세분화는 표적시장을 선정하기 위한 기준을 마련해줌과 동시에 다음과 같은 이점을 기업에게 제공한다.

가. 시장 규모 확인

시장을 세분화하다 보면 시장성을 파악하는 데 가장 큰 요인 중의 하나인 시장의 크기를 가늠해 볼 수가 있다. 아무리 좋은 사업 아이템이라 하더라도 기본적으로 시장이 작으면 시장성이 높다고 할 수 없다. 특히, 새롭게 사업을 전개하고자 할 때 전체적인 시장 규모가 협소하다면 기업이 원하는 목적을 이루기가 기본적으로 어려울 것이다.

나. 사업 시점 확인

목적 시장에 아직 익숙하지 않은 제품이나 완전히 새로운 제품을 출시하고자 할 때 시장세분화를 통해 사업 아이템의 시기 적절성을 파악해 볼 수 있다.

예를 들어 우리나라에 요가복 브랜드를 도입하고자 할 때 국내 소비자들의 여가 생활 유형을 나누어 봄으로써 제품을 구매할 수 있는 계층이 존재하는지 그리고 얼마만큼의 규모가 되는지를 알 수가 있는 것이다. 실제로 몇몇 외국의 유명 고가 시계 브랜드들은 수입 명품 브랜드의 국내 진출이 한창이었던 1990년대에도 이러한 시장세분화를 통해 국내 소비자들이 아직 고급시계를 예물용뿐만 아니라 다양한 라이프 스타일에 맞게 착용하는 집단이 미약한 것을 파악하고 2000년 이후로 진출 시점을 미룬 사례가 있다.

다. 시장 기회의 탐색 가능

시장세분화를 하다 보면 소비자의 욕구는 존재하는데 이에 맞는 적절한 상품은 존재하지 않는 경우를 발견할 수 있다. 우리나라 아동복의 경우 나이별 의복 구분이 베이비, 토들러, 주니어로만 나누어지는데 초등학교 5학년에서 중학교 2학년 사이의 프리틴세대 pre-teen generation 즉, 자신의 개성이 생겨 스스로 제품을 고르고 나름대로의 충성도도 갖게 되는 매우 중요한 세대에 대한 시장 대응이 없는 것을 파악하여 프리틴 전문 브랜드를 개발하거나, 과거와는 달리 자신의 외모에 관심을 가지게 되어 피부 관리를 하고자 하는 남성들이 화장품 구매에 마땅한 대안이 없다는 것을 알게 된 화장품 회사의 남성용 화장품 라인 확대 등이 그 좋은 예라 하겠다.

라. 효율적인 마케팅 믹스 개발

이질적인 시장 전체를 동질적 시장으로 나누어 놓았기 때문에 타깃 시장에 맞는 제품, 가격, 유통채널, 촉진 등에 보다 효과적인 전략을 대응할 수 있다.

2 시장세분화 변수

전체 시장을 비슷한 것끼리 묶어 나누는 것을 시장세분화라고 한다면 어떤 기준을 두고 나누어야 하는지 정해야 한다. 이러한 기준을 세분화 변수라고 하는데 소득 수준, 성별, 나이, 거주지역 등 인구통계학적 변수를 가지고 나누는 것이 그간의 대표적인 세분화 변수의 예이지만 이는 기업이 처한 상황에 따라 다를 수밖에 없다. 특히 개인의 성향이나 개성에 의해 소비되는 선매품의 경우 인구통계학적인 요인보다는 상황적, 심리적 요인이 더 크게 작용하는

▌표 5-1   시장세분화 변수

기준 변수	구체적 변수
인구통계적	연령, 성별, 가족규모, 소득, 직업, 교육수준, 종교 등
지리적	거주지역, 도시규모, 인구밀도, 기후, 지형특성 등
심리적	사회계층, 라이프스타일, 개성 등
행동분석적	구매계기, 구매상품, 사용경험 여부, 사용량, 브랜드 충성도 등

경우가 많으므로 최근에는 소비자의 라이프 사이클을 토대로 한 시장세분화
가 일반적으로 많이 사용되고 있다. 시장세분화 변수는 세분화의 요건을 만족
시키면서 기업이 처한 상황에 따라 창의적인 노력에 의하여 만들어져야 한다.
여기서는 흔히 사용되는 변수들만을 간단히 살펴보기로 한다.

가. 지리적 변수

지리적 세분화는 비용이 적게 들고 비교적 쉬운 방법이라 널리 이용되고 있
다. 이 방법은 소비자가 거주하는 지역을 중심으로 시장을 나누는 것이다. 예
를 들어 흔히 구분하는 수도권과 지방 외 심지어 서울에 거주하는 소비자라 하
더라고 강남과 강북에 거주하는 소비자 간에 차이가 존재한다면 각 구역별로
시장을 세분화하고 차별화된 머천다이징을 도입하는 것이 바람직할 것이다.
고가격의 브랜드나 새로운 유통 업태를 시장에 도입하는 기업이 충분한 시장
잠재력을 가진 대도시를 먼저 표적 세분시장으로 선정하여 우선 진출하는 경
우도 지리적 변수를 이용한 시장세분화의 예이다.

나. 인구통계학적 변수

소비자들의 일반적인 특성, 즉 나이, 성별, 주거형태, 소득, 직업, 교육 수
준 등과 같은 변수를 인구통계학적 변수라고 한다. 이 변수들은 소비자들의
특정 상품에 대한 욕구나 선호 등이 대체로 이러한 변수들과 상관관계가 높을
뿐 아니라 변수들을 쉽게 측정할 수 있다는 이점 때문에 널리 이용되고 있다.
소비자들이 추구하는 편익이나 욕구는 연령에 따라 다양하게 나타난다. 동일
한 제품군 내에서도 다른 연령집단에 속한 소비자들 간에 선호하는 브랜드와
제품 특성이 있기 때문에 기업은 각각 연령대에 맞는 제품을 구매하는 등의 차
별적 마케팅 활동을 수행하는 것이 보통이다. 예를 들면 신발의 경우 초등학생

의 경우엔 활동적인 운동화를 선호하고, 20대는 멋을 추구하고, 노년층에 이르게 되면 편안함을 추구하게 된다. 물론, 소비자의 실제 나이와 정신적 연령이 일치하지 않는 경우도 있다. 한 예로, 실버시장의 중요성이 대두된 지 오래이나 활성화되기 어려운 이유는 소비자들은 자신이 노년이라는 것을 인정하기 싫어하고 나이보다 젊어 보이게 하는 상품에 대해 관심을 보이기 때문이다.

성별에 따른 세분화는 거의 모든 제품군에서 전통적으로 행해져 왔다. 하지만 의식주의 하나인 의복에 있어서도 이미 남녀공용의 옷이 많이 등장하여 캐주얼 의류의 경우에는 성별에 따른 소비자의 욕구가 그다지 차이를 보이지 않고, 직업여성의 증가로 인하여 남성의 전유물이라고 여겼던 술이나 담배 같은

■ 그림 5-1 인구통계학적(나이) 시장세분화

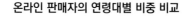

온라인 판매자의 연령대별 비중 비교

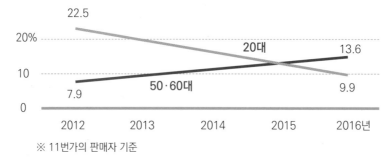

※ 11번가의 판매자 기준

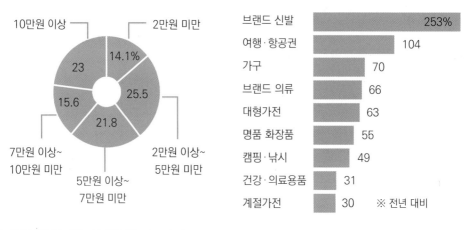

50·60대의 한달 온라인 쇼핑 금액

올 1~9월 50·60대 온라인 구매 급증 품목

출처 : 11번가, G마켓

기호식품뿐만 아니라 자동차에서도 성별에 의한 구분이 불명확해지고 있다. 자동차 회사들은 전체 자동차 선택에 있어 선택권이 남성보다 여성에게 있다는 조사 결과에 따라 여성을 표적시장으로 삼아 이에 맞는 광고를 특별하게 고안하여 여성잡지에 게재하고 있다.

소득 수준도 매우 민감한 요인이긴 하나 소비의 양극화 현상이 가중되면서 소득 수준을 세밀하게 분화시켜 시장을 나누기가 어려워지고 있으며, 소득 수준이 낮더라도 결혼 같은 시기적 중요성에 따라, 귀한 사람에게 선물을 하기 위한 경우 등에는 소득 수준을 뛰어넘는 구매행동을 하며 반면 소득이 높은 계층일지라도 브랜드력보다는 개성을 중요시하는 소비 트렌드의 변화로 인해 아주 싼 물건일지라도 자기 개성에 맞으면 구매를 하고 착용하는 경우가 많기 때문에 과거에 비해 그 활용 상의 중요도가 낮아지고 있다.

교육 수준도 인구통계학적 변수의 중요한 요인으로 분석되고 있는데 일반적으로 교육 수준이 높을수록 해외 브랜드에 대한 선호도가 높고 기업 이미지, 제품 품질 등에 대한 고려 수준이 높은 것으로 연구되고 있으나 우리나라와 같이 교육 수준이 전반적으로 높은 나라에서는 그 변별력이 크지 않다고 보아야 한다.

다. 심리 분석적 변수

심리 분석적 변수로는 생활양식, 개성 등이 여기에 포함되며 한마디로 라이프스타일life style 분석이라고 할 수 있다. 나이가 같다고 해서, 소득이 동일 수준이라고 해서 구매욕구가 같다고 할 수 없다. 인구통계학적으로 같은 세분시장에 속한 소비자들일지라도 매우 다른 심리적 특성을 보이는 경우가 많기 때문이다. 따라서 이 심리 분석적 방법은 소비자에 대한 보다 실제적인 욕구를 파악하기 위해 사용된다. 일반적으로 명품 브랜드는 상류층을 표적시장으로 삼는데 그들의 소득수준이 높은 가격의 명품을 구매할 수 있는 능력치에서 유리하기도 하지만 명품의 소유와 착용이 그 사람의 사회적 지위를 상징하기 때문이다.

라이프스타일의 개념은 1960년대 초 윌리암 라저William Lazer에 의해 마케팅분야와 관련하여 소개되었으며, 미국에서는 이때부터 라이프스타일 측정방법과 소비자 행동 연구가 서로 관계를 맺으면서 발전해 왔다. 그러나 우리나라는 1975년에 중앙일보에 의해 라이프스타일에 대한 최초의 본격적인 연구가

■ 표 5-2   미시적 차원의 라이프스타일 분석

기법	라이프스타일 측정내용
AIO	취미, 일, 휴가, 오락과 관련한 주요 활동영역(activities) 유행, 매체, 음식, 직업, 가족 등과 관련한 관심(interests) 정치, 경제, 사회, 교육, 제품, 문화 등에 대한 의견(opinions)
VALS	개인의 자원여력(소득, 교육, 자신감, 원기)과 세상을 바라보는 방식(원칙지향, 신분지향, 행동지향)과 관련한 40여개의 측정항목과 정치, 재정상태, 직업만족도 등 15가지 분야에 대한 견해, 인구통계적 특징, 매체이용, 개인활동 등 포함
LOV	궁극적 목표가치와 수단적 목표가치와 관련된 36개 항목, 개인의 생활환경 적응도구로서 지배적 가치를 자존심, 안정, 따뜻한 인간관계, 성취감, 소속감, 타인으로부터의 존경, 재미와 즐거움, 짜릿한 흥분 등으로 측정

이루어졌으나 아직도 라이프스타일에 대한 연구가 선진국에 비해 많이 축적되지 못한 실정이다.

라이프스타일의 분석방법은 거시 및 미시적 차원에서 구분하여 진행되고 있으며 다시 주관적, 객관적 데이터에 의한 분석으로 나눌 수 있다. 거시적 분석 대상이 되는 것은 사회전체 또는 특정집단의 전반적인 가치관, 욕구, 사회적 경향 등에 중점을 두고 그 사회나 집단의 고유가치 및 문화적 특성에 대한 이해를 파악하는 것을 목적으로 하는데 대표적으로 얀켈로비치 Yankelovich 에 의해 개발된 사회경향분석법과 스탠포드 연구소 Stanford Research Institute 의 사회추세 예측조사를 들 수 있다. 한편, 미시적 차원 분석을 심리측정으로서 개인들의 가치관이나 욕구 패턴을 분석하여 예측하는 것을 목적으로 하는 것으로 AIO activities, interests, opinions 분석 그리고 소비자 가치를 측정하는 VALS value & lifestyle , LOV list of value 분석 등이 있다.

라. 행동 분석적 변수

① **추구하는 편익** : 같은 제품이라고 하더라도 모든 소비자들이 동일한 편익을 얻고자 제품을 구매하지 않고, 중요도도 다르다. 따라서 편익 세분화 benefit segmentation 를 통해 소비자들이 제품을 구입할 때 고려하는 주요 편익 차이에 따라 소비자들을 차별적 집단으로 나누어 세분화할 수 있다.

② **사용 상황** : 소비자가 특정 제품으로부터 추구하는 편익은 사용 상황에

따라 달라질 수 있다. 그러므로 마케터는 개인 소비자가 어떤 상황에서 그 제품을 사용하느냐에 따라 제품 시장을 세분화할 수 있다. 예를 들어, 제품을 구매하는 소비자들은 자신이 소비하기 위해서 구매하는지 아니면 선물용으로 구매하는지에 따라 추구하는 편익과 상표가 달라질 수 있다.

③ **사용량 혹은 구매량** : 마케터는 제품 시장을 소비자의 제품 사용량 혹은 구매량에 따라 다량 사용자, 중량 사용자, 소량 사용자로 세분화할 수 있다. 업체들은 제품의 다량 소비자를 많이 확보하는 것이 매우 유리하다. 그 이유는 다량 소비자들이 수적으로는 다른 소비자들보다는 적지만 제품 총매출액의 상당 부분이 소수의 다량 구매자들의 구매로 이루어지는 경우가 많다. 그러므로 소위 파레토 법칙을 통해 대변되는 대량 소비자의 중요성을 인식하고, 대량 사용자들의 인구통계학적 특성, 라이프스타일 등에 관한 자료를 수집하여 그에 적절한 마케팅 전략 실행이 필요하다.

④ **브랜드 충성도** : 기업은 소비자의 자사 브랜드에 대한 충성도에 따라 시장을 세분화할 수 있다. 브랜드 충성도란 자사 브랜드에 대해 호의적인 태도를 보이고 그 브랜드를 반복하여 구매하는 정도를 말한다. 기업은 제품 시장을 자사 브랜드만을 주로 구매하는 소비자 집단, 자사 브랜드와 경쟁 브랜드를 바꾸어가면서 구매하는 소비자 집단, 경쟁 브랜드를 주로 구매하는 소비자 집단 등으로 세분화하고, 각 세분시장에 맞는 마케팅 및 광고 전략을 도입해야 한다. 소비자들이 한 브랜드를 지속적으로 쓰는지, 혹은 여러 브랜드를 번갈아 바꾸어 쓰고 있는지를 검증해보

▌표 5-3 행동 분석적 변수 분석

편익	구매동기	사회적 지위표출	자기만족	소장용	주변시선	현금성	성능이 좋아서	선물	예물
	평균(%)	4.1%	75.4%	7.3%	2.7%	1.4%	3.6%	3.2%	2.3%

사용 상황	구매시기	기념일	기존 시계 고장	프로모션 기간	새로운 컬렉션 출시	경제적 여유	구매 욕구가 생겼을 때	기타
	평균(%)	16.9%	15.4%	26.9%	9.1%	5.4%	17.2%	9.1%

구매량	구매량	없음	1번	2번	3번	4번	5번
	평균(%)	8%	40%	28%	8%	6%	10%

고 그 이유를 분석하는 것도 마케팅 전략의 좋은 시사점이 될 수 있다. 소비자들이 한 상표를 지속적으로 쓰는 형태는 크게 충성적인 경우brand royal와 습관적인 경우habitual로 나눌 수 있다. 또 브랜드를 자주 바꾸는 이유가 다양화를 추구하기 위한 경우도 있고, 아직 흡족한 상표를 찾지 못했기 때문인 탐색 단계의 경우로 나눌 수 있다. 최근에는 충성도에 대한 분석이 고객 당 단순 매출액의 크기나 방문 횟수의 빈도로서만 파악하는 것이 아니라 다른 경쟁 매장에 대한 상대적 강도를 포함시키거나 소득 수준 대비 구매율을 적용하여 보다 질적으로 정확한 충성도 수준을 파악하고자 기업의 CRM Customer Relationship Management팀 등에서 시스템을 개발 시행하고 있다.

❸ 시장세분화 유의사항

시장세분화는 기본적으로 구분 시장이 내부적으로는 동질성을 가지고 있고 외부적으로는 이질성을 가지고 있어야 된다. 그것이 분명하지 않으면 세분화의 효과가 불분명해지기 때문이다. 한편 시장을 구분하는 데 있어 경제성이 있을 만큼의 규모가 되어야 한다. 시장을 구분하여 그것에 따라 자원을 투자하였을 때보다 크게 기대되는 수익적 차원의 규모가 되지 않으면 굳이 시장을 구분할 이유가 없다. 이때 무엇보다 시장의 크기를 파악할 수 있도록 측정 가능성이 있어야 되는 것이 시장세분화의 기본이 된다. 또한 실제로 나누어진 구분 시장에 따라 별도의 촉진이나 유통경로가 시행될 수 있는 접근 가능성과 실행 가능성이 있어야 되는 것이 전제조건이라 하겠다.

시장의 경쟁이 심화되고 구매자의 욕구가 다양해지면서 시장의 세분화 정도가 가속화됨에 따라 하나의 변수에 의존하는 시장세분화는 잘못된 마케팅 의사결정을 하게 될 위험성이 커진다. 따라서 효율적인 시장세분화가 이루어지기 위해서는 한 가지 시장세분화 변수만을 사용하기보다는 여러 변수의 조합을 사용하는 것이 바람직하다. 한편 시장은 매우 빠른 속도로 변화하므로 한 번 시행된 시장 세분화를 오랜 시간 의사결정에 적용하는 것도 무리가 있다. 과다한 시장세분화는 조사비용의 남용과 아울러 제품군의 불필요한 확대를 가져올 수 있으며 심리적 분석 기준화의 경우 조사기관이나 조사방법에 따라 매우 다른 결과가 나올 수 있으므로 조사방법의 객관화와 신뢰성 확보에 주의를 기울여야 한다.

　포트폴리오 상에서 시장세분화 시 라이프스타일 분석을 사용하기 위해선 본인의 주제와 맞아 떨어지는 조사된 내용이 없다면 지리적 변수나 인구통계학적 변수처럼 객관적 데이터가 확보되지 않은 이유로 실행하기가 쉽지 않을 것이나 그런 이유로 기업에서 더 높은 가치를 인정 받을 수 있을 것이다.

B. 표적시장 선정

　시장을 세분화하는 이유는 표적시장을 정하기 위해서이다. 세분된 모든 시장을 자사의 목표시장으로 선정할 수는 없다. 왜냐하면 세분시장 별로 각기 다른 특성이 있기 때문에 자사의 기업여건이나 경쟁사의 시장관리 능력을 파악하여 접근할 필요가 있기 때문이다. 표적시장을 선정하기 위해서는 세분화된 시장을 구체적이고 실무적으로 분석하고 평가해 보아야 한다. 시장규모나 성장성뿐만 아니라 기존 경쟁강도와 잠재적 진입자의 진입정도, 공급자의 교섭력과 구매자의 교섭력, 대체 기술이나 제품의 출현정도, 유통경로와 물류의 여건 등 사업에 영향을 미칠 수 있는 모든 요인들을 최대한 고려해 보아야 한다. 또한 시장 환경과 경쟁 환경요인뿐만 아니라 경제적, 기술적인 요인, 문화사회적인 요인, 자사의 능력과 세분시장과의 상호작용까지도 면밀히 분석하여야 한다. 이러한 과정을 거쳐 표적시장으로 선정되면 표적시장의 시장구조와 구매자특성을 파악하여야 한다. 시장구조면에서는 기술, 품질, 서비스 수준과 고객의 성장성, 유동성과 안정성, 고객업종의 영업이익률과 매출채권 회수기간 등 구조적 매력도를 면밀히 분석해 보아야 하며 구매자 특성 면에서는 구매자의 정보수집방법과 구매자의 구매평가기준 즉, 구매자가 구매할 때 평가하는 가격수준, 품질수준, 납기수준, 기술수준, 신용도나 신뢰도 수준 등을 미리 분석하여 대처해야 한다. 표적시장 선정을 위한 고려요소는 상품의 동질성, 시장의 동질성, 제품수명주기, 경쟁사 전략 등이 포함된다.

　시장을 세분화하여 그중에서 기업이 집중해야 할 표적시장을 선택하는 방법에는 전통적인 평가방법과 계층적 의사결정에 의한 평가방법인 AHP analytic hierarchy process 방법 등 크게 두가지로 나누어 볼 수 있다.

1 전통적 방법

전통적 방법은 세부 평가항목들에 가중치를 부여하고 난 후 세부항목을 각각 평가하여 각 세분시장이 얻은 점수의 합을 계산하여 표적시장을 선정하는 것으로 〈표 5-4〉를 통해 이해할 수 있다. 이 경우는 세분시장 1이 표적시장이 된다.

■ 표 5-4 전통방식의 표적시장 선정방법

요인	세부항목	가중치	세분시장1	세분시장2	세분시장3
시장매력도	시장규모	10	5	4	4
	발전추세	8	5	5	5
	수익성	8	3	5	6
경쟁우위	제품 기술력	7	5	4	4
	제품 이미지	8	6	3	3
적합도	고객	6	5	6	3
	커뮤니케이션	8	5	5	2
합계			267	248	214

2 AHP 방법

AHP analytic hierarchy process 방법은 인간이 의사결정할 때 두뇌가 단계적 또는 위계적 분석과정을 활용한다는 사실에 착안하여 개발된 것으로 의사결정의 전 과정을 여러 단계로 나눈 후 이를 단계별로 분석 해결함으로써 최종적인 의사결정에 이르는 방법이다. 일반적으로 기업 내 의견이 대립이 되면 기업 내 지위여부 혹은 다수결을 따르게 되나 이는 합리적이고 객관적인 의사결정방식이라고 보기는 어렵다. 따라서 복잡한 의사결정을 합리적, 능률적으로 하기 위한 수학적 근거를 가지고 의사결정을 최적화 하기 위해 고안된 AHP방법은 의사결정에 참여하는 다수의 사람들의 의사를 최대한 수용하여 효과적인 의사결정을 이끌어 내기 위한 방법이다. AHP방법은 의사결정 참여자들이 매우 간단한 작업을 통해 의사결정에 참여할 수 있고 객관적이고 수치화된 데이터 외에 실무자의 직관이나 개인적 경험과 같은 정성요소를 반영하며 여러 참여자들의 의사를 통합하여 반영함으로써 특정인에 의해 왜곡되거나 지배되는 현상을 배제한다. AHP방법은 크게 3가지로 구성되는데 먼저 목표를 선정하고, 둘째 선택대안을 나열하며, 마지막으로 이들 대안을 비교, 검토할 선택기준을 제시하는 것이다.

2016년 AHP를 이용하여 우리나라 신재생에너지 정책 구성 요인의 상대적 중요도를 분석한 허성윤 외 연구결과를 예로 들어 설명하자면 국내 신재생에너지의 빠른 보급 확대를 위한 모든 정책 요소들의 계층별 상대적 중요도는 [그림 5-2]처럼 나타났는데 이를 해석하면 최종 계층의 요인별 가중치는 의무비율 할당제도(17.5%), 민간 연구개발 활성화(16.9%) 등이 다른 요인들에 비해 상대적으로 중요한 것으로 나타났고 대국민 교육 및 홍보(8.0%)와 탄소배출 과금제도(7.8%) 등은 그렇지 못한 것으로 나타나 선택적 대안을 제시해 주고 있다.

▌그림 5-2 　APH 방법을 통한 분석의 예

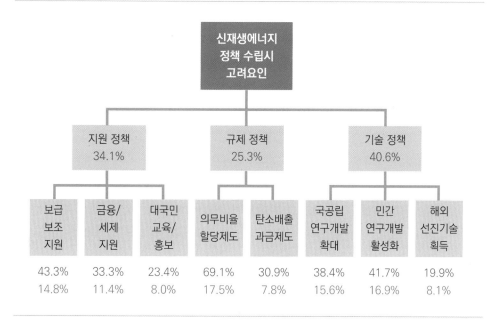

■ C. 경쟁상황 분석

언제부터인가 Blue Ocean(사업상 경쟁이 치열하지 않은 곳이나 유망한 틈새시장 의미)이란 말이 실무에서 익숙한 언어가 되어버렸다. 현재와 같이 불경기가 지속되고 가처분소득이 줄어드는 국내 시장 환경에서 새로운 브랜드의 추가가 새로운 매출의 창출과 연결된다고 보긴 어려울 것이다.

당연한 말이지만 이미 경쟁구도가 빡빡한 시장 즉 소위 Red Ocean에 신규 브랜드로 진입하여 성공한다는 것도 결코 쉬운 일이 아니다. 기존 브랜드와 확연하게 차별화되는 그 무엇이 존재하거나 엄청난 촉진비용을 소모해야만 될지도 모르며 이미 가격경쟁이 시작된 상태라면 당초 계획했던 정상 판매가를 유지하기 어려울 수도 있다. 제품을 만들어내는 제조회사나 수입 브랜드를 운영하고 있는 국내 기업의 경우 새로 제조하거나 도입하는 제품이나 브랜드가 기존의 그것과 식인효과cannibalization를 가져 올 것인가 하는 것에 주목할 필요가 있다. 유한한 자본을 가진 기업의 입장에서 브랜드 간 시너지효과를 가져오지 않는다 하더라도 최소한 매출을 서로 잠식하는 제품이나 브랜드를 제조 혹은 도입해서는 안 되기 때문이다.

포트폴리오를 작성할 때 표적시장이 선정되면 그 시장 내 경쟁브랜드를 파악하고 타깃 소비자들의 인식을 알아보기 위하여 포지셔닝positioning을 시행할 필요가 있다. 포지셔닝은 특정 브랜드(혹은 제품, 기업)가 소비자들의 마음속에 위치된 상황을 파악하고자 하는 노력으로서 따라서 특정 브랜드나 제품이 소비자에 의하여 어떤 제품이라고 정의되는 방식으로서 경쟁 브랜드나 제품에 대한 차별적 이미지나 속성과 관련되어 개념이 형성된 것이라고 할 수 있다.

포지셔닝을 시행함에 있어 기본적으로 가장 큰 문제는 대부분의 기업에서 시행하는 포지셔닝이 주관적 인식 즉 기업이 전문가라는 생각으로 소비자와는 동떨어진 기업 본위의 포지셔닝을 하는 경우가 많다는 것으로 반드시 직접적인 소비자 조사를 통한 실제 맵map이 구성되어야 한다는 것이다. 단순하게 가격조건이나 상품 기능이 같다는 이유로 동일 유통망이 아닌 것을 경쟁브랜드로 삼는 경우도 비일비재하며 포지셔닝 위에 보이는 브랜드와 브랜드와의 위치적 거리도 막연하게 감에 의한 선정이 아니라 정량화를 통해 등간적 차원에서 구분되어야 실제로 정확한 위치가 파악될 수 있다. 그리고 포지셔닝이란

■ 그림 5-3   포트폴리오 제작 STP

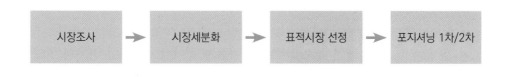

움직이는 것이므로 시간적 유용성도 언제나 유의해야 한다.

한편, 포지셔닝의 결과를 실제적으로 활용하기 위해서는 아이템 상 다르게 적용될 수밖에 없는 가중치 즉 소비자가 상품을 구매할 때 고려하는 비중이 각기 다른데도 거의 모든 기업이 시행하는 포지셔닝 작업은 모든 요인을 같은 수준의 관여도 수준에서 놓고 비교하고 있는 것도 문제이다. 같은 화장품이라 하더라도 기초화장품은 기능을 색조화장품은 구색을 더 중요하게 여기는 것이 보통이다. 이렇듯 기존 포지셔닝은 위와 같은 문제점을 거의 고려하지 않고 편의상 작성하는 경우가 대부분이라 매우 한계적이고 제한적인 결과를 가져올 뿐만 아니라 실용 가치가 없기 때문에 포트폴리오 상에서 차별적인 분석능력을 보여주는 것은 큰 의미가 있다 하겠다.

1 포지셔닝 positioning 의 유형

일반적으로 포지셔닝의 유형은 크게 소비자 포지셔닝과 경쟁적 포지셔닝으로 구분할 수 있다. 소비자 포지셔닝 customer positioning 은 소비자에 초점을 두는 것으로서 속성/편익 포지셔닝과 이미지 포지셔닝, 사용상황 포지셔닝, 그리고 사용자 포지셔닝이 있다. 경쟁적 포지셔닝 competitive positioning 은 경쟁자와 비교되는 상대적 위치정립에 초점을 둔다. 실제 포지셔닝 전략을 수행할 때는 위에 제시한 여러 가지 포지셔닝 방법 중에서 한 가지만을 이용하는 것이 아니라 두 개 혹은 여러 개의 포지셔닝들을 복합적으로 활용하기도 한다. 한편, 포지셔닝이 의도한 대로 실행되지 않았거나, 소비자들의 욕구가 변화하거나, 혹은 강력한 신규 경쟁자가 진입함에 따라 자사 제품의 기존 포지셔닝이 더 이상 유용하지 않을 경우에 마케팅 관리자들은 재포지셔닝 repositioning 을 시도할 필요가 있다.

가. 속성/효용 포지셔닝

속성/효용 attribute-utility 포지셔닝은 제품이 가지고 있는 구체적인 속성, 혹은 소비자의 효용과 관련지우는 방법이다. 흔히 사용할 수 있는 속성으로서 가격, 품질 등을 들 수 있다. 예컨대, 자동차 중에서도 벤츠는 차체의 견고함과 안전성을 강조하는 데 비해, BMW는 주행성능을 강조하여 포지셔닝한다.

속성/효용 포지셔닝은 자사 브랜드가 강점으로 갖는 속성과 관련된 정보를 구체적이고 집중적으로 전달하여 소비자를 설득하는 방법이기 때문에 상대적으로 다른 장점 속성들이 부각되지 못할 수 있다. 따라서 다른 속성을 중요하게 생각하는 소비자들이 고려하는 대안에 포함되지 못할 수도 있다는 단점이 있다.

나. 이미지 포지셔닝

이미지 image 포지셔닝은 속성/편익 포지셔닝과는 대조적으로 제품의 추상적인 속성이나 편익으로 포지셔닝하는 방법으로 보석, 패션상품, 고급 화장품, 서비스산업, 혹은 소비자가 구체적인 품질을 제대로 판단하기 어려운 제품들에 적절한 방법이다. 국산제품과 비교해 품질이나 기능에 차이가 없음에도 불구하고 파리나 밀라노 수입 브랜드에 대해 무조건적으로 고급스럽다고 느끼는 소비자가 아직도 많으므로 상표를 프랑스나 이태리에 등록하고 상품은 국내에서 만드는 것은 이미 오래전 관행이 돼버렸다. 이미지 포지셔닝은 제품이 갖는 이미지를 통해 자아이미지를 향상시키거나 동일시하려는 소비자의 심리를 반영하기 위해서도 자주 사용되는 방법이지만 전달하고자 하는 이미지가 구체적으로 형상화되지 못하면 소비자들이 제대로 의미를 이해하지 못하는 경우가 발생할 수도 있다.

다. 사용 상황 포지셔닝

사용 상황 use 포지셔닝은 용도, 혹은 사용목적에 의한 포지셔닝이라고 할 수 있는 방법으로서 제품이 적절하게 사용될 수 있는 상황이나 용도를 제시함으로써 자리매김하는 방법이다. 예를 들어 스포츠음료(운동 후 갈증해소), 한방화장품(40대 이후 노화예방), 균형영양식(환자 및 노인층을 위한 보조식품) 등이 있다.

라. 사용자 포지셔닝

사용자user 포지셔닝은 주된 표적 사용자들의 계층이나 사용자 집단과 관련시켜 포지셔닝하는 방법이다. 예를 들어 모든 백화점에서 VIP, MVG와 같은 명칭으로 시행하고 있는 다구매자들에 대한 별도의 마케팅이나 공무원이나 교육공무원들을 대상으로 하는 연금 상품 그리고 이슬람국가를 대상으로 한 할랄 식품 등이 사용자 집단과 연관된 상품이라 할 수 있다. 때때로 사용자 포지셔닝은 현재 소비자 계층에서 다른 소비자 계층으로 표적시장을 이동할 때 효과적인 방법이다.

② 포지셔닝의 목적

가. 경쟁브랜드 파악

세상에 없던 창조물이 아닌 다음에야 이미 시장에는 매우 유사하거나 상당 부분 유사한 제품이나 서비스가 존재하기 마련이다. 따라서 표적시장 내에 어떠한 브랜드가 존재하는지 알아보고 자사 브랜드를 포함하여 그 브랜드들에 가지는 소비자들의 인식, 예를 들면 인지도 수준, 이미지, 신뢰도, 품질에 대한 판단 등과 같은 구매에 영향을 미치는 요인들을 구체적으로 파악할 필요가 있다. 이때 경쟁 브랜드의 수가 많고적고는 시장규모와 연계해야 하며 동일 유통망을 기준으로 삼아야 한다.

나. 틈새시장 분석

틈새시장niche market은 수요가 있는데 공급이 없거나 충족시키지 못하고 있는 시장을 말하기도 하고 공급이 없는 것은 아니지만 소비자가 요구하는 욕구를 반영하지 못할 때 발생한다. 이는 기업 활동에 있어서 새로운 사업적 기회를 제공하며 주로 포지셔닝 분석을 통해 얻어지는 경우가 많다. 단 주의해야 할 것은 일반적으로 포지셔닝 영역 내 비어 있는 부문을 막연하게 틈새시장이라고 판단하기 쉬운데 이는 매우 위험한 발상으로 그 영역은 아예 수요가 없는 블랙마켓black market일 확률이 높기 때문이다.

다. 시장 환경 변화 분석

포지셔닝은 정지해 있는 개념이 아니다. 새로운 브랜드의 출현, 기존 브랜드의 성장과 쇠퇴와 도태 그리고 브랜드에 대한 소비자들의 인식의 변화가 끊임없이 일어나고 있기 때문에 기업은 이러한 움직임에 대한 파악을 수시로 하여야 하며 이때 포지셔닝의 시간적 비교분석은 시장변화를 매우 효과적으로 분석할 수 있는 도구가 될 수 있다.

라. 매출 추정

우리가 흔히 접해온 포지셔닝은 특정 시장 내 경쟁 상황 정도를 나타내 보일 뿐 포지셔닝 내 존재하는 브랜드 간의 장·단점을 파악할 수 없다. 그러한 이유로 2차 포지셔닝을 통해 브랜드 간 장·단점 분석 및 서로 간의 브랜드 경쟁지수brand competitive power index를 산출해 냄으로써 향후 매출액을 추정하는 기초 자료로 삼을 수 있다.

③ 포지셔닝 맵 작성

가. 1차 포지셔닝

1차 포지셔닝은 2차 포지셔닝을 구하기 위해 사전에 시행하는 것으로 실제적인 경쟁자를 구하기 위함이다. 기업이나 많은 전문 마케터들은 자사 제품에 대한 포지셔닝을 특별한 기준 없이 시행하는 경우가 많다. 먼저 동일한 유통망을 고려하지 않고 단지 제품의 성격이 유사하다는 이유로 시장에 나와 있는 모든 브랜드와 제품을 상대로 경쟁상황을 파악하곤 한다. 과일이나 야채와 같은 1차 산업 농산물도 유기농 여부와 산지 등에 따라 백화점에서 팔릴 수도 재래시장에서 팔릴 수도 있다. 그러나 대부분의 기업에서는 이를 무시하고 같은 상품군에 드는 브랜드는 무조건적으로 포지셔닝에 포함시켜 나열하는 경우가 적지 않다. 방문판매를 주로 하는 화장품 브랜드나 병원에서 취급하는 치료목적의 화장품을 샤넬이나 랑콤과 같이 백화점에서 팔리는 고가 브랜드와 비교하는 것은 매우 무용한 행위이다.

두 번째로 기업은 포지셔닝을 함에 있어 2차원적 상황 즉, 그래프상의 상하와 좌우 축을 활용한 두 가지 요인을 가지고 분석하는데 이때 사용하는 두

■ 그림 5-4 스트리트 캐주얼의 1차 포지셔닝

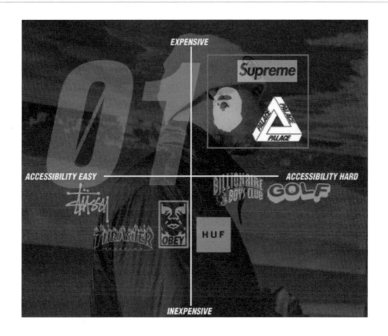

가지 요인들이 정말 그 제품을 구매하는 소비자들이 가장 중요하게 여기는 것을 가지고 포지셔닝을 하는 것인지 막연하게 흔히 사용되는 나이와 성별과 같은 인구통계학적 요인이나 소비자들에게 크게 중요하게 고려하지 않는 요인을 가지고 포지셔닝을 하는 것인지 냉정하게 규명할 필요가 있다. 특히나 해석이 주관적일 수 있는 이미지 포지셔닝의 경우 더 많은 오류를 가져오는 경우가 많다. 따라서 경쟁 브랜드 간 장·단점 비교와 경쟁지수 도출을 위한 다차원의 2차 포지셔닝을 하기 위해서 1차 포지셔닝은 동일 유통망에 부합되고 소비자가 제품 구매 시 가장 중요하게 고려하는 요인들을 가지고 포지셔닝을 해야 한다.

1차 포지셔닝을 통해 구해지는 경쟁브랜드는 자사 브랜드와 가장 가까이 위치한 브랜드를 중심으로 결정한다.

나. 2차 포지셔닝

작성된 포지셔닝을 마케팅에 실제 활용하기 위해서는 정확한 기준을 통해 결과치가 정량화되어야 한다. 1차 포지셔닝을 통해 자사 브랜드의 실제적 경쟁 브랜드를 도출하게 되면 2차 포지셔닝을 통해 자사 브랜드와 경쟁 브랜드

■ 그림 5-5　스트리트 캐주얼의 2차 포지셔닝

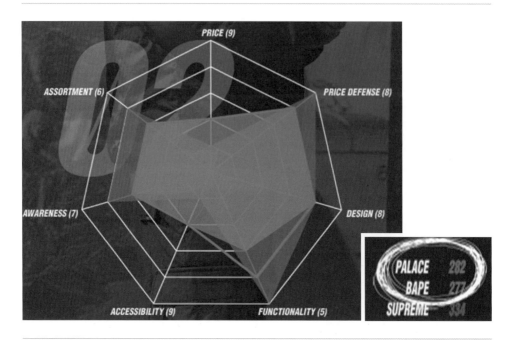

와의 경쟁력을 비교하고, 경쟁지수를 확보하여 향후 매출을 추정하는 기초 자료로 활용할 수 있게 된다.

　포지셔닝을 하기 전 조사된 소비자의 쇼핑 성향과 구매행동에 실제적 영향을 미치는 요인들에 대해 전문가 집단으로부터 각각의 가중치를 구한 후 소비자로부터 각각의 평가를 얻게 되면 1차 포지셔닝을 통해 얻어진 실제 경쟁브랜드들을 가지고 다차원의 2차 포지셔닝을 시행한다. 2차 포지셔닝 결과를 통해 기업이 지속해야 할 것과 개선해야 할 것을 전략화하는 토대를 마련할 수 있고, 동일 유통상황에서 매출에 대한 추정이 가능해지는데 이때 가장 일차적인 경쟁 브랜드는 1차 포지셔닝에서는 포지셔닝 맵map 상에서 자사 브랜드와의 거리로 설정하였으나 2차 포지셔닝에서는 경쟁지수 결과에 대한 자사 브랜드와 가장 가까운 근사치 값으로 결정한다.

　[그림 5-5]를 보면 [그림 5-4]를 토대로 작성된 스트리트 캐주얼 브랜드에 대한 2차 포지셔닝 분석의 예를 알 수 있다. 일단 포지셔닝맵 상 열거된 브랜드들은 1차 포지셔닝을 통해 구해진 실제적 경쟁 브랜드로서 이후 각각의 요인들에 대한 가중치와 평가를 얻게 되면 브랜드 간 상대적 장·단점의 강도는

물론 경쟁지수competitive power index를 얻게 된다. 경쟁지수의 활용을 쉽게 설명하자면 A브랜드의 경쟁지수가 100이고 자사 브랜드 경쟁지수가 70이라고 가정할 때 유통환경이 동일할 시 A브랜드의 매출액이 1천만원이라면 자사 브랜드는 7백만원으로 추정할 수 있는 것이다.

D. 사업성 분석

포지셔닝까지 마치게 되면 포트폴리오에서는 이제 사업성을 파악해야 한다. 일반적으로 거의 모든 기업이나 컨설팅 회사에서 시장성 파악이나 경쟁력 분석을 위해 사용하는 SWOT 분석이나 3C 분석을 통해 시행된다. 3C 분석은 SWOT 분석 이전에 먼저 분석되는 것이 보통이다.

① 3C 분석

3C 분석은 고객customers, 경쟁자competitors 그리고 기업company의 분석을 통해 기업의 내·외부 중요 요인들을 도출하고 이를 토대로 사업 전략을 수립하는 것을 의미하는 것으로 유명 경영 컨설턴트인 오마에 겐이치Ohmae Kenichi에 의해 고안되었다.

■ 그림 5-6 3C 분석

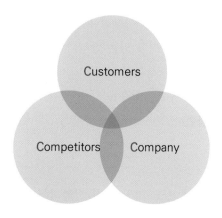

■ 표 5-5 3C 분석 분석요소 및 기준

3C	핵심 분석 요소	상세 기준
Customers (고객, Market)	• 시장 규모 • 시장 성장률 • 시장 성숙도	• 해당 서비스·상품 시장 규모가 충분히 큰가? • 성장가능성이 높은 시장인가? • 시장의 성숙도 수준은 어떠한가?
Competitors (경쟁사)	• 경쟁강도 • 경쟁자 현황 (잠재경쟁자 포함) • 진입장벽	• 현재 시장에서 경쟁이 치열한가? (Blue·Red Ocean 여부) • 경쟁사들의 M/S, 재무현황, 핵심경쟁력은 무엇인가? • 새로운 경쟁자들이 진입할 가능성은 높은가? (진입장벽은 어떤가?)
Company (자사)	• 기업 윤리규범·비전 • 기업 내 자원 수준 • 시너지 효과	• 기업의 윤리규범 및 비전에 부합하는 서비스·상품인가? • 기업 내 인적, 물적(투자 포함), 기술적 자원 수준은 어느 정 도인가? • 기업 내 기존 서비스·상품들과의 시너지 효과는 어느 정도 인가?

가. 고객 분석

고객customer 분석의 목적은 자사의 제품이나 서비스를 구매하는 소비자들 구분(시장 세분화 개념)과 욕구 파악 등의 요소도 포함되어 있지만 궁극적으로는 시장 내 사업의 규모와 추세를 알아보는 것으로 사업성을 가늠하는 데 가장 기본이 되는 것이라 볼 수 있다. 소비자의 구매력 정도, 소비규모의 크기, 성장 가능성 여부, 잠재고객 존재 여부 등의 요인이 집중적이고 종합적으로 고려되기 때문이다.

나. 경쟁자 분석

시장 내 경쟁자competitor는 시장점유율을 두고 경쟁하고 있는 라이벌회사 혹은 제품으로 경쟁자가 가지고 있는 강점과 약점을 파악하여 자사 및 자사 브랜드와 비교하여 현재 경쟁상황을 점검하고 차별적 우위 전략을 찾아내는 데 목적이 있다. 보통 재무구조, 매출규모, 이익률, 성장률, 시장점유율, 핵심 역량 등을 가지고 분석한다.

다. 자사 분석

자사company 분석에 있어 가장 먼저 선행되어야 할 것은 현재 기업의 제반

■ 그림 5-7   3C 고객 분석 사례

15세~64세 노동가능 인구
전체 인구의 68.1% 차지(한국 46.4%)

29세 미만 젊은 인구 비중 51.3%
(한국 32.1%)

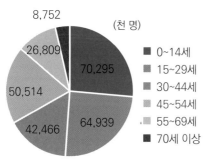

최근 5년 소득계층의 성장에 따른 구매력 상승
특히 중산계층 이상의 소득계층 5년간 11% 증가
하며, 전체 소득인원 증가율 6%를 능가

최근 5년 인도네시아 소득계층 규모 및 동향

■ 표 5-6   3C 경쟁자 분석 사례

경쟁사	시장 점유율	재무구조	매출규모	영업 이익률	핵심 역량(10척도 기준/10최상)		
					가격	품질	인지도
A사	42%	양호	300억/년	28억/년	7	8	8
B사	37%	보통	270억/년	20억/년	8	6	6

활동이 미션과 비전에 맞추어져 있는가 하는 자가진단이다. 이후 자사가 보유
한 역량을 세부적으로 분석하고 시장 내 경쟁력에 비추어 비교하여 미래 전략
을 구체화하고 위험요인들을 사전에 제거하는 데 목적이 있다. 보통 자사에
대한 평가는 주관적이거나 긍정적으로 인식하는 경우가 있으므로 객관적 데이
터를 기반으로 분석되어야 하고 때때로 외부 기관에 의뢰하기도 한다.

■ 표 5-7 3C 자사 분석 사례

분석 요소		업계수준(최상 10)	자사역량(최상 10)	세부내용
재무	자본금	5	7	사업투자규모
	이익잉여금	3	5	사업확장준비금
인력	교육수준	5	7	대졸사원기준
협력업체 협상력		5	8	독점력
유통규모		5	8	매장 수 기준
브랜드 구색		4	8	브랜드 수 기준
PB 개발		6	3	상품기획 수준
고객서비스만족도		6	5	고객평가

2 SWOT 분석

기업에서 시장환경을 전략적으로 분석하여 사업성을 확인하기 위해 개발된 대표적인 도구가 SWOT 분석이다. SWOT 분석은 사업에 영향을 미치는 기업 외부 환경과 내부 환경 중 실제로 중요한 요인들을 바탕으로 전략 수립을 가능케 하는 분석도구로서 특별히 복잡한 작업이나 계량화 작업 없이도 기존에 수행한 상황 분석만으로 전략을 수립할 수 있다는 실용성 때문에 널리 사용된다.

■ 그림 5-8 SWOT 분석을 통한 전략수립 단계

가. SWOT 분석 과정

① 외부요인 분석(기회 및 위협요인)

SWOT 분석의 첫 번째 단계는 각종 시장조사를 통해 기업 외부환경 즉 거시 환경에 대한 정보를 수집하여 자사가 처한 시장 환경에 있어서의 기회요인과 위협요인을 파악하는 것이다. 경영학에서는 정치, 경제, 사회, 법률, 기후 등 기업 활동에 간접적이나 장기적으로 영향을 미치는 요인들을 기업 외부요인이 라고 하는데 제품의 특성에 따라 반드시 외부요인이라고 단정하기 어려운 경 우가 많아 이런 기준은 수정될 필요가 있다. 예를 들면 기후조건은 대표적인 외부요인이나 패션제품에 적용하면 기업 활동에 간접적이거나 장기적으로 영 향을 미치지 않으며, 상품을 외국으로부터 수입하여 사업을 전개하는 무역회 사나 그 반대의 경우에 일반적으로 외부요인으로 받아들여지는 환율요인은 오 히려 가장 직접적이고 단기적 영향 요인이 될 수 있기 때문이다. 따라서 기업 이 조절하거나 영향을 미치기 어려운 요인들로 기준을 삼는 것이 보다 논리적 이고 정확한 외부요인 분석이라고 볼 수 있다.

② 내부요인 분석(강점과 약점요인)

SWOT 분석의 두 번째 단계는 자사가 가지고 있는 강점과 약점을 경쟁사와 비교 분석하여 자사가 가지고 있는 상대적인 강점을 향후 시장에서 어떻게 활 용할 수 있는지 그리고 자사의 상대적인 약점을 어떻게 보완하거나 방어할 수 있는지를 분석하는 단계이다. 앞서 설명한 3C 분석에서 자사분석 내용을 적용 하면 적절하다. 내부평가는 외부요인 분석보다 객관성이 명확해야 한다.

③ SWOT 분석표 작성

위에서 분석된 시장 환경의 변화 요인을 크게 자사에게 유리한 변화 요인인 기회요인과 자사에게 불리하게 작용하는 변화 요인인 위협요인으로 나누어본 다. 그리고 두 번째 단계에서 파악한 자사의 가치사슬의 각 단계가 경쟁사에 비하여 비교우위에 있다면 강점으로, 비교열위에 있다면 약점으로 분류한다. 실제 거의 모든 기업 내 기획실 직원이나 마케터들이 시장분석 방법으로 분석 을 활용하고 있으나 대부분의 분석에서 강점 strengths과 기회 opportunities 간 그리고 약점 weakness과 위협 threats 간의 차이를 명확하게 구분짓지 못하고 있는 것을 자주 볼 수 있다. 사업과 제품 간의 성격에 따라 미시적, 거시적 요 인의 적용 방법이 달라지기 때문이기도 하고 때로는 조사자의 주관적 판단이

■ 표 5-8 국내 남성복의 유럽진출을 위한 SWOT 분석

Strengths	Weakness
• 60년 동안 수출대국이었던 한국패션의류산업이 보유한 산업기반력과 기술 노하우 • 선진국과 경쟁 가능한 디자인력 및 품질력 • 우수한 패션분야 전문인력(디자인력, 소재, 마케팅) 활용	• 국내 의류 기업의 생산 기반 노후화 • 기업 경영환경 악화로 인한 생산원가 증가 • 미약한 제품 인구 개발비
Opportunities	Threats
• 한국 & EU 간 FTA 시행으로 수출관세 해소 • 한국 패션의류 산업계의 높은 기업투자 의지력 • 한류효과로 한국 인지도 및 이미지 상승 • 정부지원	• 무역시장에서 중국의 저가 제품이 장기간 주도할 전망 • EU의 환경 규제 '유해물질 수입 제한 지침'으로 소재 비용 상승

개입될 소지가 있기 때문이다. 그러므로 통일된 기준을 확립하는 것이 중요한데 강점과 약점은 앞서 말한 시장의 미시적 관점에서의 분류 즉, 기업이 통제할 수 있고 요인 변화가 기업 활동에 직접적으로 영향을 주는 의사결정 변수 영역이다. 반면, 기회와 위협은 시장의 거시적 관점에서의 분류 즉, 기업이 통제하기 어렵고 기업 활동에 간접적으로 영향을 주는 환경적 변수를 대입시켜서 각각의 요인을 구분지어야 할 것이다. SWOT 분석을 통한 전략의 수립·전략적인 상황 분석을 하는 목적은 그 결과를 가지고 SWOT Matrix를 작성하는데에서 그치는 것이 아니라 SWOT 분석을 토대로 적절한 전략을 수립하는 것이다.

④ SWOT 분석의 정량화 및 전략 수립

기업이 가장 활동하기 좋은 상황은 시장 환경에 경영활동을 원활하게 할 수 있는 기회요인이 많고 이러한 요인들을 자사에게 유리한 방향으로 살릴 수 있도록 내부에 강력한 핵심역량(강점)이 축적된 경우일 것이다. 따라서 기업들은 자사의 원활한 경영활동을 위하여 각 요소들 이내에 위치할 수 있도록 노력을 해야 한다. 현재 자사의 위치에서 S/O로 가기 위한 동태적인 마케팅 전략을 수립하고 이를 위한 활동 등을 통해 자사의 상황을 S/O로 이동시키는 것이 SWOT 분석의 목적이라 할 수 있다. 문제는 SWOT의 장점 중의 하나가 별도의 정량화가 필요 없다고는 하지만 실제 적용에 있어 매우 중요한 점은 실제 실무에서 새로운 사업을 전개하거나 현 사업을 개선하기 위해 이 SWOT 분

■ 표 5-9　국내 남성복의 유럽진출을 위한 SWOT 분석 정량화

구분	내용	가중치	평가	총점
S	• 한국 의류 산업이 보유한 산업 기반과 기술 노하우	8	8	64
	• 선진국과 경쟁 가능한 제품 디자인력과 품질	8	8	64
	• 우수한 패션전문인력 활용	8	8	64
O	• 한국 & EU 간 FTA 시행으로 수출관세 해소	8	9	72
	• 한류효과로 한국 인지도 및 이미지 상승	6	6	36
	• 정부지원	5	5	25
	• 한국 패션의류 산업계의 높은 기업투자 의지력	5	5	25
S.O 종합	64+64+64+72+36+25+25=			350
W	• 국내 의류 기업의 생산 기반 노후화	8	8	64
	• 기업 경영환경 악화로 인한 생산비용 상승	8	8	64
	• 미약한 제품 인구 개발비	8	8	64
T	• 무역시장에서의 중국 저가 상품 주도 예상	8	6	48
	• EU의 환경 규제 로 소재 비용 상승	6	4	24
	• EU 원산지 인증제도로 해외 생산 브랜드 불리	5	2	10
	• 유럽 타깃 국가 장기적 경기 침체	8	7	56
W.T 종합	64+64+64+48+24+10+56=			330
결과	• 사업 긍정 요인 '350'이 부정요인 '330' 대비 양호하나 시장성이 크지 않음 • 가중치: 전문가 대상 정성조사를 통한 객관적인 사업 중요도 평균값 • 평가: 프로젝트 브랜드- 기준 주관적인 상대적 가치			

석을 활용할 때 긍정적 요인인 강점과 기회가 부정적 요인인 약점이나 위협에 비해 단순히 항목 수가 많다고 해서 반드시 사업성이 높거나 유리하다고 판단 해서는 안 된다는 것이다. 각각의 항목에는 그 중요성의 경중이 있고 즉, 가중 치가 다르며, 문제 해결이나 개선의 시간적 차이가 있으므로 반드시 이에 대 한 세부적 분석이 뒷받침되어야만 한다. SWOT 정량화는 전문가 집단을 통해 요인 간 가중치를 구해야 하는 것이 우선적 작업이며 이후 실제 타깃 소비자들 에게 평가를 얻어 앞서 얻은 가중치와의 연계적 계산을 통해 수치적인 사업성 의 유·불리를 분석해 내는 것이다. 여기에서 주의할 점은 적용 항목과 배점은 사전 시장조사나 내부 협의를 거쳐 주관적 오류를 최소화해야 한다는 것이다. 〈표 5-9〉는 일반적인 SWOT 분석의 예인 〈표 5-8〉을 대상으로 정량화한 것 을 보여주고 있다. 포트폴리오 작성 시 이러한 SWOT 정량화 시도는 실무자

조차 익숙하지 않은 기법의 적용을 구사할 수 있다는 것에 대해 커다란 관심을 유발할 수 있으며 작성자에 대한 실무적 기대감을 높여줄 수 있다. 한편, SWOT 분석 정량화의 결과는 긍정적으로 나타나야 마케팅 믹스 단계로 진입할 수 있으므로 포트폴리오 작성자는 주제선정부터 이런 점을 사전에 고려하여 충분히 사업성이 예상되는 주제를 선정하는 것이 바람직하다. 사업 명분은 있으나 실제 성과 기대가 어려운 주제들을 선정하는 경우가 있는데 예를 들면 전통한복 브랜드화 같은 전통계승 차원이나 환경보호와 관련된 것들로 당연히 사회적으로 인정되어야 할 주제이기는 하나 실제 사업 실현은 물론 이익을 구하기는 현실적으로 쉽지 않은 일이다.

■ E. 매출추정

매출을 추정하는 것은 이윤창출을 목적으로 하는 모든 기업에서 가장 중요한 업무 중 하나라고 할 수 있다. 정확한 매출추정 없이 새로운 사업이나 제품개발에 착수하기 어려우며 시작한다 하더라도 성공을 기대하기 힘들 것이다. 더구나 비즈니스 포트폴리오 후반에 사업성과의 검증차원에서 제시되는 손익계산서 상에 기재되어야 할 매출액의 근거를 얻기 위해서라도 매출추정은 필수적 작업이 되어야 한다. 그러나 일반 경영학에서조차 매출추정은 '기업의 영업부서나 기획 혹은 관리부서에서 예산이나 사업계획을 만들 때 추정하게 되는데 이는 모두 과거 실적을 중심으로 시장상황을 반영하여 매출을 추정하여 작성한다'고 가르치고 있고 실제 기업에서 이런 방식을 넘어서서 차별적인 기법이나 기준을 가지고 매출을 예측하는 일은 드물다. 저자의 오랜 유통채널 입점을 위한 사업미팅이나 기업 컨설팅 경험에서 비추어 볼 때 제법 큰 기업의 사업계획서를 살펴보더라도 그 안에 제시된 매출액의 근거를 제대로 답변하는 경우를 본 적이 없을 정도이기 때문이다. 따라서 포트폴리오 작업에서 매출을 추정하는 것은 그만큼 차별적인 업무능력을 증명하는 첩경이 될 수 있다.

① 매출예측 방법

매출을 예측하는 방법은 보통 네 가지 유형으로 구분해 볼 수 있다. 물론 시장세분화 변수와 마찬가지로 어느 하나의 방법만을 차용하여 매출을 추정하는 것보다는 복수의 방법을 사용하는 것이 보다 정교한 예측이 될 것은 분명한 일이다.

가. 개인/기업 판단

개인이나 기업 경영층 혹은 현장에서 매출을 일으키는 영업담당자들이 자신의 경험이나 주변 전문가들로부터 얻어진 조언 등을 근거로 하여 매출을 추정하는 방법으로 급격하게 변화하는 현대 시장에서 적용하기가 위험한 방법이지만 객관적 데이터가 없는 신기술이나 혁신제품 사업이거나 상권분석에 대한 전문지식이 부족한 기업 오너 혹은 매출 추정 관련 업무를 위한 비용이 부족한 소자본의 기업의 경우 아직도 많이 사용되고 있는 방법이다.

나. 시장조사

시장조사에 의한 매출추정은 소비자조사를 통해 얻은 구매의도와 선호도와 같은 쇼핑성향shopping orientation 정보를 근거로 매출을 추정하는 방법이다. 이 경우 신규 브랜드와 같이 인지도가 없는 제품의 경우 조사 시 직접적인 샘플이나 자료 제시 등을 통해 소비자의 의견을 구하기는 하지만 주어진 시간제약으로 인해 정확하거나 충분한 자료 확보가 어렵고 긍정적 태도나 선호가 매출에 긍정적인 영향을 미치는 것은 여러 조사를 통해 검증된 바 있지만 어느 정도 영향력을 발휘하여 어느 정도의 매출을 올릴 것이지 하는 것은 분명한 것이 아니기에 정확도가 높다고 단정하기는 힘든 방법이다.

다. 시계열 분석

자사 브랜드나 유사 브랜드의 과거 매출 성과를 근거로 향후 매출을 추정하는 방법으로 일반적으로 시장 변화에 크게 영향을 받지 않는 아이템의 경우 유용하게 사용되어 왔다. 객관적 데이터를 사용하기 때문에 의사결정에 관계자간에 큰 이견이 없다는 것도 장점이지만 과거와는 다르게 기업이 통제하기 어려운 외부 요인이 사업에 미치는 영향력이 갈수록 커져가고 있고 소비자

■ 표 5-10   시계열 분석의 매출추정

ITEM	과거 성과 기준(60%)	향후 잠재력 기준(40%)					종합 (100%)	예산
	전년비	기후 (10%)	환율 (10%)	제도 (5%)	경쟁 (10%)	유통 (5%)		
Wear	120	−30	0	+15	−20	+5	108	
Leather Goods	100	−10	+5	+5	−30	+10	97.3	
Tie/Scarf	80	−30	0	0	+10	+10	76.5	
Shoes	90	−	+5	0	0	+10	92	

들의 개성이나 욕구가 매우 빠르게 변화하고 있는 사업 환경에서 향후 잠재력
에 대한 추가적 분석이 뒤따르지 않는한 예측이 크게 빗나갈 확률이 높다. 〈표
5-10〉에서 보이듯 제품의 특성에 맞춘 과거성과와 향후 잠재력 요인을 동시
에 반영하여 리스크를 최대한 제거해야 한다.

라. 전문기법

매출을 추정하기 위한 기법은 상당수가 존재한다. 중력이론, 회귀이론 같
이 기존의 이론을 차용하여 사용하는 경우가 대부분이나 상업시설이나 제품의
특징 등에 따라 적절한 기법을 대응해야 한다. 우리나라에는 아직 매출을 추
정하는 전문기관이 많지 않고 있다하더라도 비용이 만만치 않아서 상권이 발

■ 표 5-11   매출추정 방법

매출 추정 방법	내용	대상
개인/기업 판단	경험이나 전문가 의견에 근거	경영층, 영업담당, 정성조사 외
시장조사	잠재고객의 쇼핑 성향을 근거	구매의도, 선호도 조사
시계열 분석	과거성과 기준	이동평균법
전문기법	매출(종속변수)과 관련 독립변수간 상관관계	회귀분석
	잠재고객의 유입에 대한 매장크기(MD매력도)와 도달거리(물리적/시간)와의 비례관계	중력 모델
	경쟁브랜드와의 경쟁지수 근거	유사지표 모델
	시장세분화 변수 사용	시장세분화 모델

달하지 않은 지역 작은 소규모 점포의 예상매출을 의뢰한다 해도 수 천 만원을 요구하는 상황이며 대기업의 경우 신규점포 개발을 위한 컨설팅 비용만 수억이 훌쩍 넘는다. 따라서 포트폴리오 상에서 취업준비생들이나 공모전 참가자 혹은 투자유치 희망자들이 실제 적용가능 여부를 떠나 최소한의 논리를 확보하여 매출을 추정하는 역량을 보여줄 수 있다면 기업이나 투자자의 입장에서는 상당히 차별적인 인재나 정보로 인식할 것이다. 매출추정을 위한 방법은 아래에서 설명을 할 것이나 통계에 익숙하지 않거나 세부 자료를 수집하기 어렵다면 포트폴리오상에서 현실적으로 사용하기 유용한 방법은 유사지표모델이라고 할 수 있다.

① **회귀분석**regression analysis : 대표적인 인과관계 분석기법으로 종속변수 매출(Y)에 영향을 미치는 독립변수들(Xi)을 산정하여 어떤 독립변수가 매출에 유의미한 영향력이 있으며, 있다면 어느 정도의 크기인가를 파악하여 마케터들에게 매출 향상을 위한 우선 고려순위를 제시할 수 있다는데 기본적인 목적이 있다. 그런 이유로 회귀분석은 여러 논문에서 매출뿐만 아니라 소비자 만족, 선호도 등을 종속변수로 두고 매우 빈번하게 사용된다. 이때 독립변수들은 일반적으로 인지도, 지각된 품질, 가격, 이미지, 신뢰도 등과 같이 브랜드 자산요인과 유사한 요인들이 사용된다. 연구의 질을 높이고 보다 세부적인 분석을 위해 독립변수와 종속변수 사이에 존재하며 이 두 변수 간 영향력에 영향을 미치는 매개변수(조절변수)

■ 그림 5-9 제품 구매의도 파악을 위한 회귀분석 모형

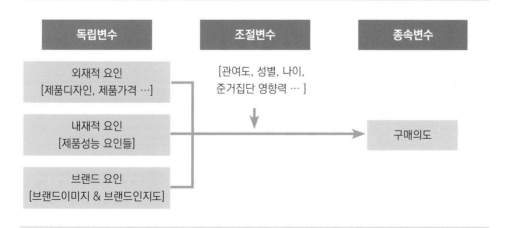

를 추가하기도 하는데 이때 매개변수는 보통 인구통계학적 요인이 쓰인
다. 회귀분석을 통해 매출을 추정하기 위해서는 독립변수들과 종속변수
간 모형을 수립하여 시행하는데 예를 들어 Y = X1 + X2 + X3… 식이
다. 회귀분석 방법은 많은 수의 점포를 운영하는 체인의 경우 하나의 유
사 점포 대신에 모든 기존 점포의 매출 경험을 이용하여 신규 점포의 매
출을 예측할 수 있다. 즉 신규 점포의 매출을 예측하기 위해 기존 점포로
부터 얻은 자료를 체계적으로 이용하여 분석한다. 최소한 30−40개의 기
존 점포에 대한 자료가 필요하기 때문에 기존 점포수가 많은 소매체인에
서 주로 많이 이용하는 방법으로 각 점포의 매출과 상권, 점포, 입지 특
성 간의 관계를 분석하여 신규 점포의 매출을 추정해야 한다.

② **유사지표분석**analog method analysis : 유사지표분석은 앞서 수행한 2차 포
지셔닝을 통해 얻어진 경쟁지수competitive power index를 바탕으로 실제
매장의 위치 및 주변 환경을 반영하여 추정하는 것으로 중력모델의 대표
적인 Huff's 모델이 교외나 독립점포를 대상으로 적용되는 것에 비해 유
사지표분석은 백화점이나 할인점 등에 입점된 점포 즉 shop in shop 형
태의 매장에 자주 적용된다. 이때 매장의 위치나 주변 환경은 매장의 면
적이나 상품의 구색, 고객동선, 가시성visibility 같은 객관적 요인과 아울

■ **그림 5-10 유사지표 분석을 통한 매출 추정**

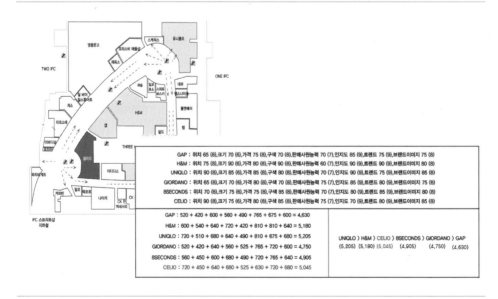

러 해당 지역 고객들이 가지고 있는 브랜드 인지도, 이미지와 같은 소비
자 요인들이 고려된다.

③ **중력모델**gravity model : 중력은 질량을 갖는 모든 물체 사이에 작용하는
인력을 말하며 뉴턴의 이론에 따르면 두 물체 사이에 작용하는 만유인력
의 크기는 물체의 질량에 비례하고 거리의 제곱에 반비례한다고 하였다.
이 이론을 바탕으로 매출을 추정하는데 사용한 것이 중력모델이며 여기
서의 질량은 매장의 크기를, 거리는 소비자 거주지역과 매장과의 거리를
의미한다.

중력모델을 대표하는 허프David L. Huff 의 모델은 이러한 중력이론을
토대로 대도시에서 소비자가 쇼핑패턴을 결정하는 확률을 제시한 모델을
말한다. 상업입지를 선정하거나 측정하는 데 흔히 이용하며, 근래에는
허프의 기본 모델을 응용한 변형모델을 개발하여 많이 이용한다. 허프모
델Huff model 의 기본개념은 소비자의 점포선택행동을 확률로써 설명하였
는데 소비자가 동일지역의 여러 쇼핑센터 중에서 특정 쇼핑센터를 선택
할 확률은 그 점포로부터 얻을 수 있는 효용과 수익(점포 매력도)에 비례
하고 소비자들의 거주지에서 점포까지의 교통시간에 반비례한다는 것이
다. 허프모델식은 다음과 같이 표기할 수 있다. 여기서 Pi는 거주지역 i에
서 특정쇼핑센터로 갈 소비자의 확률, Sj는 쇼핑센터의 크기(매장면적), Tj
는 I로부터 쇼핑센터까지의 소요시간, n은 경합하는 쇼핑센터의 수, b는
시간거리의 저항계수를 의미한다.

■ 그림 5-11 허프모델 공식

$$Pi = \left(\frac{S_j}{T_j^b} \right) \div \left[\sum_{j=1}^{n} \frac{S_j}{T_j^b} \right]$$

④ **시장세분화모델**market segmentation model : 시장세분화 모델은 시장세분
화 요인 중 특히 인구통계학적 요인을 바탕으로 실행하는 매출추정법으
로 다른 전문기법 대비 사용하기 간단한 장점이 있으나 정확도가 상대적
으로 떨어진다는 단점이 있다. 시장세분화 모델을 이용한 매출 추정 사
례를 예를 들어 설명하면 매장의 위치가 확정되면 먼저 매장에 유입될

수 있는 범위를 설정한다. 이때 범위 설정은 제품이나 서비스의 특성에 따라 달라지는데 편의점의 경우 보통 도보로 10분 이내를 기준으로 한다. 이후 범위 내에 포함되는 거주 소비자 크기, 유동 소비자 수를 파악하고 이것을 나이, 성별, 소득수준, 직업 등으로 세분하여 타깃 소비자의 크기를 도출한다. 타깃 소비자의 일정기간 내 해당 제품이나 서비스 총 구매금액을 파악하여 계산한 후 해당 범위 내 경쟁점포와의 경쟁지수를 감안하여 자사 매장의 매출을 추정한다. 이때 경쟁지수는 유사지표에서 보듯 매출에 영향을 미치는 요인들을 종합적으로 비교 분석하여 각 점포의 경쟁력을 파악하는 것이 바람직하나 타깃 소비자들에 대한 직접적인 조사가 수행되어야 하므로 실제 실행이 어려울 시는 매장의 면적만으로 사용하기도 한다.

CHAPTER **VI**

포트폴리오 작성
(실행단계)

A. 제품 기획

B. 가격 전략

C. 유통 전략

D. 촉진 전략

E. 광고

F. 홍보

G. 인적판매

H. 판촉

I. IMC

A. 제품 기획

제품은 마케팅 프로그래밍 과정 중 가장 기본이 되는 조건이며 소비자의 욕구를 충족시켜주는 구체적 대상이다. 제품을 단순히 물리적(유형적) 요소들 간의 결합으로만 본다면 소비자는 동일한 제품을 구매하는 것으로 보인다. 그러나 제품을 유형적 제품의 속성뿐만 아니라, 서비스, 판매장소, 품위, 이미지 등을 포함한 보다 넓은 의미에서 보면 소비자는 서로 다른 제품을 구매하고 있다는 것을 알 수 있다. 제품을 단순히 외형적으로 나타난 물리적 요소들의 집합으로 정의하기보다는 다차원적으로 이해할 필요가 있다. 포트폴리오상에서 구현되는 제품기획은 다음과 같은 상황에 따라 차등적으로 적용된다. 본서는 비즈니스 포트폴리오 중에서도 해외에서 브랜드를 런칭하는 경우와 국내 제품을 해외로 진출시키는 경우, 그리고 자체 브랜드를 개발하는 상황, 이렇게 세 가지 경우를 중심으로 다루고 있기에 각각에 맞은 제품기획에 대해 다루고자 한다.

▣ 해외 브랜드를 국내에 도입하는 경우

해외에서 브랜드를 국내에 도입하는 상황에서의 포트폴리오는 사실 제품 기획을 할 필요가 없어진다. 이미 제품이 존재하며 제조 머천다이징 영역이 아닌 소매 머천다이징 영역 즉 바잉과 관련되기 때문이다. 따라서 이미 존재하는 제품에 대한 간단한 설명에 그치는 경우가 보통이다. 그러나 아무리 기존에 있는 제품에 대한 소개에 그친다 하더라도 작성자는 다음과 같은 기준을 충족시킬 필요가 있다.

가. 제품 차별성

단순하게 해당 제품의 장점을 나열하는 것만으로는 왜 그 제품을 국내에 도입해야 하는가에 대한 원초적인 질문에 명확한 답변을 하기가 어렵다. 시장조사를 통해 얻어진 철저한 정보 분석과 필요시 시행한 소비자 조사를 바탕으로 도입하려는 제품이 이미 국내에 시판되고 있는 것들과 비교하여 어떠한 경쟁력이 있는지를 밝혀야 한다. 국내에 마땅히 직접적인 비교 대상 브랜드나 제품이 존재하지 않을 경우 국내 소비자들의 제품이나 서비스와 관련된 욕구와 수요를 명확하게 보여주어야 한다.

나. 제품 구색

한 브랜드의 제품 구색이 소비자들의 욕구를 전부 충족시키는 경우는 드물다. 세계적인 인지도를 가진 브랜드일지라도 우리나라의 기후나 정서에 맞지 않는 제품이 존재하며 그러한 제품군이 과다할 경우 상품 구색에서 어려움을 가질 수밖에 없고 이는 매출부진의 결과를 초래할 것이다. 예를 들어 홍콩 의류 브랜드의 경우 봄, 여름 제품은 문제가 없겠지만 가을, 겨울 제품의 경우 우리나라 기후 대비 패딩의 두께가 얇거나 보온력이 떨어지는 소재를 사용하여 제조하는 경우가 많기 때문에 이러한 문제를 국내 라이센스 생산을 통해 보강할 것인지 아니면 브랜드 측에 별도의 요청을 할 것인지 대안을 마련해야 한다.

다. 제품 물량과 리드타임 lead time

포트폴리오를 작성할 때 해당 브랜드와 실제적으로 접촉을 한 상황에서 제품이나 가격에 대한 정확한 정보를 얻어서 작성하는 경우는 드물다. 그런 이유로 제품기획에 어느 정도 한계를 가지게 되는데 일반 공산품이 아닌 경우 국내에서 원하는 만큼의 물량을 확보하기 어려울 수 있다. 또한 리드타임이 상당히 길어 사업성 여부를 별도로 따져봐야 할 필요가 있는데 예를 들어 명품 브랜드 특히 고급 시계나 보석의 경우 대개 그러하다. 실무 환경에 경험이 적은 취업 준비생들이 이러한 상황을 이해하여 포트폴리오에 반영하기는 쉽지 않다. 그러므로 포트폴리오 작성 시 전문가에게 그러한 오류를 점검받아야 할 필요가 있는 것이다.

❷ 해외에 브랜드를 진출시키는 경우

해외에 브랜드를 진출시키는 프로젝트 포트폴리오는 해외 브랜드를 국내에 도입하는 것보다 상대적으로 매우 수준 높은 현실성과 관련 전문성을 요구한다. 무역을 전공으로 하는 학과에서 공부를 했다하더라도 물건을 수출하는 방법만을 익히는 것이지 해당 지역에 그 제품이 뿌리를 내리고 성공적으로 사업을 시행할 수 있는 전략을 수립하는 것은 차원이 다른 이야기이다. 일반적으로 해외 시장에 접근하는 데에는 다음과 같은 제약요인들이 존재한다.

가. 해외 진출 제약 요인

① 거시환경의 차이

문화, 종교, 정치, 사회적 제도와 관습 등의 차이는 가격, 품질 등의 제품의 내부적 속성보다는 사업에 결정적인 영향을 미친다. 기술과 통신의 발전으로 세계가 물리적으로나 시간적으로 하나의 시장개념으로 발전되어 가는 것은 맞지만 아직도 국가 또는 지역별로 제품의 외적 요인에는 큰 차이가 존재하고 있으므로 기업은 그들의 마케팅 믹스 중 적어도 하나 이상의 요소를 현지 적응시킬 필요가 있다. '할랄halal'에 대한 이해 없이 이슬람 국가들에 진출하려는 식음료 및 화장품 회사는 아예 사업 자체를 시도해 보지도 못할 것이며, 아무리 한류의 기세를 등에 업고 동남아 시장에 식품류를 진출시키려 해도 냉장, 냉동 시설이 미비한 인프라 상황에서 사업의 확대는 요원한 일일 것이다. 따라서 글로벌 마케팅을 수행하기 위해서는 지역적인 특수요건에 적응시킬 수 있는 유능한 지역담당전문가가 기본적으로 필요하다.

② 독점시장 상황

제품 자체가 아무리 글로벌화를 위한 여건을 충분히 갖추었다 할지라도 특정 국가 내에서 특정 브랜드나 몇몇 브랜드가 독점에 가까운 시장점유율을 가지고 있다면 해당 국가에 진출하여 성공할 가능성이 매우 희박하다고 봐야한다. 국내 상황을 바꾸어 생각해봐도 이해가 갈 것이다.

③ 마케팅 근시안적 경영

마케팅 근시안적 경영은 단기적인 매출 증진을 위해 기업이나 브랜드의 이미지 구축과 향상을 등한시 하는 것이 대표적인 것이다. SNS가 발달하여 쉽게 제품에 대한 전반적인 비교가 가능한 이때에 단기간의 영리를 목적으로 제품의 품질을 달리하거나 가격에 편차가 심하거나 자주 변동을 주는 경우 결국에는 브랜드에 대한 신뢰도가 떨어져 지역에 뿌리를 내리지 못하게 될 것이다.

④ 기업문화

본사의 최고 경영층이 모든 의사결정을 하는 기업은 현지의 욕구나 조건에 적응하기가 힘들며, 현지의 독창성 내지 자발적 참여를 이끌어내기가 어렵다.

한편 자회사의 경영자가 모든 것을 처리하는 기업에서는 전체기업의 관점에서 폭넓게 바라보기가 어려울 것이다. 지금까지 성공을 거두어 온 글로벌 기업은 모두 현지시장의 독창성 및 제반 투입요소들을 범세계적 관점에서 통합시키는 방법을 추구하여 온 기업들이다.

⑤ 정부의 통제 및 진입장벽

정도의 차이는 있겠지만, 세계 각국의 정부는 자국시장에서 외국기업들의 진입 및 경영활동에 각종 통제를 가함으로써 자국기업의 이익을 보호하고 있다. 이와 같은 정부의 통제는 범세계적 마케팅을 저해하는 매우 주요한 장벽으로서 작용한다.

나. 해외시장 진출 전략

기업의 해외시장 진출 전략은 현지화와 표준화로 나누어진다. 글로벌 경영을 추진하는 기업은 보통 이 두 가지 전략 중 하나를 선택한다. 하지만 글로벌 경영 분야에서 유명한 학자인 바틀렛Bartlett과 고샬Ghoshal은 이 두 가지 전략이 선택적 사안이 아니라 동시에 추구되어야 하며 시너지를 낼 수 있어야 한다고 주장했다. 그러나 이 두 가지 전략을 동시에 달성하는 것은 비용이나 시간적 노력의 한계 등 현실적으로 많은 어려움이 따른다. 잘못하다가 이도저도 아닌 상황에 봉착해서 큰 위기에 빠질 수 있기 때문이다. 따라서 일반적으로 기업들은 이 두 가지 전략을 순차적으로 시행하는 경우가 대부분이다. 사업

■ 그림 6-1 CJ 제일제당 글로벌 매출 비중

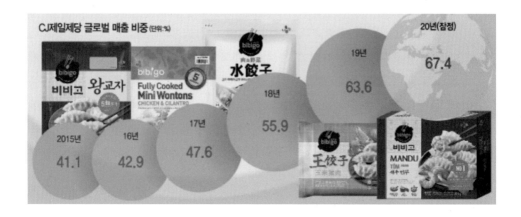

초기에는 현지화 전략을 수행하다가 기업의 경험과 역량이 충분히 다져진 시점에서 표준화를 시도하게 되면 시행착오를 줄일 수 있다는 판단을 하는 것이다. 관련 포트폴리오 작성 시 우선적으로 고려해야 할 관점이라고 할 수 있다.

① 현지화 전략

현지화 전략은 현지적응 전략이라고도 불리는데 세계 시장은 언어, 전통, 관습, 법률 등 헤아릴 수 없는 여러 가지 요소에서 여전히 차이가 존재하고 특정 지역에 진출하는 기업은 이러한 개별 시장의 요구에 우선적으로 맞춰야 한다는 인식에 기초한다. 하버드대 게마와트 Ghemawat 교수는 세계화의 물결 속에 모든 시장이 글로벌화되어가고 있다. 하지만 실제로는 전 세계 인구의 약 10%만이 해당되는 것이라고 주장하며 경제위기와 같은 상황에서는 대부분의 국가들이 보호무역주의를 주장하고 자국의 제품을 선호하는 경향을 보인다고 지적하였다. 한편, 현지화의 의미는 단순히 기업이 제품이나 서비스를 수출하는 단계를 넘어 해외 현지 시장에 생산시설 또는 연구 개발 시설 등의 경영활동을 영위하기 위한 투자와 같은 자산의 구축과 제반 경영 활동을 포함한다. 따라서 현지화 전략이란 개별 국가마다 다양한 차이가 있기 때문에 기업이 보유한 제품이나 자금과 같은 자산의 단순한 이전을 넘어 개별 국가에 맞는 전략과 마케팅 프로그램까지 마련해야 한다는 개념이다.

샘표간장은 중동의 대표적인 메뉴인 케밥에 어울리는 소스임을 강조하면서 현지의 전통 생선요리에 간장을 소스로 사용하도록 유도하는 현지화 마케팅 전략을 핵심으로 삼아 성공을 거두었으나, 다른 치킨 브랜드와 달리 간장치킨이 간판 메뉴인 교촌치킨은 해외 진출 실패 원인으로 현지화 실패를 꼽고 있다. 우리나라에서 치킨이라는 개념은 기본 단위가 한 마리이고, 기호에 따라 양념이 들어가는 경우는 기본 치킨 값보다 몇 천원 더 비싸며, 주로 간식이나 부식의 개념으로 먹는 경우가 많다. 하지만 인도네시아의 경우 치킨은 주식에 가까워 밥과 함께 먹는 경우가 대부분이다. 또한 인도네시아에서 파는 KFC의 경우는 후라이드 치킨에 소스를 뿌려서 내주는 것이 아닌, 고객들의 입맛에 맞게 다양한 소스를 스스로 뿌려서 먹을 수 있도록 소스의 종류와 첨가기점이 다른데 교촌치킨의 경우는 치킨을 만들 때 애초에 소스가 발라져 나오기 때문에 고객들 스스로 입맛에 맞게 먹기 힘들었다. 한편, 일본의 경우는 편의점 문화가 발달되어 일본 사람들은 치킨집보다는 편의점에서 낱개로 팔고 가성비가

■ 그림 6-2 해외시장 진출 전략

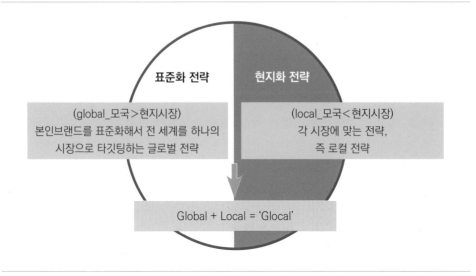

좋은 치킨을 선호하나 한국식으로 박스에 치킨 한 마리를 포장해서 파는 방식은 일본에서는 생소했던 것이다.

② 표준화 전략

표준화 전략은 글로벌 전략 또는 글로벌 통합 전략이라고 불리는데, 세계 시장의 소비자 수요가 동질화되고 있다는 배경에 기초한 개념이다. 마케팅 표준화는 다양하게 해석되고 정의되어 왔지만, 상이한 국가나 지역에서 제품 및 프로모션, 가격, 유통구조 등 주요 마케팅 믹스들에 있어 유사한 프로그램을 사용한다는 점에서 공통점을 가진다. 특히 마케팅 표준화는 기업 성과에 유의한 영향을 미치는 핵심 요인으로 국제 마케팅 분야에서 활발히 연구되어 왔다. 마케팅 표준화와 기업 성과 간 관계에 대한 연구에서 마케팅 표준화는, 현지화 전략과 함께 전략적 선택의 이슈가 되어 왔으며, 최근 들어 기업 내·외부적 상황에 맞게 적절히 조화되어야 한다는 연구도 진행되고 있다. 마케팅 표준화의 긍정적인 측면을 강조하는 기존 연구들은 지역별로 시장 유사성이 증가함에 따라 비용 측면에서 마케팅 표준화가 최선의 국제 마케팅 전략이라고 주장하고 있다. 특히 앞장에서 기술한 Levitt은 기술 진보로 인해 나라 간 문화적 차이가 감소함에 따라 마케팅 표준화를 통해 규모의 경제를 달성할 수 있다고 주장하였다. 실제로 최근 기술의 발전은 융합적인 양상으로 진화하면서 영향력이 폭발적으로 증가하고 있다. 그 결과 오늘날은 발달된 교통, 통신 및 IT 모바일 기술들이 페이스북, 유튜브와 같은 새로운 콘텐츠 영역과 결합하면서 전 세계 사람들의 실시간 소통과 교류가 가능해졌다. 이러한 상황은 지역 간 정보비대칭을 줄이면서 전 세계 사람들에게 다국적기업에 의해 생산되는 양질의 제품을 소비하고자 하는 욕구를 더욱 강화시켰다. 전 지구적으로 동질화되는 소비자 니즈는 다국적기업에 표준화된 제품과 서비스로 규모의 경제 효과를 누리면서 전략적 포지션을 강화할 수 있게 한다. 또한 마케팅 표준화를 통해 신속한 신규 시장 진입이 가능할 뿐만 아니라 전 세계에 걸쳐 동일한 기업/브랜드 이미지를 전달함에 따라 전략적 효율성을 달성할 수 있다는 점에서 기업 성과에 긍정적인 영향을 미친다는 관점이다. 개도국 시장에서 한국기업의 성공사례를 보면 중국에서의 롯데껌과 오리온 초코파이, 삼성전자의 Anycall, 인도네시아에서의 미원과 인도에서의 현대 자동차 등을 들 수 있는데 롯데는 한국과 일본에서 사용했던 제품과 촉진방법을 그대로 활용했고 오리온은 국내 시장과 동일한 '情' 캠페인을 펼치고 있다. 삼성은 휴대폰 기술력을 중국시장에 효과적으로 이전하였으며 미원은 제품 자체의 차별적 우수성을, 현대는 전 세계 시장에서 한국 자동차의 위상을 효과적으로 활용했기 때문이다.

❸ 자체 브랜드를 개발하는 경우

자체 브랜드를 개발하는 전략을 담은 포트폴리오에서 제품이나 서비스 상품의 중요성은 다른 주제들에 비해 상대적으로 커진다. 정식 등록을 하지 않는 그야말로 포트폴리오상의 브랜드나 제품이라 하더라도 네이밍naming은 물론 디자인, 기능, 제품성분 등에 전문성을 갖추어야 하기 때문이다. 문제는 자연과학이나 공대와 같은 전공자, 예를 들어 화장품공학을 전공한 취업준비생들은 화장품에 대한 기본적인 제조 지식이 있어 이에 대한 접근이 가능하지만 일반 인문사회나 경영 전공자의 경우 화장품의 컨셉이나 마케팅은 다룰 수 있어도 제품을 제조하는 것에 관여하기는 어려운 일이다. 따라서 기존의 브랜드에 대한 분석이나 운영이 아닌 작성자가 자체 기획한 브랜드와 신제품을 만들어내는 포트폴리오의 경우에는 실제로 제조사와 업무 협의를 통해 제품 제조에 필요한 요건과 제조원가를 현실적으로 파악하는 것이 우선이다. 그렇지 않으면 그저 작성자의 아이디어 차원에서 시작해서 아이디어로 끝날 확률이 높아진다. 이와 같이 작성자의 참신한 아이디어로만 끝나지 않으려면 직접적인 소비자 조사를 통해 객관적인 사업 당위성을 확보하는 것이 바람직하다. 자체 브랜드를 제안하기 위해서 PB private brand 개발이나 편집매장 혹은 협업을 통한 대안제시도 최근의 소매 트렌드를 반영할 때 충분한 가치가 있다고 하겠다.

가. 신제품의 개발절차와 전략

신제품개발이란 소비자들의 충족되지 않은 욕구를 채워 주는 활동으로 신제품에 대한 아이디어 창출부터 유통과 촉진에 이르기까지 막대한 투자와 긴 시간이 소요되는 작업이다. 제품 자체의 제조 프로세스도 중요하지만 출시한 제품에 적합한 유통망을 계획하고 적절한 광고와 판촉 전략을 수립하는 여러 단계의 의사결정과 정보처리가 체계적으로 이루어져야 신제품개발 및 전개에 대한 성공의 불확실성을 줄여갈 수 있다.

① 신제품 아이디어 창출과 선별

제품을 새롭게 선보이기 위한 다양하고 체계적인 분석에 의하여 지속적으로 아이디어를 관리하여야 한다. 기업에서 내부에서 창출된 아이디어를 선별하고 실현하는 것은 대개 관련 경험이 많은 최고경영층에서 결정하게 되나 포트폴리오의 경우 작성자가 결정을 해야 하므로 먼저 철저한 전문가 집단을 통한 검증이나 타깃 소비자들의 쇼핑 성향과 행동을 객관적으로 분석하고 난 후 이를 토대로 검토하여야 한다.

② 신제품개념의 설정

선별된 아이디어가 성숙되어 어느 정도 검증이 이루어지면 기존시장의 자료를 분석하여 문제점을 파악하고, 그 문제점을 해결할 수 있는 신제품의 경쟁력이 있는가를 분석하여야 한다. 또한 그 아이디어가 고객의 욕구를 충족시켜줄 수 있는가를 분석하기 위한 세분시장 확인과 포지셔닝 분석이 있어야 한다. 이로써 집약된 기존시장의 문제점을 바탕으로 그 문제점들이 신제품의 새로운 틈새시장이 될 가능성을 검토하여 구체적으로 신제품의 개념을 설정하게 된다.

③ 시장성 및 수익성 검토

신제품 개념이 설정되면, 개발될 제품이 과연 상품화가능성이 있고 수익을 창출할 수 있는가를 다음과 같이 분석한다.

• 구매 잠재력 평가

구매 잠재력, 즉 전체 시장의 수요를 파악하여야 한다. 전체 시장수요는 제품의 특성, 지역적 공간과 시간변수들이 포함되어 분석되는데, 일반적으로 인구 동태적 분석, 시계열분석, 소비자조사, 델파이분석 등이 이용된다.

• 신제품의 시장성 분석

신제품의 시장성 분석은 본격적인 시장판매 이전에 시행하여 어떠한 상황이 벌어질 것인가를 알아보고자 하는 것이다. 시장성 분석은 시장성 요인별 분석, 개념타당성 분석, 투자가치의 분석으로 나누어 볼 수 있다.

• 신제품의 가치(수익성)분석

신제품에 대한 수익성 분석이라는 용어는 엄밀히 말하면 신제품개발의 가치분석이다. 신제품개발의 가치분석의 목적은 개발의 효율성, 유효성 그리고 능률성을 평가하기 위한 것이다.

신제품개발의 투자가치 분석방법은 체크리스트방법, 지수방법, 투자가치 평가모형, need-seed모형, 신제품 특성별 평가 등이 있다.

• 제품개발 – 시장조사 – 상품화

프로토타입prototype, 즉 본격적인 상품화에 앞서 성능을 검증·개선하기 위해 핵심 기능만 넣어 제작한 시제품을 통해 시장조사를 하는 이유는 이미 개발된 제품개념이 시장에 그대로 적용되는가를 검토하기 위한 것이다. 신제품개발이 성공적으로 이루어지기 위해서는 전담 부서를 두어 신제품 아이디어 창출부터 상품화 및 시장도입까지를 전담할 수 있도록 하여야 한다. 시장에 신속하고 지속적으로 신제품을 소개할 수 있도록 개발 프로세스를 관리하고, 최적의 시장기회에 대한 정보를 습득·정리·검색할 수 있는 효과적인 마케팅 정보시스템과 신제품개발부서와 연결하여 효과적인 제품개발을 모색하여야 한다.

나. 신제품의 성공요인

신제품의 성공요인에 대한 연구들을 살펴보면 신제품이 성공을 거두기 위해서는 체계적인 마케팅 시스템에 의한 환경 분석과 고객 분석을 하여 신제품을 시장에 내놓아야만 한다는 것과 합리적인 조직 관리를 해야 한다는 것을 알 수 있다. 반면, 실패한 신제품에 관한 기존연구를 살펴보면 기업의 환경 분석 부재, 시장조사의 미숙, 마케팅관리의 미비, 도입 시기 측정 잘못 등이 기본적 실패원인으로 나타났다. 신제품개발과 도입을 성공적으로 수행하기 위해서는 초기의 개발과정에서부터 일관되고 체계적인 관리능력을 발휘하여야 한다. 신제품 관리능력을 배양하기 위한 몇 가지 기본방안을 제시하면 다음과 같다.

① 신제품 프로젝트의 선별능력

신제품개발의 초기 단계에서 기업은 프로젝트의 선별능력이 있어야만 성공적으로 신제품을 시장에 도입할 수 있다. 신제품 프로젝트의 선별능력은 제품의 우위성을 판단할 수 있는 능력과 고객과 환경을 올바로 파악할 수 있는 능력에 의하여 배양된다.

② 신제품과 기술개발과정의 관리능력

이 단계에서 가장 문제가 되는 것은 개발된 신제품의 개념이 과연 기술적으로 제품화가 가능한가와 기술개발부서와 마케팅부서 간의 의사소통이 원활히 이루어질 수 있는가이다. 이 두 가지는 모두 인적자원의 문제로서 전문적 지식을 갖춘 내부 구성원들을 얼마나 많이 보유하고 있으며, 이들 간에 상호조화를 이루어 협조체제를 구축할 수 있는가 하는 조직문화의 문제이다.

다. 제품의 확장

포트폴리오 상에 신제품을 제안하는 데에 있어 제품의 확장은 취업하고자 하는 타깃 기업은 물론 관련 유관 업종 기업에게 전혀 없던 제품을 개발하는 것에 비해 손쉽게 공감과 이해를 구할 수 있는 방법이다. 일반적으로 하나의 제품군이 시장에서 성숙기를 맞았을 때 기업이 고려하는 중요한 의사결정의 하나가 제품계열에 대한 시장 성장 전략을 결정하는 것이다. 시장 성장을 위하여 업체들이 고려할 수 있는 확장 대안에는 하향 확대 downward stretch, 상향 확대 upward stretch, 양방향 확대 two-way stretch 의 세 가지 유형이 있다.

하향 확대 전략은 초기에 고품질, 고가의 제품을 출시했다가 저가의 신제품을 추가함으로써 시장 성장을 추구하는 전략으로 대부분의 패션브랜드가 채택하는 방식이다. 패션업체가 하향 확대 전략을 선택하는 이유는 초기에 고급 이미지를 소비자에게 인식시킨 다음 저가의 제품으로 확장시키게 되면 기존의 고품질 이미지가 저가 제품에도 확산될 수 있기 때문이다. 이는 저가 제품의 성장 가능성이 높거나 잠재시장의 선점을 통해 경쟁자의 진출을 막을 수 있다고 믿기 때문에 실행되는 전략으로 유명 브랜드나 유명 디자이너가 낮은 가격대의 세컨드 라인을 런칭하는 경우가 이에 해당된다.

상향 확대 전략은 초기에는 중가, 중품질의 대중적인 제품을 출시시켰다가 고가의 신제품을 추가시킴으로써 성장을 추구하는 전략이다. 기업이 상향 확대 전략을 선택하는 이유는 고가 제품들이 높은 이익률과 매출 상승을 동반하고, 자사를 고품질의 기업 이미지로 포지셔닝하여 고가격 시장으로 진출하고자 하기 때문이다. 보통 신규 브랜드일 경우 자본과 기술력의 한계로 초기에는 가격 경쟁력 위주로 제품을 선보이다가 시간이 지나 기술 수준이 향상되고 유통망이 확대됨에 따라 상향 확대 전략을 시도하는 것이 일반적이다. 현대나 도요타 자동차가 미국 시장에서 택한 전략이 그것이다.

양방향 확대 전략은 특정 기업의 품질과 가격 수준이 시장 내에서 중간위치를 점하고 있을 경우에 유용하다. 이 전략은 고가와 저가의 시장에 모두 신제품을 추가하는 전략으로, 고소득 소비자들과 저소득 소비자들 모두에게 다가감으로써 매출 증대와 시장점유율의 증가를 실현할 수 있다.

포트폴리오 상에서 제안할 수 있는 제품 확대는 위와 같이 가격이나 이미지 중심의 확대도 가능하지만 의류회사의 화장품 제품 출시나 포르쉐 같은 스포츠카 브랜드가 패션 잡화제품을 만드는 것과 같은 방법도 고려해 볼 수 있다. 다만 제품 확장은 최근 유행하는 복수의 브랜드 간 협업과는 구분해야 한다.

▌그림 6-3   제품확장

라. PB private brand 와 편집매장 제안

제조업자들이 제조하여 전국적으로 유통하는 브랜드를 NB national brand 라고 한다면 유통업체가 개발하여 자사 매장에서만 운영하는 브랜드를 PB라고 한다. PB의 시초는 이미 1920년경 미국에서 체인 오퍼레이션 chain operation 시스템으로 인해 소매업의 대규모화가 진행되어 판매력이 강화된 소매업자가 과점적 대규모 제조업자에 대항하기 위해 자신의 상표를 만들어 사용한 데서 비롯되었다. 현대에는 제조업자에의 대항 목적보다는 경쟁이 격화되고 있는 소매업자 사이에 상품 차별화와 자주적인 브랜드 운영을 목적으로 PB의 개발이 추진되고 있으며 선진국에서는 이미 일반화된 방식이다. 그러므로 유통업에 관심이 있는 취업준비생들은 국내 소매업 시장에서도 중요성을 높여가고 있는 PB를 통한 제품을 제안하는 포트폴리오를 작성하는 것은 의미가 있다. 예를 들어 백화점이나 할인점 등 대형 유통소매점에서 유통 머천다이저로서 일을 하고자 하는 경우 목적으로 하는 유통채널이나 특정매장을 경쟁자와의 점포속성에 대한 비교와 타깃 소비자들의 욕구 등을 분석하여 브랜드 차별화, 매출 및 손익 확대에 적합한 브랜드 제품을 현실적으로 제시하는 것은 현재 대부분의 유통기업에서 원하는 프로젝트이기 때문이다. 현재 국내 PB 개발 추세로 볼 때 백화점과 홈쇼핑은 주변PB를, 할인점과 편의점은 중간PB를 중심으로 연구하는 것이 현실적인데 핵PB의 경우 아직 선진국처럼 본격화하기가 다소 어려운 기업구조이기 때문이다.

현대 시장이 과거와 큰 차이점이 있다면 그중 하나가 소비자의 욕구와 트렌드가 매우 빠르게 변화하고 있다는 것이다. 소비자들의 소득 수준이 높아지고 각각의 라이프스타일의 변화를 기반으로 개인 고유의 욕구가 추가되면서 시장은 하루가 다르게 숱한 유행과 다양한 유통 채널을 만들어내고 있다. 과거 소비자들은 한 개의 브랜드만 취급하는 점포 Mono Brand Shop 에서 아이템 별로 혹은 판매원이 제의하는 제품을 구매해 왔다. 그러나 한 매장 내에서는 세트

■ 표 6-1 PB의 종류

분류	제조업체	유통업체
핵 PB	주문 생산	상품기획(고), 판매, 재고
중간 PB	상품기획, 생산	상품기획(저), 판매, 재고
주변 PB	상품기획, 생산, 판매, 재고	매장제공

구매가 용이하고 선택을 손쉽게 할 수 있다는 장점이 있는 반면, 점점 다양화하는 개개인의 독특한 코드를 충족시키지 못하는데다가 브랜드가 가진 고유의 아이덴티티로 인해 급변하는 트렌드를 따라가기엔 한계가 생기게 되었다. 이에 반해 Concept Store, Select shop 혹은 Multi-brand shop이라고도 불리며 하나의 공간에 서로 다른 브랜드 제품을 일정한 컨셉 하에 선택적으로 구성한 편집매장은 그러한 문제점을 해결해주는 대안으로 부상하여 최근에는 거의 모든 제품들이 편집화되어가고 있는 실정이다.

편집매장이 성장한 이유는 첫째로는 과거와는 달리 소비자들의 쇼핑시간이 줄었다는 것이다. 온라인 시장의 성장과도 그 맥을 같이하는 쇼핑시간의 단축은 특히 여성소비자들의 취업과 사회활동의 증가가 큰 이유로 여겨진다. 따라서 하나의 상품을 고르기 위해 여러 매장을 돌아다니며 비교할 시간이 없어진 소비자들에게 여러 브랜드의 제품을 한곳에 모아 보여주는 소위 원스탑 쇼핑One-stop shopping이 우선적으로 요구되었다는 점이다.

두 번째로는 국내 소비자들의 소비 의식 성장과 소비 욕구의 변화에 있다. 시장을 주도하는 20~30대 젊은 층 소비자들은 해외여행, 유학, 온라인 쇼핑 등을 통해 글로벌 트렌드에 관심이 높고 새로 알게 된 해외 브랜드 혹은 쇼핑 채널을 거부감 없이 자연스레 받아들이고, 과거 브랜드 이름 하나만으로 제품에 대한 로열티를 부여했던 것과는 달리 각각의 브랜드가 가진 라인 중 최상의 것을 구별해 낼 수 있을 정도로 소비자 의식이 성장하였다는 점이다.

세 번째로는 다품종 소량 판매 방식과 가치 중심의 소비 채널을 들 수 있다. 편집매장은 다양한 브랜드의 제품이 하나의 컨셉 하에 모여 있는 다품종 소량 판매 방식이므로 천편일률적인 스타일에서 벗어나 독특한 개성과 감각을 표현할 수 있는 장점이 있다. 또, '소량', '한정' 제품들은 나만의 희소성 가치를 추구하는 소비자들의 욕구를 충족시킴으로써 충성도를 높일 수 있다.

네 번째로 편집매장은 점차로 '복합 문화 공간'의 형태로 진화되어 단순히 제품만을 판매하는 쇼핑 공간이 아닌 다양한 스토리가 있는 문화 공간, 즉 굳이 제품을 사려는 목적이 아니더라도 매장에 들러 구경을 하는 것만으로도 광범위한 문화와 감성 그리고 트렌드를 동시에 느낄 수 있도록 하는 매장 인테리어, 디스플레이, 서적, 음반, 카페와 레스토랑, 기획 전시, 패션 이벤트 등의 체험 공간을 제공하고 있다.

다양한 브랜드를 취급하는 편집매장은 위에 거론한 여러 장점도 있지만 여

■ 그림 6-4 편집매장

러 브랜드를 하나의 공간에서 보여줘야 하기 때문에 매장이 다소 산만할 수 있다는 점과 단일 브랜드 매장에 비해 상품 조합의 어려움이 상대적으로 클 수 있으나, 브랜드가 아니라 매장 자체의 아이덴티티와 테마가 또 하나의 브랜드가 될 수 있기 때문에 포트폴리오 상에서 기존에 없던 컨셉이거나 기존과 차별적인 컨셉의 편집매장을 기획해서 제안하는 것도 포트폴리오 상에서 제품을 만들어내는 새로운 대안이 될 수 있다. 실제로 한 취업준비생이 공사인 KT&G에 제출하여 긍정적인 답변을 들었던 포트폴리오는 우리나라 드럭스토어의 대부분의 컨셉이 다양한 건강제품과 화장품의 결합이며 성장세에 있는 것을 감안 '정관장'이라는 홍삼을 위주로 한 건강제품 구색만을 가진 단독매장에 KT&G가 기존에 가지고 있는 '천지인'이라는 화장품 외 LG 생활건강의 '후'와 같은 전통 화장품의 결합으로 새로운 편집매장 컨셉을 시도하는 것 이였다. 이렇듯 제품을 직접 개발하기가 부담스러운 인문사회계열의 취업준비생의 경우 브랜드를 교차하거나 조합하여 새로운 편집매장을 제시하는 것을 염두에 둘 필요가 있다.

마. 협업제품

최근 유통업계가 다양한 브랜드와 협업을 진행하면서 MZ 세대 공략에 한창이다. 브랜드 간의 협업은 브랜드 각각의 인지도를 통해 관심을 불러일으키고, 비슷하거나 서로 다른 소비층으로부터 시너지를 발생시킨다. 두 브랜드의 전문성을 한데 모음으로써 기존에 없던 제품과 서비스를 만들 수 있는 기회가 생기는 것은 두말할 필요도 없다. 최근 이러한 협업시장에서 가장 눈에 띄는 기업 중 하나는 대한제분이다. 대한제분은 밀가루 브랜드 '곰표'를 내세워 맥주, 치약, 화장품 등까지 다양한 협업 제품을 속속 출시하고 있다. 제품 분야를 가리지 않고, 곰표 로고만 달면 판매량이 급증하면서 업계는 협업 상품 출시가 매출의 새로운 원동력이 될 수 있다는 평가를 내놓기도 했다. 식품회사인 빙그레 역시 수년간 협업 마케팅을 진행하면서 확실한 팬덤을 만들어 매출 효과를 누리고 있다. 빙그레는 2016년부터 협업 마케팅으로 MZ 세대를 겨냥한 마케팅을 시작했는데 CJ올리브영과 만든 바나나맛우유 바디워시와 바디크림이 대표적인 사례이다. 협업제품은 제품 확장과는 주체가 다르다. 제품확장은 모(母)브랜드로부터 자(子)브랜드를 만들거나 제품라인을 확대하는 것이지만 협업제품은 전혀 다른 복수의 브랜드가 서로의 강점을 조합하여 새로운 제품을 만드는 것이다. 포트폴리오 상 제품구상에서 작성자는 이를 구분하여 기획해야 할 것이다.

▌그림 6-5 협업제품

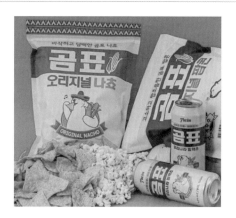

▌B. 가격 전략

    가격계획은 이미 브랜드가 정해놓은 현지 가격이 있고, 글로벌 가격 정책이 있는 경우가 많으므로 수입업자가 임의로 정할 수 있는 것이 아니므로 포트폴리오 상의 가격계획은 작성자가 새롭게 제품을 개발한 경우가 아니라면 특별히 다룰 부분이 많지 않은 것이 사실이다. 일반 마케팅에서 가격은 다른 마케팅 프로그램보다 중요한 요인으로 받아들여지나 실제 시장에서 특정 기업이 임의로 조정을 하는 것은 불가능에 가깝다. 기존에 없던 신상품이나 경쟁이 미비한 절대적인 필수품 혹은 정부가 제조와 판매를 독점하는 제품이 아닌 다음에야 소비자들 마음에 이미 구축된 가격저항선이 구축되어 있기 때문이다. 그러나 해외 진출을 주제로 한 포트폴리오의 경우 가격은 보다 다양한 범주에서 고려되어야 하는데 대표적으로 환율의 영향을 무시할 수 없으며 원산지효과, 표준화 전략 등 국내 시장에서 고려하는 요인 보다 전문적이고 지역 간 차이가 유의미한 요인들을 전략수립에 반영해야 한다. 수입 브랜드를 주제로 하는 포트폴리오의 경우도 이미 브랜드가 정해놓은 제품의 가격을 소개하는 것은 의미가 없다. 국내에 판매가격이 어떻게 정해져야 하는지에 대한 가격 구성과 구조를 실제적으로 담아내야 한다. 가격에 대한 일반적인 이론은 다음과 같다.

▌1 가격에 대한 영향요인

가. 기업요인

    기업 목표는 시장 내 가격전략에 근본적인 영향을 미친다. 만약 기업의 목표가 사업 초기 이익극대화라고 한다면 기업의 가격전략은 초기고가전략, 즉 스키밍 전략skimming pricing 을 채택할 것이다. 스키밍 전략은 도입 초기에 고가격을 책정하고 제품 수명주기상의 성장기와 성숙기를 거치면서 단계적으로 가격을 낮추는 전략이다. 스키밍 가격전략을 취하는 경우에는 고가격을 통한 고마진으로 투입비용의 조기회수를 기대할 수 있고, 시간이 흐름에 따라 경쟁자가 등장하게 되면 점차 가격을 낮춤으로써 가격경쟁을 주도할 수 있다는 장점이 있다. 물론 아무 브랜드의 제품이나 선택할 수 있는 전략은 아니며 보통 소비자들이 제품에 대한 비교평가를 명확하게 할 수 있는 능력이 없거나, 혹은 제품 특성상 비교가 어려운 경우에 가격이 품질을 평가하기 위한 외적 단서가 되므로 사용되거나 명품과 같이 기존에 확고하게 높은 이미지가 구축된 경우 가능한 가격전략이다. 반면에, 시장 점유율 증대를 위해서는 조기에 경쟁자들이 진입하기 전에 미리 고객층을 확보할 필요가 있다. 이를 위해 사용하는 전략이 초기저가전략, 즉 침투가격전략penetration pricing이다. 침투 가격전략은 도입 초기에 마진을 최소화하거나 심지어는 원가보다 낮은 가격을 책정함으로써 단기 이익을 희생하더라도 시장점유율을 조기에 확보하기 위한 전략이다. 이 경우 시간이 지남에 따라 경쟁기업에 비해 규모의 경계점에 빨리 도달하게 되어 제품수명주기상의 성장기, 혹은 성숙기에 이르러 경쟁기업에 비해 가격 우위를 형성할 수 있게 된다.

나. 원가

기업의 원가cost도 가격결정에 중요한 영향을 미친다. 이는 경쟁 브랜드에 대한 차별화 우위가 없어지고 가격경쟁이 치열하게 전개되는 성숙기 상황에서 특히 중요하게 고려되는 요인이다. 여기서 원가라 함은 생산원가뿐만 아니라 물류, 운송비용, 광고 및 판촉비용 등 모든 마케팅 비용을 포함하는 개념이다. 특히 해외 브랜드 수입이나 국내 브랜드 해외 진출을 모색하는 포트폴리오 상에서는 다양한 원가상승 요인이 발생하므로 특히 지역별 생산원가구조, 물류·운송 하부구조, 커뮤니케이션 채널비용 등을 신중하게 고려해야 한다.

다. 소비자 요인

가격전략에 영향을 미치는 소비자 요인으로서 경제학 측면에서의 수요 이외에 고객의 가치 지각을 들 수 있다. 시장의 소비자들에게 자사 브랜드가 갖고 있는 모든 편익을 충분히 설명함으로써 설득하는 데 성공했다면, 소비자들은 그 제품에 대한 지각된 가치가 상당히 높게 형성될 것이며, 그에 따라 소비자들이 납득할 수 있는 가격을 책정할 수 있을 것이다. 그러나 불경기가 심화되고 경제위기가 닥치게 되면 소비자의 욕구는 존재하되 수요가 작아지는 상황이 올 수도 있고, 각 시장마다 문화적 차이 등으로 인하여 미적 감각이나 가치를 두는 개념들이 상당히 다를 수 있다. 따라서 소비자 지각과 상관없이 소비자 외부 요인에 의해 결과가 달라질 수도 있으며 동일한 브랜드라 하더라도 문화적 배경이나 가치체계에 적합 여부에 따라 가격을 충분히 인정받을 수 있는 반면, 그렇지 못한 경우도 있을 수 있다.

라. 경쟁요인

가격결정에는 기업목표와, 원가 그리고 소비자 요인뿐만 아니라 경쟁기업의 활동도 고려되어야 한다. 만약, 원가상승에도 불구하고 경쟁자가 가격을 조정하지 않는다면 마케팅 관리자는 원가상승으로 인하여 운영이익에 심각한 위협을 받는 한이 있더라도 가격을 올리지 않는 방향으로 관리해야 할 것이다. 또한, 경쟁기업이 생산원가가 낮은 국가에서 생산 활동을 하거나 자원을 조달받는다면, 자사의 경쟁력 유지를 위해 생산비의 개선방법을 도모해야 할 것이다. 기업이 여러 시장 중에 진출해야 할 대안 시장을 선택할 때 경쟁 밀도나 경쟁 수준을 고려하는 이유도 여기에 있다.

마. 환경요인

가격에 영향을 미치는 환경요인은 매우 다양하다. 일반적으로 말하는 거시환경이 거의 이에 속한다고 말할 수 있을 것이다. 그중에서도 민감한 부분이 시장 경기 즉, 소비자들의 소득 수준과 소비심리 등과 같은 소비자 측면의 영향과 정부의 정책이나 규제 같은 것들이다. 소비자들의 소득이 줄어들면 자연적으로 소비는 감소하게 되고 기업은 이를 타개하기 위해 마케팅 믹스 중 가장 빠르게 적용할 수 있는 가격요인을 변경하려 할 것이다. 한편 정부의 정책이나 규제는 일반적인 기업 활동에 역행할지라도 즉, 기업이 창출해내야 하는 적정 이익 수준에 모자라는 가격을 요구받는다 해도 지킬 수밖에 없는 상황이라 기업의 생존을 좌우할 수 있는 심각한 요인이 되고 있다.

❷ 가격결정방법

가격결정에는 여러 방법이 있으나 크게 나누어 볼 때 비용 지향적 가격결정방법과 자본 지향적 가격결정방법, 경쟁 지향적 가격결정방법, 수요 지향적 가격결정방법 그리고 세 가지 방법을 통합하는 결정방법 등이 있다. 국제 가격결정 측면에서는 자국가격기준과 현지가격기준으로 나누어 볼 수 있다. 기업은 보통 한 가지 방법만을 고수하지 않고 상황에 맞는 것들을 통합하여 가격을 결정하는 경우가 일반적이다.

가. 비용 지향적 가격결정

비용 중심 가격결정cost oriented pricing은 경쟁기업이나 시장 상황을 고려하지 않고 오로지 기업의 원가만을 고려하는 방법으로 원가 중심 가격결정이라고도 한다. 비용 중심 가격결정에는 대표적으로 다음과 같은 방법들이 있다.

① 마진 확보 방법mark-up pricing

사전에 정해진 마진을 원가에 추가하여 가격을 설정하는 방법이다. 이 방법은 기업이 원가에 대한 정확한 자료를 갖고 있고, 마진율도 관행상 정해져 있는 경우에 많이 사용된다. 이러한 방법은 계산이 아주 편리하다는 장점이 있지만, 가격결정에 소비자의 실제수요를 고려하지 않고 있으며, 효율화를 통하여 비용을 절감하려는 동기부여를 제공하지 못하는 단점을 갖는다. 비용 지향적 가격결정법은 가격변화가 판매량에 큰 영향을 미치지 않거나 기업이 가격을 통제할 수 있는 경우에 효과적일 수 있다. 예를 들어 건설공사나 수공업, 중장비산업, 선박제조, 광업 등은 흔히 이 방법에 의해 가격을 책정한다.

② 손익분기 방법break-even analysis pricing

기업이 재화나 서비스에 대한 가격 결정 시 예상 판매량 하에서 매출액과 총비용이 일치하여 순이익이 0이 되도록 산정하는 방식으로, 단위당 가격은 단위당 총비용과 같다. 예를 들어, 제품 A를 1단위 생산하는 데 들어가는 변동비용이 1,000원, 고정비용이 10만원, 예상 판매량이 100개라면 손익분기가격결정법에 의한 가격은 2,000원으로, 다음과 같이 계산한다.

$$\text{가격} = \text{단위당 변동비 } 1{,}000 + \frac{\text{단위당 고정비 } 100{,}000}{\text{예상 판매량 } 100}$$

손익분기 방법의 가격 결정은 제품을 생산하는 데 투입된 설비비 등 고정비를 회수하는 데 초점을 두는 방법이다. 손익분기점과 관련하여, 가격을 너무 높이 설정하면 손익분기점은 낮아지지만 비싼 가격 때문에 손익분기점에 빨리 도달할 수 없게 될 우려가 있다. 반면에, 가격을 너무 낮게 설정하는 경우에도 손익분기점이 너무 높아져서 시간이 많이 걸릴 수 있다. 손익분기 방식은

■ 그림 6-6   손익분기 분석

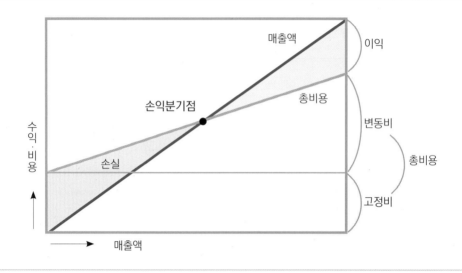

다음과 같은 경우 계산에 문제점이 있을 수 있다. 첫째, 손익분기 상 모든 비용은 고정비와 변동비로 분류되는데, 경우에 따라서 광고비와 같은 투자성 마케팅비용은 명확하게 분류하기가 쉽지 않다. 따라서 비용의 분류에 따라 손익분기점이 달라질 수 있다. 둘째, 단위당 변동비는 매출액에 따라서 일정하다고 가정하고 있으나, 현실적인 경우 가격할인이나 수량할인, 시간 외 근무수당 등과 같이 단위당 변동비를 변화시키는 요인들도 많다. 셋째, 고정비는 변하지 않는다고 했지만, 생산량이 증가됨에 따라 추가적인 설비를 설치하거나 직원을 추가로 고용해야 하거나 인센티브를 주어야 하는 경우도 있다. 따라서 고정비에 대한 가정도 실제와 다를 수 있다. 손익분기가격결정법을 사용하면 시장에 형성되는 가격수준이 낮아지기 때문에 일반적으로 경쟁에서 우위를 점해 시장지배력을 높이기 위한 일시적인 전략으로 활용한다. 한 기업이 손익분기가격결정법을 이용하여 가격을 책정하게 되면 시장에 형성된 가격수준이 낮기 때문에 다른 기업들이 해당 제품을 생산하여 판매할 유인이 적어지며, 기존에 있던 경쟁기업들 중에서도 재무상태가 좋지 않은 기업들은 시장에서 퇴출된다. 이러한 과정을 통해 시장에서 살아남은 기업들의 시장지배력은 높아지며, 시장지배력이 높아진 기업들은 이익을 창출하기 위하여 가격 전략을 수정한다.

나. 자본 지향적 가격결정방법

① 목표수익기준가격결정법 Target-return pricing

재화나 서비스에 대하여 초기 투자 자본에 목표수익을 더하여 가격을 설정하는 전략을 말하는 것으로 공급하는 재화나 서비스에 대하여 초기에 투자된 자본에 목표 수익을 더해 시장가격을 설정하는 방식이다. 예를 들어, 제품 A의 예상 판매량이 100개이고, 예상 판매량 하에서 단위당 원가가 2,000원이며, 제품 A를 생산하기 위해 초기에 투자된 금액이 100만원이라고 가정할 때 이 때 제품 A를 생산하는 기업의 목표수익률이 10%라면 가격은 3,000원이 되며, 이는 다음과 같이 계산한다.

$$\text{가격} = \text{단위당 원가 2,000} + \frac{\text{(투자금액 1,000,000} \times \text{목표수익률 0.1)}}{\text{예상 판매량 100}}$$

이러한 가격 산정방식은 계산이 쉽다는 장점이 있으나, 예상 판매량에 따라 가격이 크게 달라지며 해당 재화나 서비스에 대한 가격탄력성과 경쟁사의 가격전략을 고려하지 못한다는 단점이 있다.

다. 경쟁 지향적 가격결정

경쟁 지향적 가격결정은 시장 내 경쟁상황을 반영한 가격전략을 시행하여 경쟁 브랜드와 비교하여 적절한 가격을 설정하는 것을 말한다. 위에서 언급한 원가나 자본을 중심으로 기업이 자사 제품의 가격을 설정했다 하더라도 시장 내 소비자의 가격 인식에 부합하지 않는다면 매출이 성공적으로 일어날 수 없다. 또한, 가격은 경쟁자의 반응을 가장 민감하고 신속하게 이끌어 낼 수 있는 전략적 수단이 되기 때문에 경쟁 지향적 가격결정 방법은 기업이 시장 내 가격 리더 price leader 가 아닌 이상 반드시 고려해야 할 가격 결정법이라 할 수 있다. 경쟁 지향적 가격결정은 다음과 같이 설정한다.

① 시장가격에 따른 가격결정 going-rate pricing

자신들의 비용구조나 수요보다는 경쟁자의 가격을 보다 중요하게 생각하며 보통 주된 경쟁자의 제품가격과 동일하거나 비슷한 수준에서 다소 높거나 낮게 책정한다.

② 경쟁 입찰에 따른 가격결정sealed-bid pricing

2개 이상의 기업들이 각각 독자적으로 특정제품이나 서비스, 프로젝트 등에 대한 가격을 제시하는 방법으로 입찰에서 낙찰되기 위해서는 기업은 경쟁자보다 더 낮은 가격을 제시해야 하므로 수요나 비용 등의 추정을 통한 가격보다는 경쟁자의 가격을 예측하는 것이 중요하다. 경쟁 중심 가격결정 전략은 제품 차별화 우위가 희석되어 가격이 중요한 수단이 되는 성숙기에 많이 사용되는 경향이 있다. 경쟁기업에 비해 저가격 전략을 적용하는 경우 일반적으로 시장점유율을 높이기 위한 전략의 일환으로서 후발주자가 선도기업의 시장을 잠식하기 위해 초기의 불가피한 손실을 감수하면서까지 사용하기도 한다. 특히, 수요의 가격탄력성이 높은 제품일수록 저가격 전략이 효과적으로 사용될 수 있다. 반면에, 경쟁기업에 비해 고가격 전략을 적용하는 경우는 자사 브랜드의 명성이 높은 경우, 그리고 소비자들의 가격, 품질 연상 심리를 유도하기 위한 경우 등이 있다.

라. 수요 지향적 가격결정

수요 지향적 가격결정은 상품을 생산하는 데 드는 비용이나 자본의 크기보다 표적시장에서 소비자들의 제품에 대한 평가와 그에 따른 수요를 바탕으로 가격을 결정하는 방법이다. 아무리 좋은 제품일지라도 소비자가 원하는 가격이어야 하며 소비자가 지불할 수 있는 수준에서 가격이 결정되어야 한다는 시장 원칙을 기본으로 한다. 따라서 기업은 소비자가 평가한 상품의 지각된 가치에 입각하여 가격을 결정한다. 이를 위하여 소비자 조사를 통해 표적고객의 수용 가능한 가격을 파악할 필요가 있다. 즉, 소비자들의 구매의도(수요량), 가격의 변화에 대한 민감도(가격탄력성), 표적시장의 특성 등에 대한 정보를 소비자조사를 통해 획득하여 이를 가격결정의 기초로 삼아야 하는 것이다. 소비자 중심의 가격결정방법으로 주로 활용되는 것은 지각된 가치에 따른 가격결정방법으로서, 이는 지각된 가치를 측정하는 방법에 따라서 직접 가격 평가법, 직접 지각 가치 평가법, 진단적 방법으로 분류될 수 있다.

① 직접 가격 평가법 direct price-rating method

소비자들에게 지각된 상품가치를 직접 물어보는 방법이다. 예를 들어서 소비자들에게 상품을 보여준 후 상품의 가치를 화폐단위로 답하게 하는 것이 이에 해당된다. 이 방법은 소비자들이 자주 구매하거나 상품의 평가가 용이한 제품에 적합하며, 조사 자체가 간단하기 때문에 실제로 자주 활용되고 있다. 그러나 소비자들이 과거에 사용해 본 경험이 적거나 잘 모르는 제품의 경우는 이 방법을 시행하기가 어렵고, 소비자는 보통 자신의 소비 수준에 맞추어 가격을 평가하는 유형이 많으며 기존 연구결과에 따르면 소비자들은 제품의 가격에 냉정 즉, 일단 낮은 가격에서 고려하는 경우가 많으므로 정확한 가격 설정을 위해서는 이러한 문제점을 사전에 걸러내야 할 것이다.

② **직접 지각 가치 평가법** direct perceived-value-rating method

경쟁시장 내 상품의 상대적인 지각가치를 직접 조사하는 것이다. 예를 들어, 소비자들에게 경쟁군에 있는 각 제품에 대해 합계가 100점이 되도록 평가하게 한다. 만약, 소비자들이 A상품에 40점, B상품에 35점, C상품에 25점으로 할당하여 평가하고 가죽점퍼의 평균시장가격이 20만 원이라고 할 때, 소비자들의 상대적 지각가치를 반영시킨 가죽점퍼 A, B, C의 가격은 다음과 같이 계산될 수 있다.

$$A제품가격 : 200,000 \times 0.4 \times 3 = 240,000$$
$$B제품가격 : 200,000 \times 0.35 \times 3 = 210,000$$
$$C제품가격 : 200,000 \times 0.25 \times 3 = 150,000$$

③ **진단적 방법** diagnostic Method

경쟁시장 내 제품에 대한 소비자의 지각가치를 보다 면밀하게 조사하기 위하여 소비자들로 하여금 제품에 대하여 제품속성의 중요도와 속성별 신념을 평가하도록 하여 이를 가격에 반영하는 방법이다. 〈표 6-2〉는 자동차를 구매할 때 소비자들이 고려하는 각각의 요인들에 대한 소비자들의 상대적 중요도와 평가를 가격에 반영한 예를 보여주고 있다.

지각된 가치에 따른 가격결정방식을 이용하고자 하는 기업은 먼저 자사 및 경쟁 제품에 대한 소비자의 지각된 가치를 파악해야 하는데, 각 제품에 대한 소비자의 지각된 가치를 조사하는 데 많은 조사비용이 소요되며 정확한 측정이 어렵다는 단점이 있다. 만약 소비자의 지각된 가치를 과대평가하였다면 가격은 지나치게 높게 책정될 것이며, 가치를 과소평가한 경우에는 더 많은 이

■ 표 6-2 진단적 방법에 의한 가격결정

상대적 중요도	속성	제품		
		A	B	C
30	디자인	40	40	20
25	A/S	30	40	30
25	안전성	50	25	25
20	연비	45	35	20
가격		246,000 (40×0.3+30×0.25+ 50×0.25+45×0.2)	211,500 (40×0.3+40×0.25+ 25×0.25+35×0.2)	142,500 (20×0.3+30×0.25+ 25×0.25+20×0.2)

익을 획득할 수 있는 기회를 상실하게 된다. 따라서 모든 소비자 조사가 그러하듯 신뢰도 높은 조사가 핵심성공요인이라 할 수 있다.

마. 통합적 가격결정 combination pricing

비용, 자본, 소비자, 경쟁 중심적 가격방법 등을 모두 종합적으로 고려하는 방법으로 기업이 실제로 가격을 결정하는 데는 이러한 여러 가지 접근 방법을 모두 종합적으로 고려하는 것이 바람직하다. 비용 중심적 가격은 제품가격의 하한선을 설정해 주며 여러 비용항목에 대한 윤곽을 제시해 준다. 이는 가능한 이윤폭 목표가격, 손익분기점 등에 대한 정보를 제공해 준다. 소비자 중심적 가격은 기업이 고객에게 제시할 수 있는 가격의 상한선이 되며 경쟁 중심적 가격은 경쟁자와의 관계를 고려한 적정가격 수준을 제시해 준다. 그러므로 필요한 모든 고려사항들을 반영한 통합적인 가격결정이 이루어지지 않는 경우에는 각각의 접근방법이 갖는 한계점을 극복하기 어려울 것이다.

③ 포트폴리오 가격 계획

가. 브랜드 개발

작성자가 브랜드를 개발하는 포트폴리오를 작성할 시 가격에 대한 계획은 제품의 경우와 마찬가지로 상당한 전문성과 실무 적용가능성을 요구한다. 개발하는 제품이 유형적 제품이건 무형적인 서비스제품이건 최종 가격수준을 인지하는 것으로 끝나는 것이 아니라 생산 혹은 제공 물량대비 단가를 정확하게 파악해야 한다. 화장품을 개발하는 포트폴리오를 작성한다고 가정할 때 제품에 들어가는 성분과 생산물량 기준 생산단가를 알기 위해서는 화장품 OEM 공장에 직접 문의하는 방법 외에 왕도가 없다. 가끔 접하는 취업준비생들의 포트폴리오에서 가장 쉽게 발견하는 오류가 바로 가격인데 이유는 당사자가 소비자로서 구매하는 판매가를 아무런 고민 없이 자신이 개발하겠다는 제품에 그대로 반영하기 때문인데 수 백개가 넘는 판로를 가지고 대량생산을 통해 제조되는 시중 화장품 대비 동등한 가격을 매칭한다는 자체가 실무에 대한 깊이가 그만큼 얕다는 반증이기에 이런 식의 가격접근은 반드시 지양해야 한다. 국내 대학생들은 특별한 경우를 제외하고 기업 실무자와의 교류가 빈약한 관계로 본인이 알고자 하는 정보에 대해 직접 알아내는 능력이 매우 부족한 형편이다. 하지만 취업을 코앞에 두고 있는 시점에서 포트폴리오 목적뿐만 아니라 다양한 정보를 얻기 위해서라도 기업을 찾아가 능동적이고 적극적으로 탐구하는 자세는 기업에서도 높게 인정하는 자세일 것이다.

나. 수입브랜드 도입

포트폴리오 제작 시 해외 브랜드 도입을 다루는 경우 제품과 마찬가지로 가격은 작성자가 가격을 결정할 수 있는 권한이 없다. 이때 도입 대상 브랜드 제품의 가격을 그대로 소개하는 것은 큰 의미가 있다고 할 수 없고 공급가와 기타 로컬 상황에서 부과되는 가격 요인들을 분석해서 적절한 국내 판매가를 결정하는 것에서 본질적인 가치를 보여 줄 수 있을 것이다. 사업제안서 상에서는 이러한 분석이 브랜드 본사에 수입업자가 부득이하게 그러한 가격을 결정해야 할 수밖에 없는 상황을 설명하는 자료가 되기도 한다. 예를 들어 유럽이나 미국과 달리 위탁사업을 중점으로 하며 수수료를 받는 국내 백화점이나 할인점에 브랜드를 입점시킬 경우 수입업자가 유통업체에 지불해야 되는 높은 수수료와 판매사원 인건비 등으로 인해 운영이 쉽지 않음을 보여주는 정보이기 때문이다. 대부분의 국내 유통업체는 재고에 대한 책임도 지지 않고 판매사원 고용이나 매장 인테리어도 수입업자에게 떠맡기고 있기 때문에 수입업자가 수입브랜드 사업을 전개하는 것은 사실상 매우 어려운 일이다. 한편, 국내 면세점의 경우는 수입 브랜드의 경우 관세법에 의거 면세점에서 제품을 브랜드 본사로부터 직수입을 하지만 판매사원 부담이 로컬 대비 크고 갈수록 면세점 마진의 확대를 요구하고 있기 때문에 만만하게 접근할 수 있는 시장도 아니다. 따라서 국내 가격구조 내에서 차지하는 판매관리비용이 높다는 것을 해외 본사에 보여줌으로써 한국시장에 수입업자가 성공하기 위한 필요한 도움을 구체화할 필요가 있다 하겠다. 실제로 해외 본사에서는 한국 시장의 경색성에 많이 놀라며 유통업체가 소위 '갑'으로서의 영향력을 행사하는 것에 대해 초기에는 이해하기 어려워하는 편이다.

〈표 6-3〉은 수입 브랜드의 국내 수입 전개를 위해 가격을 결정함에 있어 공급가를 100으로 잡을 시 발생되는 가격변수들을 로컬시장과 면세시장으로 나누어 설명한 것으로 이러한 정량적 분석이 포트폴리오의 실무적 가치를 더욱 높이게 된다.

■ 표 6-3 수입 브랜드 매가 결정

Section	Local (USD)	Duty Free (USD)	Portion(%) of Retail Price		Remarks
			Local	Duty Free	
Supply Price	100	100	26	31	EX-Works
Landing Cost	15	0	4	0	
Local Logistics	3	0	1	0	
Labor Cost	65	70	17	22	
Interior Depreciation	5	5	1	2	
Commission	105	–	28	–	
Margin for DFS	–	120	–	38	
Margin for Distributor	30	25	8	8	
Promotion	20	0	5	0	
VAT	37	0	10	0	
Retail Price	380	320	100	100	

C. 유통 전략

유통은 제품을 소비자가 용이하게 구매할 수 있도록 연결시키는 실질적인 경로로써 모든 마케팅 기능의 직접적 수행을 담당한다. 국내에서는 유통업체를 통한 사업을 하거나 전문점을 운영함에 있어서 많은 제약이 있다. 대표적인 것이 백화점과 할인점, 홈쇼핑 등 주요 유통업체들이 위탁사업 중심시스템이라는 것과 전문점의 경우 다른 나라에서는 찾아보기 어려운 '권리금'이라는 전문점을 오픈할 때 필요한 초기비용 등이다. 그러한 불리함을 감수하고도 대형 유통채널에 유통망을 확보하는 것은 쉬운 일이 아니기 때문에 온라인을 중심으로 다변화되고 있는 추세 속에서 브랜드들은 효과적인 유통망 확보에 최선을 다하고 있다. 물론 온라인매장은 오프라인 시장에서 획득하기 어려운 비용적인 장점과 더불어 쇼핑 시간 단축과 장소의 한계 극복 및 많은 장점이 있으나 수입 브랜드의 경우 실제로 온라인 사업만을 계획하는 업체와 독점 수입 계약을 맺는 브랜드는 없다.

유통구조는 적시에 상품이 시장에 공급될 수 있도록 유통경로를 선정하고, 이 경로를 통해서 제품을 유통시키고 운송하는 것을 포함한다. 특히, 매장은 물리적인 가치 이외에 심리적인 부가가치가 크게 작용하여 광고효과를 유발하므로 상품가치에 적합한 유통구조 및 판매를 위한 입지조건을 고려하여 계획해야 한다. 수입브랜드의 경우 해외 브랜드 본사에서 유통에 있어 가장 큰 관심을 보이는 것은 매장과 그에 따른 매출계획이다. 어느 정도의 명성을 구축한 해외 브랜드의 경우는 플래그십 스토어 Flagship Store 나 적어도 국내 랜드마크에 전문점을 개설할 것을 요구하는 경우가 많다. 미국이나 유럽의 경우 소비의 중심은 전 문점이기 때문이기도 하고, 한국도 이제 백화점의 장악력이 상당히 떨어져가고 있다는 것을 그들이 모를 이유가 없기 때문에 향후 잠재력과 수입업자의 사업의지를 확인하는 전략의 일환으로 사업제안 단계서부터 논의가 될 것은 분명하다.

1 유통전략

생산자와 유통업자가 갈등을 일으키는 가장 중요한 원인은 생산자는 되도록 많은 유통업자에게 자사의 제품을 취급하도록 하는 데 관심이 있는 반면, 유통업자는 생산자가 다른 유통업자를 배제하는 전략을 전개하고 자신에게만 제품을 공급할 것을 희망하기 때문이다. 또 역으로 유통업자는 한 품목에 있어서 여러 생산자와 거래하여 다양한 구색을 갖춤으로써 소비자를 유인하고자 하지만, 생산자는 유통업자가 다른 생산업자의 제품은 배제하고 자신의 제품만을 취급해 주기를 원한다. 유통업자의 입장에서는 자신에게 배타적 취급 권리를 주는 생산자의 제품은 다른 유통업자와 가격경쟁이 일어날 가능성이 적고, 자신의 상권 내에서는 노력한 만큼 자신에게 모든 성과가 돌아오므로 이들 제품에 대해서는 관심을 갖고 적극적인 판촉과 높은 수준의 서비스를 제공할 것이다. 반면에 다른 유통업자에게도 제품을 공급하는 생산자의 제품은 가격경쟁이 불가피하며, 자신의 노력이 자신에게 돌아온다는 보장이 없으므로 최소한의 판촉과 서비스만을 제공할 가능성이 높다. 따라서 생산자는 자신의 제품을 많은 유통업자에게 공급할 때 추가로 발생하는 매출기회의 증대라는 장점과 유통업자의 판촉 및 서비스 노력 감소라는 단점을 비교하여 유통전략을 세워야 한다. 이때 생산자가 매출기회의 증대가 유통업자의 판촉 및 서비스 노력보다 중요하다고 판단되어 되도록 많은 유통업자와 거래하는 것을 광범위 유통전략extensive channel strategy이라고 하며 반대로 매출기회의 증대보다는 소비자에 대한 유통업자의 판촉 및 서비스 노력을 중시하여 일정한 상권 내에서는 하나의 유통업자만 거래하는 것을 배타적 유통전략exclusive channel strategy이라고 한다. 또 이 두 전략의 중도적 입장을 취해 하나의 상권 내에서 소수의 제한된 유통업자만 거래하는 것을 선택적 유통전략selective channel strategy이라고 한다. 일반적으로 소비자의 관여도가 낮고 편의성이 중요한 제품인 경우에는 광범위 유통전략을 선택하게 되는데, 이때 상표에 대한 판촉기능은 생산자가 거의 전적으로 수행해야 하며, 생산자의 가격에 대한 통제권은 거의 없게 된다. 반대로 소비자의 관여도가 높고 제품 특성상 고도의 서비스 제공이 불가피한 제품의 경우는 배타적 유통전략을 취하는 것이 일반적이다. 고급 자동차나 고가 명품 브랜드의 대부분이 이러한 전략을 구사하고 있다. 배타적 유통전략을 선택할 경우에는 제조업자는 특정 유통업자에게 특정 상권에 독점권이라는 특권을 주는 대신에 판매량, 가격, 판촉활동 서비스 수준에 대한 목표를 설정하여 목표를 상회할 경우 인센티브를 제공하고 반대로 목표에 미달할 경우엔 계약 연장을 거부하는 등의 방법으로 책임을 묻는 관리

▌표 6-4 유통전략

	광범위 유통	배타적 유통	선택적 유통
계약 유통업자	가능한 많은 수	단독	소수
제조업자 중점요인	판매기회의 극대화	고객 서비스 및 판촉	광범위와 배타적 전략 혼합
제조업자 통제력	낮음	높음	제한적 통제
제품유형	편의품	전문품	선매품

체제를 시행한다. 광범위 혹은 배타적 유통전략의 선택은 유통의 단계에 따라서도 달라진다. 예를 들면 소매단계에서는 판매기회의 증대가 중요하므로 광범위 유통전략을 구사하더라도 도매단계에서는 불필요한 가격경쟁을 배제하고 도매상들이 소매점 개척에 주력할 수 있도록 배타적 유통전략을 구사할 수도 있는 것이다.

포트폴리오 작성 상 유통에 대한 계획 수립 시 작성자가 유의해야 할 것은 제품이나 가격 그리고 촉진 등 다른 마케팅 믹스 요인에 비해 유통영역은 가장 실무적인 지식과 경험을 필요로 하므로 문헌조사만으로 매장의 형태나 위치를 결정해서는 안 되며, 관련하여 손익에 반영되는 수수료 수준과 인건비 그 외에도 물류시스템도 직접적인 현장 조사를 시행하여야 실무자가 동감할 수 있는 계획서가 나온다는 것이다.

② 유통채널 별 전략

가. OFF Line 매장

점포매장은 소매 믹스 전략에 의해 여러 가지 업태로의 분류가 가능하다. 소매 믹스 전략은 입지, 구색, 서비스, 가격 수준, 영업시간 등의 통합된 조합에 따라서 매우 다양하게 수립될 수 있기 때문에 다양한 점포 소매상의 유형이 존재하게 된다. 그러나 포트폴리오 상에서 자주 사용되는 백화점, 면세점, 할인점, 전문점 그리고 편집매장을 중심으로 현황뿐만 아니라 브랜드를 입점시켜 운영하는 방법을 자세히 다루고자 한다.

■ 그림 6-7 국내 유통채널 매출 현황 (단위 : 조)

연도	백화점	대형마트	면세점	슈퍼마켓 및 잡화점	편의점	승용차 및 연료 소매점	전문소매점	무점포 소매	합계
2019	30.4	32.4	24.9	44.2	25.7	100.6	135.4	79.6	465조 1.8%
2018	30.0	33.5	19.0	46.5	24.4	101.6	139.8	70.3	465조 5.6%
2017	29.3	33.8	14.5	45.6	22.2	94.5	139.1	61.2	440조 3.8%
2016	29.9	33.2	12.3	44.4	19.5	90.1	140.9	54.0	424조 3.9%
2015	29.0	32.8	9.2	43.5	16.5	91.3	139.3	46.8	408조

■ 백화점 ▨ 대형마트 ■ 면세점 ■ 슈퍼마켓 및 잡화점 ■ 편의점
■ 승용차 및 연료 소매점 ▨ 전문소매점 ■ 무점포 소매

① 백화점department store

　백화점은 국내에 있어 아직까지 패션제품의 중요한 시장으로 자리매김하고 있는 업태이며 특히 수입브랜드의 경우 대부분의 소비자들이 선호하는 쇼핑장소이기도 하다. 백화점은 구매자에게 많은 수의 제품계열과 다양한 제품구색, 편리한 입지, 쾌적한 쇼핑공간을 제공하며 백화점에 입점한 브랜드들은 안테나 매장으로서 역할 즉, 객관적으로 브랜드의 가치를 인정받는 장소로서 매우 중요한 유통채널이므로 높은 수수료와 불리한 계약조건 등에도 많은 브랜드들이 백화점의 입점을 절대명제로 삼고 있으며 백화점 입장에서도 항상 새롭고 경쟁력 있는 수입 브랜드를 입점시키기 위한 노력을 아끼지 않고 있다.

　입점을 위한 백화점 바이어 상담은 온라인 또는 유선상의 상담이 긍정적일 경우 백화점의 협력업체 입점 평가 기준에 따라서 오프라인 상담이 이루어진다. 업체가 제출한 서류 및 사업제안서를 바탕으로 일차 서류 심사를 실시하며 이를 통과한 업체에 한하여 본사에서 바이어와 직접 미팅을 갖는다. 이때

■ 그림 6-8 백화점 입점 프로세스

온라인 신청 → 본사 바이어 상담 → 품평회 심사 → POP UP 매장 운영 → 계약 → 매장 오픈 → 평가

업체는 실제 상품을 제시하면서 서류상에서 다루지 않는 자세한 제품의 특징을 설명하며 바이어의 질의에 답하게 된다. 바이어 상담 후 필요에 따라 입점 대상 업체의 상품 품평회를 실시한다. 상품의 특성에 따라 동일 상품 군을 모아 실시하며 유형은 크게 4개로 나눌 수 있다.

- 자체 품평회 : 잡화, 의류, 생활용품 등 이동이 용이한 상품은 백화점 본사에서 실시
- 방문 품평회 : 대형가전 및 가구류 등 이동이 불편한 상품은 해당업체에 바이어가 직접 방문하여 실시
- 샘플 품평회 : 식품, 생활용품 등을 직접 시연하여 평가
- 산지 품평회 : 1차 식품을 대상으로 바이어가 산지에 직접 방문하여 실시

이미 타 백화점이나 주요 유통채널에 입점으로 상품력이 인증된 브랜드 및 상품은 품평회를 실시하지 않을 수 있으며 입점을 위한 주요 평가 항목은 아래와 같다.

- 상품력 : 패션트렌드 반영도, 구색, 색상의 다양성, 소재의 고급성, 상품의 차별성, 품질 등
- 기획력 : 가격경쟁력, 브랜드 인지도, ITEM개발, 공급능력
- 영업력 : 백화점 영업경험, 자금력, 마케팅 능력, 기업 조직
- 판촉력 : 시장성 및 향후(성장가능성) 전망, 광고 및 판촉계획

품평회까지 마친 브랜드 중 일부는 pop up 매장 입점을 통해 실제 매출력을 검증받아야 하는 경우가 있는데 주로 인지도가 부족하거나 백화점 운영 경험이 적은 브랜드들을 대상으로 한다. 판매사원은 업체에서 고용하여 백화점에 파견하는 것이 일반적이다.

입점이 확정된 브랜드는 백화점이 허용하는 범위에서 브랜드의 컨셉을 최대한 살릴 수 있는 매장을 오픈하며 상품 구색에 만전을 기한다. 오픈에 따른 촉진 행사도 백화점과 협의하여 시행하여야 한다. 매장 공사는 독립매장이거나 부티크Boutique 매장이 아닌 경우 보통 오픈 전날 영업 후 시작하여 당일 백화점 오픈 전까지 마치는 것이 원칙이다. 이후 백화점은 정기적으로 입점 브랜드별 실적평가를 실시하여 거래연장 또는 퇴점을 결정한다.

백화점에 입점하기 위해 체결하는 계약방식은 〈표 6-5〉와 같으며 4가지 방

■ 표 6-5 백화점 계약조건

거래형태	상품군	특성
완사입 (직매입)	PB상품, 직수입 브랜드, 잡화, 식품, 가정용품부문	• 제조업체로부터 제품을 구매하고 구매한 제품에 대해 판매여부에 관계없이 100% 대금을 지불하고 매입하 는 방식, 직매입은 제조업체로의 반품이 불가하며 재 고는 소매점이 책임진다. • 재고부담이 백화점에 있으며 백화점 매출로 산정한다.
위탁 (특정매입)	피혁잡화, 여성·남성· 아동의류, 가구류, 일부 가정용품	• 임대을과 더불어 백화점에서 가장 많이 사용하는 매입 방식으로, 제조업체로부터 제품을 위탁받아 판매하는 방식, 재고는 제조업체가 책임진다. • 재고부담이 거래 당사자에 있으며 매출발생액에 해당 하는 수수료를 공제한 납품금액을 제조업체에 지불
임대을	의류, 화장품, 액세서리, 일부 대기업의 브랜드 상품	• 점포주, 납세자, 점포운영 책임 등을 모두 임차인이 진 다. 임차료를 산정하는 데 있어서 매출액의 일정비율 을 판매수수료로 지급한다. 판매대금은 백화점 측에서 관리한다. • 재고부담은 거래 당사자
입대갑	귀금속, 시계, 카메라, 푸드코트	• 점포주, 납세자, 점포운영 책임 등을 모두 임차인이 진 다. 임차료를 산정하는 데 있어서 일정액의 임차료를 지급하고, 판매대금은 임대갑인 임차인이 직접 관리 한다.

식이 있다. 제품의 유형과 기업정책에 따라 다르므로 각 브랜드와 제품에 맞는 거래 방식을 채택해야 한다.

　백화점의 정상 판매 수수료율은 의류제품을 기준으로 약 35~38% 수준이며 수입 브랜드의 경우 명품을 제외 약 25~30% 수준으로 결정된다.

　백화점에서는 고객의 욕구를 만족시켜줄 제품이 필요하고 납품업자는 제품을 판매할 시장 또는 고객과 상품을 연결시켜주는 기능이 필요하다는 관점에서 백화점과 납품업자는 상호 의존적 관계이면서 대등한 관계라 할 수 있다. 그러나 국내 백화점은 대기업에 의해서 운영되고 있고 시장에서 높은 판매력과 수단을 갖고 있기 때문에 실제 거래관계는 상호의존적 관계라기보다는 납품업자가 백화점에 의지할 수밖에 없는 의존적 거래관계이다. 따라서 여러 문제점이 발생하고 있다. 예를 들면 백화점은 판매촉진활동의 일환으로 1년에

2회 정도 매장 위치, 상품 진열 등을 변경하는 MD개편을 실시한다. 백화점의 입장에서 MD는 백화점의 경쟁력을 제고하여 매출액을 올릴 수 있는 중요한 수단이 되기 때문에 상품군의 조정, 매장이동, 인테리어 변경은 어쩔 수 없는 것이지만, 이로 인해 매출실적이 부진하여 퇴출된 업체는 인테리어 비용을 보상받지 못하고 퇴출되게 된다. 또한 경쟁백화점에 대한 일별, 월별 매출정보를 납품업자를 통해 취득하는 행위에 대해 공정위가 과징금 또는 시정명령을 내림에도 불구하고 납품업자로부터 타 경쟁백화점과의 EDI Electronic Data Interchange; 백화점과 납품업자 간 상품, 수량 발주, 세금계산서 발행을 위한 전자상거래시스템 정보를 요구하여 납품업자의 타 경쟁 백화점의 매출정보를 부당하게 취득하는 행위가 여전히 문제되고 있다. 다른 한편 납품업자와 거래관계를 자사의 점포로만 한정시키는 배타적 거래 행위를 강요하여 납품업자가 자율적으로 다른 사업자를 선택하여 거래할 수 있는 기회를 차단하기도 한다.

백화점에 납품하는 업체가 백화점과 거래에서 중요하게 여기는 것은 백화점과의 거래를 얼마나 지속할 수 있는가이다. 백화점은 일반적으로 분기별로 입점업체의 실적을 평가(주로 매출액 기준)하여 이를 토대로 매장의 위치를 바꾸거나 퇴점을 요구하게 된다. 기존의 납품 업체의 입장에서 매장의 위치는 매출액과 직결되는 문제이고, 퇴점은 기업의 생존과 관련 되는 것이기 때문에 백화점에서 요구하는 것을 따르지 않을 수 없다. 가장 부당하게 여겨져 온 입점 업체가 매출실적을 높이기 위해서 매출이 발생하지 않았음에도 불구하고 매출이 일어난 것처럼 꾸미는 가매출 요구는 바로 이러한 구조에서 발생하고 있다.

② **면세점** duty free store

기본적으로 duty free라 부르는 사전 면세점은 정부의 특별 허가법에 의거 관세와 부가가치세가 판매시점부터 면제되어 판매되며, 시내 면세점에서 구매된 물건을 공항 인도장에서 받는 장소를 의미하며, 사후 면세점이라 불리는 Tax Free점은 일반 로컬과 같은 가격에 판매되어 소비자에게 자유롭게 인도하되 외국인 소비자가 우리나라를 출국 시 공항에서 별도의 신고를 하면 관세와 부가세를 환급해주는 판매장소를 말한다. 면세점은 향후 10년간 우리나라 오프라인 시장에서 유일하게 성장이 예상되는 업태로서 2013년에는 면세매출액 기준 세계 1위의 국가가 되었다. 이러한 호황은 과거 일본관광객의 지속적인

유입이 엔저의 영향 등으로 감소세에 접어드는 시점에서 절묘하게 중국 관광
객이 무서운 속도로 쏟아져 들어왔기 때문이며 면세점 속성상 국내 장기 불황
의 영향이 상대적으로 덜하였기 때문이다. 소위 요우커라고 불리우는 중국 관
광객의 입국이 이제 시작점이라는 것을 감안할 때 최근 코로나로 인한 전 세계
적 여행업체 불황으로 면세점이 직격탄을 맞아 커다란 손실을 입고 있는 중이
나 사정이 개선되면 중국의 경제 성장 속도와 발맞추어 훨씬 더 많은 중국인들
이 국내 면세점에서 쇼핑을 하게 될 것이라는 예측이 지배적이다.

면세점은 위치에 따라 공항 면세점, 기내 면세점, 도심 면세점, 선박 면세점
으로 구분되며 특히 기내 면세점의 경우 시설비나 판매사원 비용이 들지 않으
므로 납품업자들에겐 최고의 비즈니스 모델로 손꼽힌다. 면세점에 브랜드를
입점시켜 운영하는 데 있어 사업자 입장에서 로컬 시장과 가장 다른 점은 해
외 브랜드의 경우 면세점은 백화점과 달리 면세점이 직접 상품을 구매해서 재
고를 책임지는 방식이라는 것이다. 브랜드 수입권자의 경우 브랜드와 면세사
업권자 간의 상품공급과 구매를 간접적으로 돕고 이에 대한 수수료를 공급사
로부터 취하는 방식으로 재고부담이 없고, 사업형태가 단순하여 소위 mobile
business라고도 불린다. 국내외 해외 브랜드가 면세점에 입점하게 되면 면세
점은 백화점보다 한 단계 높은 고급 브랜드가 입점되는 곳이며, 상품이 국가
관리의 정품이라는 이미지를 가진 국내 소비자에게 어필할 수 있어 국내 시장

■ 그림 6-9 면세점 매출액 / 방문자 현황   (단위: 억원, 만명)

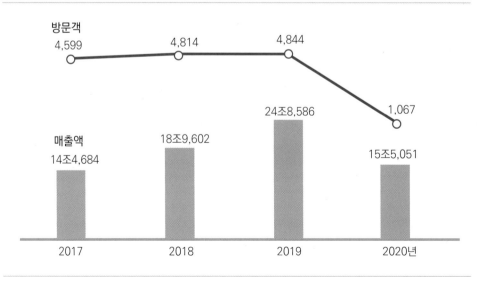

전개에 탄력을 받을 수 있을 뿐만 아니라 사업자는 재고부담 없이 수입 물량을 키워 외국 브랜드 본사에 보다 강한 영향력을 가질 수 있어 일거양득이 될 수 있다. 또한 브랜드가 면세점에 입점하게 되면 해외 바이어들에게 좋은 전시 기회를 갖게 되는 것과 같은 효과를 얻게 되므로 해외에 진출하고자 하는 국내 브랜드들에겐 비록 높은 수수료와 로컬 가격과의 상대적 부담이 어려움을 줄 수 있으나 사업을 검토해 볼 가치는 매우 크다고 하겠다.

사전 면세점은 상품을 공급받는 유통경로에 따라 세 가지 형태로 나눌 수 있다.

첫째, 국내의 상표독점권자인 수입판매 에이전시가 면세점과 현지의 제조 업체 사이에서 중계역할을 하는 것이다. 면세점에서 각 브랜드에 할당한 구매 예산을 갖고 면세점 구매팀의 머천다이저와 수입판매 에이전시의 직원이 상의 를 거쳐 최소 1년에 두 번 이상(수시오더의 경우 그 이상) 수입기업에 상품을 주 문하여 국내에 반입하고 에이전시는 면세점으로부터의 구매 금액에 따른 수수 료를 제조사로부터 받게 된다.

둘째, 국내에 진출해있는 해외 명품브랜드의 업태를 분류하여 각각 다른 수

■ 표 6-6 면세점/백화점 운영조건 비교

구분	계약 형태	수수료%	계약 조건	기타
백화점	임대갑 임대을 특정매입 직매입	수입 : 5~25 로컬 : 25~38	매장공사비 판매사원 인건비 행사지원 할인비용 분담 외	공정거래법상 3번 이상 경고 시 임의 조정 가능
면세점 (수입)	직매입	25~50	매장공사비 판매사원 인건비	
면세점 (토산)	위탁	50~55	가이드 수수료 분담 행사지원 외	백화점 동일

구분	적용법률	상품 loss	판매사원	휴무	주요상품	기타
백화점	공정거래법	인정	제한 없음	있음	의류	Tax-free 가능
면세점	관세법 공정거래법	불인정	외국어필수 외국인의 경우 비자제한	없음	잡화 (화장품/ 가방)	대리구매 시간제한 공항인도 구매액제한 외

입판매 에이전시에서 관리하는 것으로 예를 들어, 독일의 명품브랜드인 에스까다의 경우 대부분의 백화점 매장은 신세계 인터내셔날에서 관할하고 있지만 면세점에 입점해 있는 매장은 B&F 수입에이전트에서 따로 관리하고 있으며 Louis Vuitton Korea와 Laureal Korea의 경우도 각각 블루벨과 삼경 혹은 쏘메이와 같은 로컬 면세 전문 에이전트에 면세점 운영을 위탁하고 있다.

셋째, 현지 법인 형태로 국내에 직진출해 있는 수입 기업이 가두점 및 백화점은 물론 면세점까지도 관리하는 방식이다. 구찌, 에르메스, 프라다 등의 브랜드가 있으며 이 경우 수입기업은 면세점 상품의 디스플레이는 물론 가격정책과 재고 처리 과정에도 일정 수준 관여를 한다.

면세점 입점 프로세스는 백화점과 크게 다르지 않으나 수입제품의 경우 직매입을 하는 이유로 상품력에 보다 세심한 요구를 하는 것이 일반적이며 소비자가 한국인뿐만 아니라 일본, 중국인 등 국제적이므로 해외 시장에서의 현황도 주된 입점 조건의 하나이다. 또한 면세점은 관세청의 지도와 감독을 받는 곳이므로 상품관리가 매우 엄격하며 환율과 무역 등 로컬 시장에서 비교적 큰 영향력이 없는 분야에 전문성을 요하는 경우가 많다. 판매사원은 필수적으로 중국어가 가능하여야 하며 일 년 내내 영업을 하므로 이런 이유로 인건비 부담이 로컬시장보다 큰 편이다.

③ 할인점 discount store

할인점은 식품과 일용잡화 등 소비재를 중심으로 중저가 브랜드 중에 회전이 빠른 상품을 취급하고, 묶음bundle이나 박스 단위로 판매에 주력하며 철저한 셀프서비스에 의한 대량판매방식을 이용하여 시중가격보다 20~30% 싸게 판매하는 가장 일반적인 유통업체로 국내에서는 외국에서 정의하는 일반적인 할인점이라기보다는 대형마트Super Store 방식으로 운영되고 있으며 할인점의 형태에 따라 소형, 중형, 대형으로 구분한다.

국내 중소벤처기업부에서는 $150m^2$이하의 공간을 가진 곳을 슈퍼마켓으로, 그 이상의 공간을 가진 곳을 Super라는 단어를 덧붙여서 기업형 슈퍼마켓, 즉 SSM Hypermarket으로 부르고 있다. 보통 할인점은 이러한 하이퍼마켓을 말하며 대형 마트의 경우 매장 면적이 $3,000m^2$ 이상의 규모를 가지나 이마트나 롯데마트 등 대형 마트 업체의 경우에도 일부 매장 면적이 $3,000m^2$ 이하인 경우도 존재한다. 원래 미국이나 일본의 경우 개활지가 많고 넓게 퍼진 주택가가 일반적인 문화권에서 생겨난 형태로 넓은 야외 주차장을 갖춘 단층 창고형 매장이 대부분이나 한국은 아파트 위주의 고밀도 주거환경에 할인점이 널리 보급된 이유로 대체로 도시 중심부에 있으며 공간 효율성을 위해 주차장이 위로 올려진 형태가 많다.

한국에서 보통 최초의 할인점이라고 하면 1993년에 오픈한 이마트 창동점을 이야기하며 미국의 월마트나 프랑스의 까르푸 등이 진출하였으나 외국계 할인점은 적지 않은 수가 사업 철수라는 운명을 맞이하였고, 살아남은 건 코스트코와 홈플러스 정도이나 홈플러스는 영국 테스코가 지분을 완전히 정리한 관계로 실질적으로 외국계 마트 중 살아남은 건 코스트코가 유일하다 할 수 있다.

현재 우리나라의 대형 할인점과 인구비는 한계치라고 여겨지는 10만명 당 1점포에 가까워지고 있다. 이미 할인점 매장 확대 규모가 현저히 낮아지는 중이며, 할인점들이 롯데슈퍼, 홈플러스 익스프레스, 이마트 에브리데이 같은 중대규모 대형 슈퍼마켓의 형태로 좀 더 밀도를 높여 상권을 잠식하거나 중소규모 도시까지 안전하게 포섭하려는 행태를 보이고 있다.

포트폴리오 작성 상에서 할인점은 식품이나 음료 제품의 입점 전략을 수립하는 유통채널의 하나로 사용되기도 하지만 주변PB 위주의 백화점과는 달리 중간PB 개발과 운영이 이미 활발하고 핵PB 개발도 시도되는 곳이므로 이와 관련한 유통전략을 세우기에 적합한 곳이다.

■ 그림 6-10　할인점 점포수 현황

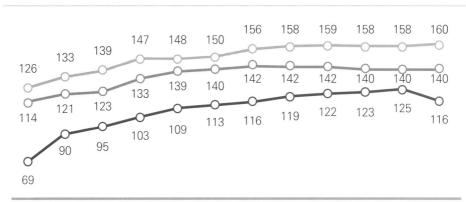

④ **전문점** specialty store

전문점은 한정된 상품이나 다양한 종류의 상품을 취급하는 곳이며, 특별한 품목과 특수한 대상을 중심으로 운영되는 곳으로, 기업의 목표 달성을 위하여 독립된 브랜드와 업태가 하나의 공간 내에서 상호보완 역할을 하면서 기업의 이윤을 증대시키고 새로운 고객의 욕구를 충족시킬 수 있는 종합매장을 의미한다. 일반적으로 전문점은 취급상품에 관한 전문지식과 기술을 갖춘 판매사원에 의하여 경영되며, 품종의 선택, 고객의 기호, 유행의 변천 등 예민한 시대감각으로 독특한 서비스를 제공함으로써 합리적 경영을 하는 곳으로 이해된다. 전문점의 일반적인 특징으로는 상품구성에 깊이가 있고, 표적 소비자 집단의 고관여 상품을 전문적으로 취급하며, 점포 운영의 목적이 상품 판매에 생기는 이익의 극대화보다는 고객의 삶의 질을 높이는 데 중점을 두고 점포의 위치, 규모, 이미지 등이 고객의 라이프스타일에 따라 다르다는 것이다.

전문점은 명확한 컨셉을 가지고 오피니언리더 opinion leader 중심의 고객관리와 효율적인 경영으로 특정 제품만을 취급하는 전문점뿐만 아니라 특정 소비계층을 목표로 하는 전문점도 생겨나고 있으므로 표적시장의 쇼핑 문화를 집중 공략함으로써 유통의 수요를 장악할 수 있는 강점을 가지고 있다. 그러나 우리나라에서 전문점은 독특하게 자리 잡은 권리금과 여전히 세입자에게 불리한 임대조건 등으로 안정적인 사업을 하기가 쉽지 않은 업태이다.

해외 브랜드 사업자가 전문점을 오픈하기 위해서는 앞서의 이유로 적지 않은 초기 투자금이 필요한데 계약 기간이 충분히 보장되지 않는 상황에서 이런 규모의 투자는 당연히 드문 일이며 보통 직진출한 브랜드의 지사에서 실행하거나 대기업에서 해외 유명 브랜드를 독점 도입하는 경쟁을 이기기 위해 계약조건으로 제시하여 실행하는 정도에서 전문점은 그 역할을 하고 있다. 한편, 전문점은 브랜드 제조사나 국내 직수입 업체에서 직접 운영하는 직매장도 있고 개인에게 위탁해서 매장을 열 경우 사업자 개인이 본사로부터 상품을 직접 구매하여 판매하고 남은 재고에 대해선 본사가 책임을 지지 않는 사입형 위탁판매방식과, 상품을 본사에서 책임지고 공급하여 사업자가 판매하고, 남은 재고도 본사가 처리하며 사업자는 판매만을 책임지고 그 판매액의 일정 부분을 지급받는 수수료형 위탁판매 방식이 있다. 브랜드에서는 자체 이미지와 생산물량의 확대에 따른 규모의 경제 그리고 효율적 재고처리 등 다각적인 검토를 통해 사업규모와 장소, 그리고 사업자를 선정해야 하고 반면, 사업자는 본

■ 표 6-7 대리점 운영의 장·단점 비교

구분	장점	단점
프랜차이지 (franchisee)	• 창업 risk 감소 • 인지도 높은 브랜드 점포 운영 • 소액의 자본 창업 가능 • 경영전반 노하우 브랜드 본사 지원 가능	• 위탁운영 시 상품 구색 및 물류에 관한 권한이 약함 • 지역 상권에 대한 특성 고려 어려움
프랜차이저 (franchisor)	• 전국적 유통망 확보 • 경쟁사와 소비자 정보 다각적 확보 • 초기투자 비용 감소	• 매장 간 상품이동 어려움 • 매장 간 적정 구색 확보 어려움 • 위탁운영 시 재고 처리 부담
소비자	• 근접거리 구매 가능 • 매장과 친밀한 관계유지 가능	• one stop 쇼핑 어려움 • 직영점 대비 A/S, 반품 등의 서비스 미비

인의 관련 경험이나 재무상황, 브랜드 회사의 안정성 등을 고려하여 자신에게 맞는 방식을 채택해야 할 것이다.

⑤ 편집매장

2000년을 기점으로 Concept Store, Select shop 혹은 Multi-brand shop이라고도 불리며 하나의 공간에 서로 다른 브랜드 혹은 디자이너 제품을 일정한 컨셉 하에 선택적으로 구성한 편집매장이 국내에서도 빠르게 성장해 오고 있다. 편집매장은 다양한 브랜드의 제품이 다품종 소량 판매 방식으로 제공되기 때문에 소비자의 욕구와 개성을 가장 폭넓게 맞출 수 있다는 것과 아울러 브랜드가 아니라 매장 자체의 아이덴티티와 테마에 따라 제품 구성의 변화가 용이하다는 이점이 있다. 또한, 편집매장은 국내에 아직 소개되지 않은 해외 명품 브랜드나 유명 디자이너 제품을 소량씩 직수입해 판매하고 있어 유행이나 고객의 수요 변화, 판매 동향 등에 따라 바이어의 상품 구성에 변화를 줄 수 있다는 특성이 있어 인지도가 다소 낮은 해외 브랜드를 도입하는 포트폴리오에 있어 요긴한 유통망으로 활용될 수 있다. 최근 편집매장은 보다 진화하여 단순히 진열된 제품을 판매하는 차원이 아니라, 하나의 문화공간으로서 여러 브랜드가 어울려 만들어 내는 편집매장 자체의 아이덴티티까지도 추구하는 기능을 한다는 점에서 개성을 추구하는 신세대 소비자들에게 보다 어필하고 있다.

편집매장은 여러 장점을 통해 점점 그 규모와 영향력을 늘려가고 있지만 그

■ 표 6-8 편집매장과 단독매장 비교

구분	멀티 편집매장	단일 브랜드매장
개념	한 곳의 매장에서 하나의 컨셉 하에 다양한 브랜드 혹은 디자이너의 제품을 함께 전시, 판매	한 곳의 매장에서 고유한 아이덴티티를 가진 한 개의 단일 브랜드만을 판매
장점	1. 컨셉에 따라 제품 구성 및 변화가 쉬움 2. 차별화된 매장 구성 및 제품 셀렉트가 가능 3. 유행 트렌드 선도가 가능	1. 상품 기획 단계에서부터 토털 코디를 염두에 두고 제작, 룩 완성도가 높음 2. 세트 판매가 용이 3. 고객의 제품 셀렉트가 쉬움 4. 가격저항이 적음
단점	1. 단품 위주여서 코디가 상대적으로 어려움 2. A/S 및 재주문이 어려움 3. 상대적 고가로 가격 저항이 큼	1. 트렌드 변화에 따른 대처가 늦음 2. 브랜드 컨셉의 유지가 어려움 3. 지나친 아이덴티티 유지로 트렌드세터로부터의 외면을 초래

만큼 단점을 가지고 있는데 무엇보다 다품종 소량판매에 따른 불리함, 예를 들면 공급업자로부터의 딜리버리의 지연, 상대적으로 높은 공급원가, 불안정한 상품수급, 재고처리의 어려움 등으로 기업이 가장 우선시 하여야 할 손익상의 불리함이 크다. 이러한 어려움을 극복하기 위해서는 편집매장에 특화된 전문바이어 육성이 가장 중요하며 이런 이유로 편집매장을 주제로 포트폴리오를 작성하는 것은 여러 기업에서 큰 호응을 가져올 수 있다.

나. ON-LINE 시장

무점포 소매상은 점포가 없이 소비자들에게 상품을 판매하는 소매형태이다. 무점포 소매상은 고객과의 의사소통 수단을 기준으로 다양화되는데 인터넷 소매상은 컴퓨터나 모바일을 통해 고객과 만나고, 카탈로그나 직접 우편 소매상은 우편물이, 직접 방문 소매상은 판매원이 직접 고객과 만난다. TV 홈쇼핑 소매상은 TV, 자판기 소매상은 자판기를 통해 고객과의 제한된 만남이 이루어진다.

인터넷이나 홈쇼핑 같은 온라인 매장을 통한 제품의 판매는 인테리어 비용과 같은 초기 투자비용이 없고, 매장 임대비용이나 판매사원 급여 등 고정비를 줄일 수 있어 많은 사람들이 실제로 이 시장에 뛰어들고 있다. 물론 온라인

■ 표 6-9 오프라인/온라인 거래방식 비교

구분	전통적 상거래 방식	인터넷/온라인 상거래 방식
유통경로	기업-도매상-소매상-소비자	기업-소비자
거래대상지역	일부 지역 판매에 한정	전 세계
거래 시간	제한된 영업시간	24시간, 365일 영업 가능
고객수요파악	영업사원이 획득	온라인으로 수시획득
판매방법	전시에 의한 판매	정보에 의한 판매
판매거점	실제 공간	가상공간
시장 환경	지역경제, 소품종대량생산, 산업 내 경쟁	세계경제, 다품종소량생산, 사업간 경쟁
고객정보획득	시장조사 및 영업사원	온라인으로 수시 획득
고객대응	고객 불만 대응지원, 고객 needs의 포착 느림	고객 불만 즉시 대응, 고객 needs 신속 포착
소요자본	거액 필요	상대적으로 적은 비용
마케팅 활동	구매자 의사에 상관없는 일방적 마케팅	쌍방향 통신을 통한 1:1 마케팅
비즈니스패턴	비즈니스 그룹 간 협력, 제한적 구매 및 조달, 노동집약적, 자본집약적	네트워크를 통한 협력, 개방적 구매 및 조달, 집약적, 기술 집약적
소비자취향	밀어내기, 기성품 선호, 판매자 위주	끌어들이기, 맞춤 선호, 소비자 위주

매장은 오프라인 시장에서 획득하기 어려운 비용적 장점은 물론 쇼핑 시간과 장소의 한계 극복 등 매우 유리한 조건이 많이 갖추어져 있는 것은 사실이나 막상 사업을 시작해서 손익을 내고 있는 업체는 생각보다 그리 많지 않은 것도 사실이다. 일단 온라인 시장은 소비자가 가격에 대한 기대치가 상당히 크므로 오프라인 시장에서 판매되는 동일한 상품을 비슷한 가격에 내놓았을 경우 소비자의 호응을 기대하기 어렵고 반대로, 너무 가격 차이가 나면 오프라인 시장이 큰 타격을 입을 수 있어 오프와 온라인을 동시에 전개해야 하는 브랜드의 입장에서는 가격에 대한 적절한 정책 수행이 쉬운 일이 아니다. 한편 제품에 대한 직접적인 시용이 어려운 한계로 인해 판매 취소가 자주 일어날 뿐만 아니라 이에 따른 물류비용도 비례해서 발생되는데 이것은 지속적으로 손익상의 부담으로 작용할 확률이 높다. 실제로 현재 온라인 시장은 주로 화장품이나 시계 혹은 액세서리와 같은 비교적 규격화되고 정형화된 상품 쪽으로 그 폭

이 확대되어가고 있다.

최근 팬데믹으로 인해 비접촉이 일상화됨에 따라 더욱 각광받고 있는 온라인 시장은 교통난, 맞벌이 등으로 쇼핑시간의 여유가 없는 소비자들에게도 쇼핑 시간을 절약해 주는 시간 효용을 제공해 주며, 소매업자 입장에서는 앞서 말한 점포비용의 절감, 입지조건에 관계없이 표적고객에 높은 접근 용이성 외에도 고객의 잠재수요 자극 등의 이점을 가진다는 점에서 향후 지속적인 성장이 예상된다. 무점포 소매상은 방문 판매, 자동판매기, 직접 마케팅 등으로 분류되며, 직접 마케팅은 통신(우편) 판매, 텔레마케팅, TV 홈쇼핑, 인터넷 마케팅 등으로 나누어진다. 본서에서는 포트폴리오에서 가장 많은 유통망으로 채택되는 인터넷쇼핑몰과 홈쇼핑에 대해서 다루고자 한다.

① 인터넷 쇼핑몰

사람들의 생활수준의 향상으로 인터넷이란 매체가 널리 보급되면서 인터넷은 전자상거래라는 새로운 문화를 창출해 내고 확장, 발전시켜 나갔다. 전자상거래의 대표적인 모델로서 가장 활발하게 진행되고 있는 인터넷 쇼핑몰은 통신 네트워크 상에 연결되어 있는 컴퓨터와 모바일에 상품 정보를 올려놓고, 홈페이지에 접속한 소비자가 선택한 상품을 원하는 장소로 배송해 주는 새로운 형태이다. 즉, 현실 세계에서의 백화점이나 슈퍼마켓에서 물건을 사듯이 웹브라우저를 이용하여 원하는 상품을 구매할 수 있도록 구축한 가상의 쇼핑몰이다.

인터넷 쇼핑몰 판매유형은 취급 품목과 판매 방식에 따라 종합형 인터넷 쇼핑몰, 전문형 인터넷 쇼핑몰, 중개형 인터넷 쇼핑몰로 구분한다. 종합형 인터넷 쇼핑몰은 현실 세계에서의 백화점과 같은 형태로서, 자사의 제품과 다른 업체들과의 계약 및 제품구매를 통해 다양한 제품을 온라인에서 판매하는 쇼핑몰이다. 전문형 인터넷 쇼핑몰은 종합형 인터넷 쇼핑몰과는 달리, 다양한 제품을 온라인으로 판매하기보다는 특정 제품을 중심으로 판매하는 쇼핑몰이다. 전문형 쇼핑몰은 다시 직판점과 유통점으로 구분할 수 있는데, 직판점은 제조업자가 자사의 인터넷 웹사이트를 통해 고객이 직접 제품을 온라인으로 구매할 수 있도록 함으로써 기존 유통채널을 우회하기 위해 구축한 인터넷 쇼핑몰을 의미한다. 반면, 유통점은 제조업자가 아닌 기존의 유통업체가 기존의 상점이 아닌 새로운 소매유통 경로를 인터넷 상에 구축한 경우를 뜻한다. 중개형 인터넷 쇼핑몰에서는 판매방식이 직접 판매보다는 경매를 통해서 거래가 이루어지고 중개기능에 따른 일정액의 수수료나 임대료를 통해 수익을 창출한다.

　인터넷 쇼핑몰 시장은 오프라인 점포를 오픈하는 것과 비교하여 초기 투자비용이 상대적으로 적기 때문에 신규 기업 혹은 기존 오프라인 유통업체의 시장 진출이 매우 쉽다는 특징을 가지고 있다. 즉 시장에 대한 진입 장벽이 매우 낮다는 것인데 특히 유통 사업자의 입장에서 볼 때 물류비용에 대한 부담이 없고 재고 문제가 발생하지 않는 오픈 마켓 방식의 모델은 매우 매력적인 사업이기에 유통업체뿐만 아니라 최근에는 일반 대기업들도 오픈 마켓 시장에 참여하고자 하는 것이다. 그렇지만 아무리 성공적인 인터넷 쇼핑몰을 구축했다 하여도 다른 경쟁자들이 기존의 사업 모델을 쉽게 모방할 수 있기 때문에 시장 선점의 이익을 기대하기도 힘들어 장기적인 성공 가능성 또한 매우 낮다는 한계점을 가지고 있다. 전자 결제 전문회사인 이지스 효성의 온라인 쇼핑몰 운영 실태 조사 결과에 따르면 지금까지 개설된 사이트의 절반 이상이 폐쇄되었거나 운영을 중단한 곳이 많은 것으로 나타났다. 준비되지 않은 예비 창업자들의 무분별한 창업과 차별성 없는 사업 영역에서의 운영은 인터넷 쇼핑몰 시장에서 도태되는 경우가 대부분이다. 특히, 차별적 운영 아이템이나 브랜드가 없는 경우에 업체들이 주로 선호하는 것이 바로 수입브랜드이며 특히 인터넷에서 다루기 힘든 명품류의 제품을 미끼상품Loss Leader이나 전략 상품의 형식으로 운영하는 경우가 많다.

　국내 온라인쇼핑 시장 규모는 2020년에도 10% 후반대의 고성장세를 달성했다. 소매시장 내 온라인 점유율은 40%대를 상회하고 있으며, 올해도 이러한 추세가 지속될 전망이다. 대형 온라인 플랫폼과 식품 카테고리 전문몰, 카테고리별 수직화에 성공한 전문몰 등을 중심으로 경쟁구도 변화가 예상된다. 한편 플랫폼 간 경쟁이 가속화되면서 최근에는 자사 약점을 보완하기 위한 합종연횡과 제휴도 본격화되고 있다. 통계청과 이마트 유통산업연구소에 따르면, 2020년 국내 온라인쇼핑 거래액은 약 160조 원에 달하였고, 2021년에는 180조원을 넘기면서 전체 소매시장에서 온라인 시장이 차지하는 비중이 45%를 상회할 것으로 예상된다. 온라인 중심 소매시장으로의 지각 변동이 눈앞에 와 있다.

　품목별로 2019년 대비 2020년의 온라인 쇼핑몰 매출의 증감률을 살펴보면 펜데믹으로 인해 직접적인 타격을 받은 문화 및 레저서비스와 여행 및 교통서

■ 그림 6-11   인터넷 쇼핑몰 매출 현황

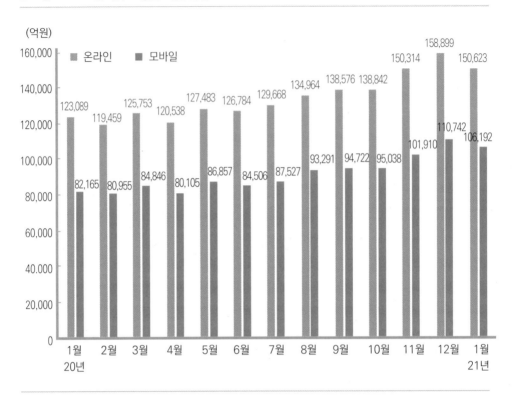

(억원)

온라인   모바일

월	온라인	모바일
1월 20년	123,089	82,165
2월	119,459	80,955
3월	125,753	84,846
4월	120,538	80,105
5월	127,483	86,857
6월	126,784	84,506
7월	129,668	87,527
8월	134,964	93,291
9월	138,576	94,722
10월	138,842	95,038
11월	150,314	101,910
12월	158,899	110,742
1월 21년	150,623	106,192

비스의 현격한 감소세와 간접 영향을 받은 화장품과 패션제품의 감소를 제외하고는 모든 제품군의 매출이 증가하였는데 특히 식음료와 농수축산물을 중심으로 온라인 식품 판매가 급성장했다. 이는 감소한 제품군의 부정적인 영향과 반대로 코로나19로 비대면 소비가 확산되면서 그동안 상대적으로 오프라인 중심으로 판매되던 신선식품 등의 온라인 수요가 증가했기 때문으로 판단된다. 현재 국내 온라인쇼핑 시장은 글로벌 시장과 달리 선두업체 중심의 독과점 시장이 아니라 다수업체 간 경쟁 심화양상을 보이고 있다. 마케팅, 배송 등 고비용 과열 경쟁이 지속되고 있어 향후 기업 간 인수합병과 제휴 등 독과점 구조로의 시장 재편도 예상된다.

　현재 국내 온라인쇼핑 시장은 글로벌 시장과 달리 선두업체 중심의 독과점 시장이 아니라 다수업체 간 경쟁 심화양상을 보이고 있다. 기존 강자인 쿠팡, 지마켓, 11번가 등과 포털·메신저 기반의 네이버, 카카오, 오프라인 유통사의 온라인몰인 SSG닷컴, 롯데ON 등에다 글로벌 이커머스 기업의 국내진입까지

■ 그림 6-12   품목별 인터넷 쇼핑몰 매출(2019/2020) 증감

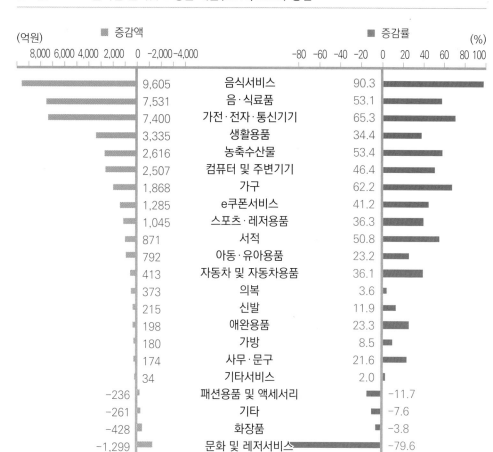

(억원)	■ 증감액		■ 증감률	(%)
	9,605	음식서비스	90.3	
	7,531	음·식료품	53.1	
	7,400	가전·전자·통신기기	65.3	
	3,335	생활용품	34.4	
	2,616	농축수산물	53.4	
	2,507	컴퓨터 및 주변기기	46.4	
	1,868	가구	62.2	
	1,285	e쿠폰서비스	41.2	
	1,045	스포츠·레저용품	36.3	
	871	서적	50.8	
	792	아동·유아용품	23.2	
	413	자동차 및 자동차용품	36.1	
	373	의복	3.6	
	215	신발	11.9	
	198	애완용품	23.3	
	180	가방	8.5	
	174	사무·문구	21.6	
	34	기타서비스	2.0	
	-236	패션용품 및 액세서리	-11.7	
	-261	기타	-7.6	
	-428	화장품	-3.8	
	-1,299	문화 및 레저서비스	-79.6	
	-10,685	여행 및 교통서비스	-68.2	

예상돼 향후 시장 경쟁은 보다 치열해질 것으로 전망된다. 현재로서는 쿠팡, 네이버, SSG닷컴 등이 세부 카테고리별로 선두권을 형성하고 있는 가운데, 향후 데이터, 풀필먼트, 상품구색 등의 핵심 역량을 누가 더 확보하는가에 따라 승패가 갈릴 것으로 보인다. 일각에서는 국내 온라인 시장은 세부 카테고리별 강자가 세분화되면서 과점 형태가 지속될 것으로 보는 견해도 존재한다. 그런데 최근 이커머스 산업 내 경쟁이 점차 플랫폼 경쟁으로 전환되고 있다. 이는 향후 유통기업이 시장을 제패하려면 제품 소싱, 프로모션 같은 전통적 유통 경쟁력이 아닌 플랫폼 경쟁력이 중요하다는 것을 의미한다. 온라인 플랫폼은 막대한 고객 기반을 바탕으로 인공지능, 빅데이터 등 최신 기술을 활용해

■ 표 6-10 연령별 많이 사용하는 모바일 쇼핑앱(2020년 기준)

	10대	20대	30대	40대	50대	60대
1위	쿠팡					
2위	무신사	당근마켓	11번가			
3위	지그재그		당근마켓	G마켓	당근마켓	
4위	당근마켓	티몬	위메프	당근마켓	G마켓	
5위	번개장터	위메프	G마켓	위메프	GS숍	홈앤쇼핑
6위	에이블리	무신사	티몬		옥션	GS숍
7위	11번가		옥션		홈앤쇼핑	위메프
8위	화해	에이블리	GS숍		위메프	옥션
9위	G마켓	아이디어스	인터파크	CJ몰		롯데홈쇼핑
10위	하이버	G마켓	오늘의집	홈앤쇼핑	티몬	

상품 검색에서부터 결제, 배송까지 하나의 플랫폼에서 쉽고 빠른 쇼핑 경험을 제공한다. 실제로 아마존, 알리바바 등 해외 거대 플랫폼이 글로벌 전자상거래 시장을 장악하고 있고, 국내도 쿠팡, 네이버 등이 강력한 플랫폼을 바탕으로 온라인 시장을 주도하고 있다.

한편, 한류 열풍이 지속되고 한국 제품이 글로벌 시장에서 인정받으면서 해외 온라인쇼핑몰을 통한 역직구도 활발해지고 있다. 아마존, 알리바바 같은 글로벌 이커머스 플랫폼들은 K-뷰티 등 한국 셀러 유치에 노력하고 있다. 통계청에 따르면 올해 3분기 온라인 역직구의 직접 판매액은 1조 6,160억 원으로 전년 동기 대비 5.9% 증가했으며, 전분기와 비교하면 26.5%나 증가했다. 올해 3분기 국가별 온라인 해외 직접 판매액은 중국 1조 4,563억 원, 미국 531억 원, 일본 424억 원 순으로 중국이 압도적인 1위를 차지했다. 상품군별로 살펴보면 화장품 1조 4,329억 원, 의류 및 패션상품 754억 원, 음반·비디오·악기 400억 원 순으로 나타나 K-뷰티가 역직구 성장의 견인차 역할을 한 것으로 확인된다. 이러한 역직구도 국내 브랜드의 해외 진출을 위한 포트폴리오를 작성하는 경우 유통망을 개척하는 대안을 고려해 볼 수 있는데 최근엔 입점이 어려운 선진국 쇼핑몰보다는 다소 진입이 쉬운 동남아 주요 쇼핑몰에 진출하는 국내 브랜드도 급격히 늘고 있다.

② TV홈쇼핑

TV홈쇼핑은 TV광고를 통해 상품 구매를 유도하는 소매 방식으로, 주로 케이블TV의 가입자가 TV에 보이는 상품을 선택하여 전화나 팩스 등의 통신수단을 통해 주문한 후에 가정에서 시중의 정상가보다 20~50% 정도의 낮은 저가격에 편안하게 배달받는 소매 유형이다. 다른 무점포 쇼핑 채널과 달리 쇼핑호스트라고 불리는 진행자들이 전문적인 식견을 가지고 해당상품에 대한 정보를 충분히 그리고 설득력있게 제공한다. 홈쇼핑은 소비자 지향적이며 양방향식 의사소통을 할 수 있다. 이러한 특성은 홈쇼핑 프로그램이 기술적으로는 현재까지 한 방향으로 운영되고 있지만, 실제로 제품에 대해서 질문이 가능한 양방향식 의사소통을 할 수 있다는 점과 판매자 측면에서도 다양한 장점을 제공한다. 홈쇼핑을 통해 기존 판로가 제한되었던 중소 기업체들은 많은 양의 재고를 순식간에 판매할 수 있게 되었으며, 배송관리, 자금결제 등 거래 절차상 신용이 중요한 부분에 대하여 홈쇼핑사가 책임을 지고 소비자에게 신뢰를 심어 줄 수 있으므로 상품력이 우수한 초기 사업자들에게는 홈쇼핑 진출이 매우 중요하다.

TV홈쇼핑은 방송채널사용업자PP; PROGRAM PROVIDER, 종합유선방송사업자SO; SYSTEM OPERATOR, 전송망사업자NO; NETWORK OPERATOR, 파워콤 등로 구성되어 있는데, 방송채널사용권을 획득하기 위해서는 방송통신위원회의

■ 그림 6-13   주요 홈쇼핑 매출현황

승인이 필요하다. 방통위로부터 방송채널사용사업자로 승인을 받은 TV홈쇼핑 업체는 프로그램을 제작하여 종합유선방송사업자 SO에게 송출수수료를 지급 하고 프로그램은 전송망을 통해 소비자에게 방송된다. 이 방송을 본 소비자는 상품을 구매하고 TV홈쇼핑 업체는 의뢰 받은 상품을 공급업체에 상품배송 의 뢰를 하여 소비자가 상품을 받게 된다.

홈쇼핑 매출액도 온라인 시장의 폭발적인 성장세에 맞추어 2020년에도 큰 매출 성장과 이익률을 보였지만 국내 홈쇼핑 업체들의 최근 연간 거래액 성장 률은 5% 안팎으로 전체 온라인시장 성장률의 4분의 1 수준에 불과하는 등 상 대적으로 다른 온라인 채널에 비해 성장세가 약하다. 홈쇼핑 업체들이 전통적 인 온라인 채널임에도 이렇게 구별되는 모습을 보이는 이유는 TV 시청 감소라 는 구조적인 문제와 관련이 깊다. 방송통신위원회의 '2020년도 방송매체 이용 행태조사' 보고서에 따르면 우리나라 TV 시청 시간은 2013년 3시간 14분을 정 점으로 지속 감소해 2019년 2시간 42분으로 최저점을 찍었다. 지난해 2시간 51분으로 소폭 증가하긴 했지만, 이는 코로나19라는 특수 상황 덕분이었다. 반면 지난해 OTT 이용률은 66.3%로 전년 52.0%보다 14.3% 상승하였고 스마 트폰 이용시간은 1시간 55분으로 전년 1시간 39분보다 16분 늘었다. 전체 이 용 시간은 여전히 TV가 앞서지만 늘어난 시간이나 상승 추세는 스마트폰이 훨 씬 가파른 셈이다.

더구나 지난해부터 라이브 커머스 채널이 급부상하면서 상황이 더욱 악화 했다. 2018년 우리나라에 처음 등장한 라이브 커머스는 지난해 코로나19 영향 으로 급성장했다. 지난해 5월 베타 서비스를 시작한 카카오 쇼핑라이브가 8개 월 만인 지난 1월 누적 시청 횟수 2,000만 회를 돌파했고, 지난해 7월 서비스 를 시작한 네이버 쇼핑라이브 역시 6개월 만인 지난 1월 1억 누적 시청뷰를 넘 어서며 화제가 됐다. 홈쇼핑 대비 라이브 커머스의 장·단점은 명확하다. 누구 나 손쉽게 콘텐츠를 제작하고 유통할 수 있으며 실시간 소통에 따른 재미와 현 장감을 확보할 수 있다는 것이 장점이고, 단점은 신뢰도 측면에선 TV홈쇼핑 에 절대 열세라는 것이다. TV홈쇼핑은 과장광고 등의 규제가 세밀한 데다 전 문가 위주 방송이어서 소비자·상품 신뢰도가 월등하기 때문이다. 브랜드나 제 품의 판매업자 입장에서는 라이브 커머스의 저렴한 수수료는 가장 큰 장점으 로 다가온다. 라이브 커머스 수수료는 최소 3%에서 20% 수준인데 TV홈쇼핑 수수료는 30%에서 40%에 달하기 때문이다. 취급 가능한 상품 구색면에서도 1

■ 그림 6-14 국내 라이브 커머스 시장 현황

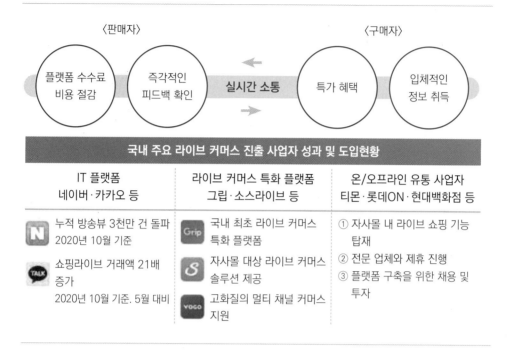

IT 플랫폼 네이버·카카오 등	라이브 커머스 특화 플랫폼 그립·소스라이브 등	온/오프라인 유통 사업자 티몬·롯데ON·현대백화점 등
누적 방송뷰 3천만 건 돌파 2020년 10월 기준 쇼핑라이브 거래액 21배 증가 2020년 10월 기준. 5월 대비	국내 최초 라이브 커머스 특화 플랫폼 자사몰 대상 라이브 커머스 솔루션 제공 고화질의 멀티 채널 커머스 지원	① 자사몰 내 라이브 쇼핑 기능 탑재 ② 전문 업체와 제휴 진행 ③ 플랫폼 구축을 위한 채용 및 투자

개 채널에 매시간 1개 방송만 할 수 있는 TV홈쇼핑보다 같은 시간 여러 개 방송을 올릴 수 있는 라이브 커머스가 확실히 유리해 보인다.

오프라인보다 하루하루 급변하는 온라인 시장 안에서 최적의 유통망을 확보하려면 포트폴리오 작성자는 이렇게 세세한 유통 채널간의 장단점을 정확하게 파악하고 현실적인 전략을 수립해야 할 것으로 보인다.

D. 촉진 전략

21세기 산업 시장에서 기업은 상품을 파는 것이 아니라 이미지를 파는 고부가 가치산업이라는 인식이 확산되고 있다. 이와 같은 맥락에서 기업은 적절한 촉진 활동을 통해 자사의 차별적이고 우호적인 이미지를 소비자들의 마음속에 포지셔닝하는 것이 매우 중요하다. 따라서 광고, 홍보, 인적 판매, 판매촉진 같은 촉진 수단들을 효율적으로 활용하여 통합적 마케팅 커뮤니케이션IMC

■ 그림 6-15　촉진전략 개발 프로세스

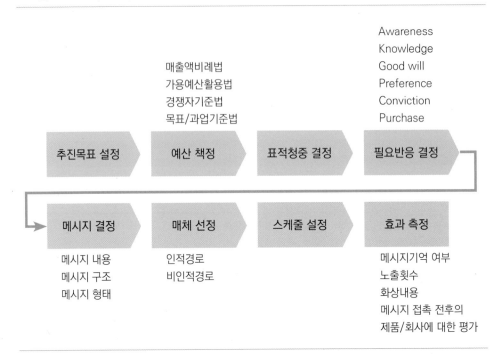

범위 내에서 자사의 제품과 서비스에 대해 일관성 있는 메시지를 전달해야 한
다. 광고는 비교적 장기적인 관점에서 자사 제품에 대한 정보를 제공하거나
호의적 상표 이미지의 구축을 주요 목적으로 하는 반면, 인적 판매나 판매촉
진은 주로 단기적인 매출 증대를 주목적으로 한다. 포트폴리오 작성자들은 자
신의 주제와 어울리는 촉진전략을 세우는 것을 기본으로 누구나 생각할 수 있
는 아이디어가 아니라 자신만의 기발한 아이디어를 보여줄 수 있는 기획안을
상호 보완적으로 제안할 필요가 있다.

▮1 촉진 목표 설정

　이윤을 추구하는 기업이 촉진활동을 시행하는 이유는 자사 브랜드나 제품과
서비스에 대한 소비자의 인지도를 세우고 긍정적인 이미지를 높이며 그를 통
해 태도와 선호도를 형성하여 구매에 이르게 하기 위함이다. 이 장에서 촉진의
목표를 설정한다는 것은 그러한 기업의 미션이나 비전을 구체화하는 것이 아
니라 촉진활동을 통해 획득하고자 하는 효과에 대한 구체적인 정량적 수준을

이야기한다. 즉 노출의 도달범위, 빈도, 구매의사 비율 등을 평가 가능한 수치로 표시하는 것으로 예를 들어 제품 A에 대한 표적 소비자에게 90% 이상 도달, 60% 이상 인식, 35% 이상 방문의향 제고와 같은 식으로 설정하는 것이다.

가. 도달

주어진 기간에 광고나 홍보, 판촉 등의 촉진활동에 한 번 이상 접촉한 목표 시장의 수를 의미한다. 따라서 도달에서 중요한 점은 목표 시장 가운데 중복되지 않은 수를 뜻한다는 것으로 여러 차례 접촉한 사람이건 한 번만 접촉한 사람이건 하나로 취급한다. 도달은 목표 시장에 대한 비율로 정의하는 것보다 얼마나 많은 소비자에 도달하였는지에 대한 상황 파악이 용이하기 때문에 유용하게 여겨진다.

나. 빈도

주어진 기간 동안 목표시장이 촉진 활동에 접촉한 횟수를 의미한다. 빈도수가 높을수록 특정 매체를 집중적으로 접촉했다는 뜻이며 따라서 광고 예산이 한정적인 경우 도달과 빈도를 동시에 극대화할 수는 없다. 도달을 늘리면 빈도는 줄여야 하고 도달을 줄이면 빈도수가 확보되는 역학관계에 있기 때문이다. 효과적인 빈도란 목표 수용자로부터 의도했던 반응을 얻기 위한 최적의 노출빈도를 말하는데 대부분의 연구자들이 1회 빈도는 충분하지 않다고 주장하지만 어느 정도의 빈도가 적정수준인지 의견이 분분하다. 효과적인 빈도를 결정할 때의 기본 원칙은 소비자의 구매 사이클에 맞춰서 빈도수를 결정하며 새로운 브랜드나 복잡한 메시지를 담은 광고 등은 높은 빈도수를 필요로 한다는 것이다. 반면 빈도를 지나치게 높이면 소비자들이 더 이상 반응을 보이지 않게 되거나 경우에 따라서는 싫증이나 짜증을 내서 촉진효과를 떨어뜨릴 수 있는데 이를 촉진효과의 감퇴promotion wear out 라고 한다.

다. 총 시청률 GRP : gross rating point

도달과 빈도는 각각 매체 기획의 한 부분을 기술하는 것으로 이 두 개념을 종합하여 촉진비용을 측정할 필요가 있는데 특정 기간 동안 한 매체나 여러 매체를 통해 노출된 총 접촉률 또는 시청자 비율로 나타내는 지표로 %로 표시한다. TV 매체의 경우 [시청률×주간(월간) 노출횟수]로 GRP가 산정되는데, 인쇄 매체에도 적용(구독률×주간(월간) 노출횟수)된다.

2 촉진 예산 작업

촉진 예산 책정은 생각보다 쉽지 않다. 투자되는 비용 대비 얻어지는 수익(매출, 가입자 수 증가 등)을 산술적으로 측정하기 어렵기 때문이다. 따라서 촉진 예산의 수준이 과도한지 또는 너무 적은지는 지속적인 경험치의 누적 분석과 아울러 촉진활동의 전 과정에 전문성을 확보해야 한다. 일반적인 촉진 예산 설정 방법은 다음과 같다.

가. 가용예산 활용법 the affordable method

기업의 필수적인 경영활동에 우선적으로 자금을 책정한 후 여유자금이 허락하는 범위 내에서 촉진 예산을 수립하는 방법을 말한다. 재정적으로 기업에 부담을 주지 않지만 촉진의 목표를 확실하게 고려하지 않은 상태에서 예산이 결정되므로 적절한 촉진활동의 종류와 범위 등이 제대로 수행되기 어렵다. 가끔 경영자의 직관이나 경험을 중심으로 촉진예산이 세워지는 임의 할당법 arbitrary method 이 사용되는 경우도 있는데 이는 매우 전문성이 떨어지는 것은 물론 예산이 과다하거나 혹은 너무 과소 책정될 확률이 높다.

나. 매출액 비례법 percentage of sales

현재 또는 예상되는 매출액의 일정 비율 또는 제품 판매가격의 일정 비율을 촉진 예산으로 책정하는 방식으로 기업에서 가장 널리 사용되는 방식이다. 이 방법은 비교적 안정적으로 촉진 예산을 운영할 수 있고, 급격한 변화가 일어나지 않는 한 기업은 촉진비용의 규모를 정확히 파악할 수 있다는 장점이 있으나 당연히 매출이 저조하면 촉진비용의 감소로 이어짐은 물론 촉진비용으로 매출에 영향을 미치는 것이 아니라 매출이 촉진예산에 영향을 미치는 원인과 결과가 뒤바뀌는 비논리를 가져오게 된다. 일반적으로 제품 수명주기 상 도입기에는 매출수준이 손익을 내기가 어렵다. 통상 제품이 시장에 나와 평균 3년 정도가 지나야 투자대비 손익분기를 지난다고 하는데 만약 한창 인지도를 높이기 위한 촉진 활동이 필요한 시점에서 이 방법을 고집한다면 매출의 향상은 기대하기 어려울 것이다. 반면 성숙기에 접어든 브랜드의 경우 촉진활동이 크게 필요하지 않음에도 불필요한 예산을 사용하는 오류를 범하기도 쉬울 것이다. 이러한 문제를 개선하고자 기업은 현금 흐름 계획법 payout planning method 을 사용하기도 하는데 이는 향후 2, 3년 후 기대 수익을 감안하여 촉진예산을 세우는 방식이다.

다. 경쟁자 기준법

자사의 촉진 예산을 경쟁사의 촉진 예산에 맞추는 방법으로 일반적으로 산업평균에 근거하여 촉진 예산을 책정하는데 매우 수동적인 방식이라 할 수 있다. 후발주자의 경우는 촉진 예산의 비중이 매출대비 과다할 수 있고, 기존 브랜드와 같은 수준의 촉진 비용을 사용했다하더라도 사업 규모를 감안할 때 부가적 효과가 떨어질 수밖에 없다.

라. 목표 및 과업 기준법 objective and task method

가장 논리적인 촉진 예산 책정방법이라 할 수 있는데 촉진의 목표를 설정하고 그 목표를 달성하기 위해 수행해야 할 과업이 무엇인지를 결정한 후 그에 따른 비용을 산정하여 예산을 책정하는 방식이다.

③ 촉진효과 측정

촉진효과란 촉진 요소들이 수용자의 인지, 감정, 행동 반응에 긍정적인 영향을 미치는 것을 말한다.

촉진효과 측정은 양적 측정과 질적 측정의 두 가지 방법이 있다. 양적 측정은 일반적으로 널리 사용되는 촉진효과 측정방법으로 전화나 면접 등을 통한 실제 조사 및 실험실 상황에서 측정하는 실험방법이 대표적이다. 보편적으로 알려져 있는 내, 외적 타당성을 비롯한 여러 한계점이 있기는 하지만 이를 통해 브랜드나 제품의 인지, 회상, 재인, 선호도, 태도, 구매의도 등을 측정할 수 있다. 이러한 양적 조사와 대응되는 질적 측정 방법의 대표적인 것이 FGI나 심층면접 그리고 관찰법 등이다. 그중 심층면접은 양적 조사에서 간과되거나 조사 불가능한 측면을 파악해 소비자의 내면적 상태를 통찰할 수 있기 때문에 유용한 기법으로 받아들여진다. 또한, 관찰법도 여러 가지 상황에서 활용되어 왔으나 최근 미국의 경우 한걸음 더 나아가 '현장 실험실 점포 experimental-

■ 그림 6-16 촉진효과 측정   (단위: %)

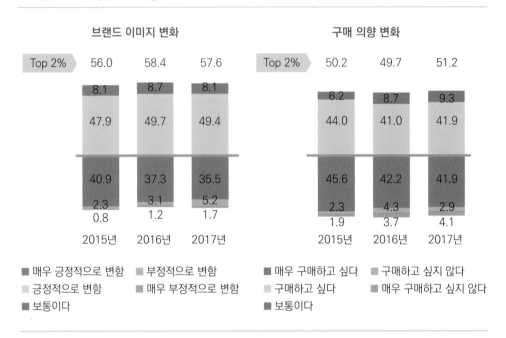

antenna shop'를 설정하여 소비자의 다양한 반응을 녹화, 녹음하여 면밀하게 분석함으로써 소비자들의 깊이 있는 반응을 조사하고 있다. 이러한 방법은 FGI가 가지고 있는 한계점을 보완할 수 있을 뿐만 아니라 질적 요소와 함께 양적인 요소도 포함하고 있어 주로 양적인 효과 조사에 의존하고 있는 현실을 감안할 때 분명 의미 있는 조사방법이라고 할 수 있다. 촉진은 그 목표에 따라 다른 효과를 나타내기 때문에 마케터가 목표를 어떻게 세우느냐에 따라 촉진 효과를 각기 다른 지표로 측정해야 한다. 촉진 효과의 측정 지표는 크게 인지적 지표, 정서적 지표, 행동적 지표로 나뉜다.

① 인지적 지표

인지적 지표는 광고나 홍보의 노출 후에 브랜드에 대한 지식이나 그들의 설득 메시지를 얼마나 수용했는가를 측정하는 지표이다. 주로 회상과 재인을 통해 측정하는데, 회상이란 소비자가 광고나 홍보 등을 통해 학습한 정보들을 능동적으로 인출하는 것이며, 재인은 광고와 홍보 등 관련된 정보가 주어지면 소비자가 이를 확인하는 것을 말한다. 구체적으로, 촉진 효과에서의 인지적 지표는 촉진을 통해 해당 브랜드에 대한 인지도가 얼마나 높아졌는지를 알아보는 브랜드 인지도와, 브랜드의 핵심적인 속성에 대한 지식을 측정하는 브랜드 이해도, 브랜드 이미지 등을 통해 측정한다.

② 정서적 지표

정서적 지표는 브랜드에 대한 사고, 신념을 넘어 대상에 대한 평가를 수반한다. 정서적 지표의 측정은 광고나 홍보 등을 접촉한 후 특정 브랜드에 대한 전반적인 평가뿐만 아니라 광고나 홍보 등 그 자체에 대한 태도나 감정적 반응 등을 포함한다. 모든 촉진 요인은 소비자에게 지식, 신념뿐 아니라 감정 경험을 유발하며, 이를 통해 유발된 감정은 대상을 인지하고 행동하는 것에 중요한 영향을 미칠 수 있다. 따라서 이러한 정서적 지표를 통해 촉진 효과를 파악하는 것은 매우 중요하다.

③ 행동적 지표

행동적 지표는 소비자가 촉진 요인을 접촉한 후 행동이 어떻게 바뀌었는지 측정하는 지표이다. 촉진 요인이 직접적으로 소비자 행동에 어떠한 영향을 미치는지 알아보는 것으로서 주로 구매 경험을 통해 측정한다.

래비지 Lavidge 와 스타이너 Steiner 의 위계 효과 모형은 촉진 요인의 효과 과정을 보여주는 것으로 위계 hierarchy 라는 뜻은 시작 단계부터 특정한 순서로 일련의 단계를 거친다는 조직화된 구조의 유형을 의미한다. 이 모델에 따르면 소비자는 비인지 unawareness 에서 인지 awareness – 지식 knowledge – 호감 liking – 선호 preference – 확신 conviction – 구매 purchase 라는 여섯 단계를 거친다고 하였다. 이 모형은 '비인지'에서 '구매'까지 다다르는 동안 고정된 위계적 특성을 거친다. 즉, 인지와 지식을 거치치 않으면 호의와 선호에 갈 수 없으며, 호의와 선호를 거쳐야만 확신과 구매에 이른다. 효과 위계 모형은 소비자 행동을 기본적인 세 단계, 즉 인지 cognitive, 정서 affective, 행동 behavior 으로 구분한다는 점에서 전통적인 정보 처리 모형의 확장이라고 볼 수 있다. 소비자가 촉진 요인에 노출되어 제품과 브랜드에 대한 정보를 인지하고, 학습을 통해 평가(호감, 선호)하는 정서적 단계를 거친 후, 궁극적으로 확신하고 구매에 이르는 행동으로 위계적 단계가 구성된다. 위계 모형은 정보 처리의 단계가 인지, 정서, 행동의 고정 단계임을 가정하는 반면에, 저관여 제품의 경우에는 종종 구매 후에 정서나 인지적 단계가 형성되는 예외가 발생한다.

■ 그림 6-17   래비지(Lavidge)와 스타이너(Steiner)의 위계 효과 모형

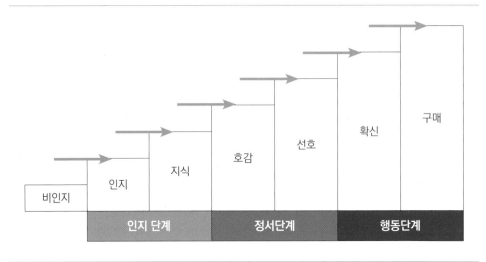

▌ E. 광고

1 광고의 목적

광고advertising 란 '제품, 서비스 또는 아이디어에 관하여 비인적, 시각적 및 청각적, 공개적으로 후원되는 메시지를 집단에게 제시하는 데 포함되는 모든 활동'으로 정의된다. 기업은 판매촉진 활동을 통하여 더 많은 이익을 내기 위해 광고 활동을 수행한다. 광고는 전사적 마케팅 활동의 일환으로 인식하고 이해해야 하며 이에 따라 전략이 수립되어야 한다. 광고는 판매 증진의 수단으로만 그치는 것이 아니라 모든 기업 활동과 연동되어 기업 전체의 이미지 형성에 영향을 미치는 기업 커뮤니케이션 수단이기 때문이다. 궁극적으로 광고는 기업의 판매를 증대시키기 위해서, 또는 광고를 하지 않을 때보다 많은 이윤이 실현되도록 해야 한다. 그러나 실제로는 광고만으로 판매를 창출할 수는 없다. 고객이 구매하느냐 안 하느냐는 상품, 가격, 포장, 서비스 등 마케팅 과정의 여러 요인에 좌우되는 것이다. 다시 말해서 광고의 목적은 기업이 제공하는 상품이나 서비스에 대한 잠재 고객의 반응을 촉진시킴으로써 정보를 제

공하고, 소비자의 욕구 충족의 길을 열어 주며, 특정 기업의 상품을 선택해야 할 이유를 제시한다. 광고는 일반적으로 기업경영에 필수적인 마케팅의 도구로 소비자를 설득하는 커뮤니케이션으로, 제품이나 서비스에 대한 정보를 전달해 주는 정보 메신저이다. 즉 광고는 기업의 여러 가지 촉진방법과 함께 마케팅 프로그램에서 대량의 정보전달을 통해 소비자를 설득하는 커뮤니케이션으로서 주요한 역할을 할 뿐만 아니라 소비자에게 구매의사 결정에 필요한 정

▌표 6-11　광고의 유형

분류기준	광고유형	내용
발신자 (광고주)	영리광고	생산자, 도매상, 소매상 등에서 하는 광고
	비영리광고	종교집단, 정치집단, 정부, 노조, 학교 등에서 하는 광고
표적 청중	소비자광고	개인 소비자나 가정을 대상으로 하는 광고
	산업광고	산업구매자를 대상으로 하는 광고
	거래광고(trade ad)	도·소매상을 대상으로 하는 광고
	전문직 광고	전문직종에 종사하는 사람을 대상(의사, 변호사)으로 하는 광고
사용매체	인쇄광고	신문, 잡지를 이용한 광고
	방송광고	텔레비전, 라디오를 이용한 광고
	옥외광고	야외(포스터, 간판), 이동(버스, 지하철)광고
	기타 매체의 광고	케이블TV, 직접우편(DM), 전화번호부, PC 등을 이용
지역범위	지역광고	특정 지역에만 하는 광고
	전국광고	해당국가의 상당지역을 포괄하는 광고
	국제광고	국경선을 넘어 외국을 포함하는 광고
추구목적	제품광고	제품이나 서비스 판매를 목표로 하는 광고
	조직광고	기업광고, 공공단체광고, 비영리단체광고
	공익광고	사회적으로 대의명분이 있는 내용
삽입시간	프로그램광고	광고주가 프로그램의 스폰서로 참여하여 프로그램 전후에 방영되는 광고
	스포츠광고	제품의 긍정적인 단점을 함께 제시하는 방식
	특집광고	비정규프로그램으로 편성된 특집프로그램에 참여하는 광고
	스팟(SPOT)광고	프로그램과 프로그램 사이에 방영되는 광고
	자막(혹은 ID)광고	방송국명 혹은 방송순서고지 시간대에 방영되는 광고
	시보광고	방송시간 고지 시 제공되는 광고

보를 제공한다. 광고주는 자신의 제품 또는 서비스, 아이디어를 더 많이 팔거나 알리기 위해 광고를 이용하고 소비자는 광고주가 시장에 내놓는 제품이나 서비스를 올바르게 구매하고 또한 필요한 정보를 얻기 위해 광고를 이용한다. 마케팅학자들이 일반적으로 제시하는 정의는 광고를 포함하는 마케팅의 촉진활동promotion 가운데서 인적매체에 의한 촉진은 판매원 활동으로, 유료가 아닌 경우는 홍보publicity로, 그리고 전통적 대중적 매체에 의하지 않는 모든 촉진활동은 판매촉진sales promotion으로 분류하고 있다.

따라서 광고는 광고주와 소비자 사이에 존재하는 간격을 메워 줄 수 있는 정보를 전달하고 소비자의 올바른 선택기회를 넓혀 주기 위해 존재하는 현대 사회에서 빼놓을 수 없는 필수 불가결한 요소이다.

2 광고의 기능

일반적으로 광고의 기능은 기획기능planning, 제작기능creative, 미디어기능media으로 크게 나누어 볼 수 있는데 기획기능이란 광고의 목적에 부합되도록 광고 주제와 내용 등을 결정하는 것이며, 제작기능은 만들어진 기획안을 토대로 실제 제작을 실행하는 작업을 말하고, 미디어기능은 만들어진 광고를 어느 매체를 통해 내보낼 것인지를 결정하는 기능을 의미한다. 최근에는 다양해진 매체와 온라인 정보의 홍수 속에 점점 미디어기능의 중요성이 커지고 있는 상황이다.

3 광고매체

가. 신문

신문광고는 보통 백화점, 전문점, 대리점 등의 판매촉진을 위하여 중요한 역할을 한다. 신문은 사업상 변동요인이 많은 기업에서 가장 선호하는 광고매체라고 볼 수 있다. 월간 잡지의 경우 광고가 출간 전 최소 몇 주 전에 편집이 마감되지만 신문은 즉각적인 광고로서 인쇄가 시작되기 직전까지 내용을 변경할 수 있기 때문이다. 따라서 예산상 사용시점이 편리하고 사업이 예기치 않은 일로 지연되는 경우 철회될 수도 있다는 이점도 있다. 신문은 지역사회 내 다양한 측면에서 각각의 주제에 저마다 관심을 가지고 있는 독자를 확보하고 있으므로 신문광고는 접하는 소비자의 범위가 넓은 촉진 수단이나 타깃 소비자를 감안하여 광고를 시행할 수 있다. 예를 들면 특정 지역은 지방지의 영향력이 중앙지만큼 크므로 이에 대한 고려도 병행할 수 있고, 스포츠 신문이나 오락 위주 신문 등 신문이 다루는 주제에 따라 그리고 각 신문별 주요 독자층을 인구통계학적으로 세분하여 자사 브랜드와 제품에 적합한 신문을 선택할 수 있다. 반면 신문광고의 단점은 광고의 수명이 잡지에 비해 짧고 타깃 소비자 집중이 상대적으로 어려우며 제작물의 질적 수준을 통제하기 힘들다는 것이다.

나. 라디오

라디오 매체는 잠재의식에 깊이 파고드는 특징과 함께 상상 및 상징 기능을 가진 매체이므로, 라디오광고는 이런 면에서 다른 매체와 차별적인 효과를 가진다. 라디오광고의 장점을 나열하면 일시에 넓은 지역에 걸친 수많은 사람에게 광고할 수 있는 점, 다른 일을 하면서 들을 수 있는 점, 프로그램 제공에 의한 계속 청취자 확보, 개인화 청취, 옥외·이동성, 광고 변경이 용이하고 광고 노래에 의한 친근감 조성 등이다. 라디오는 TV나 인터넷 등으로 인해 매체로서의 경쟁력을 많이 상실한 지 오래지만 프로그램이나 방송국에 따라 매우 세분화된 청중을 갖고 있기 때문에 여전히 중요한 역할을 하고 있다. 또한, 라디오광고는 광고비가 TV에 비해 상대적으로 저렴하고, 광고 메시지를 방송프로

■ 그림 6-18 2020 매체별 광고 시장 규모

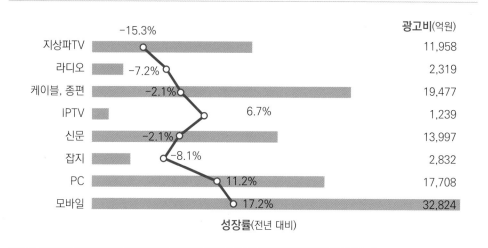

와 방송지역에 맞출 수 있다는 장점을 갖고 있다. 하지만 표적 청중이 한정적이라는 단점과 제품을 시각적으로 제시하지 못한다는 결정적인 단점을 가지고 있다.

다. TV

TV광고는 광대한 수용자에게 도달하고, 시각과 청각 효과를 동시에 전달하여 시청자들에게 다른 매체 광고보다도 강한 영향력을 미친다. TV광고가 우리의 일상생활의 많은 영역에 영향을 줄 수 있는 이유는 첫째, 라디오나 신문에 비해 폭넓은 수용자를 갖고 있고 둘째, 앞에 언급한 바처럼 시청각효과로 인해 어떠한 대중매체보다도 상품광고 표현에 가장 적합한 매체라는 점이다. 그 외에도 TV 이용의 간편성과 가장 빠르고 높은 효과를 기대할 수 있다는 등 많은 장점을 가지고 있지만 높은 광고비용을 고려할 때, 표적청중에 대한 대량 노출 효과가 클 것이라는 확신을 갖지 못할 경우 TV매체를 선택함에 있어 신중함이 요구된다. 한편, 앞으로 인터넷광고의 확산 등 다양한 광고 채널이 늘어날 것으로 예상되어 TV광고의 비중은 점차 감소할 것으로 보인다.

▌그림 6-19 TV광고가 구매 결정에 미치는 영향

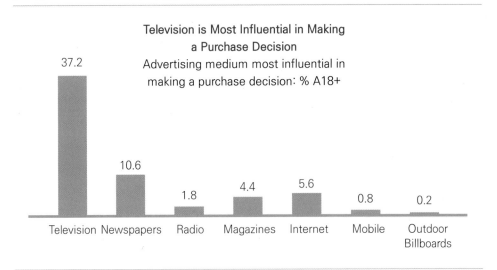

라. 잡지

잡지는 4대 매체 중 비교적 오래된 매체로서 대표적인 인쇄매체의 하나이다. 잡지 Magazine 라는 단어가 사용되기 시작한 것은 1731년에 영국에서 '젠틀맨스 매거진 Gentlemen's Magazine' 이 발행된 이후부터이며 이후 잡지는 일부 상류층 지식인들의 정보교환 수단으로 사용되었다. 패션 브랜드들이 특히 가장 선호하고 많이 이용하는 광고 매체이기도 하다. 한편, 잡지광고는 표적시장에 가장 효과적으로 도달할 수 있는 매체 중의 하나이다. 즉, 잡지의 독자는 다른 매체의 경우보다 매우 잘 세분화되어 있어 표적시장 소비자들이 구독하고 있는 잡지를 광고에 이용하면 손쉽게 표적시장에 메시지를 전달할 수 있는 것이다. 잡지광고는 광고의 수명이 길고, 많은 양의 정보를 전할 수 있으며, 높은 질의 컬러 광고를 제공할 수 있기 때문에 상품 카탈로그로서의 활용 가능성 및 화보 협찬 등이 가능한 장점을 가지고 있기도 하다. 다만 잡지 내 다른 브랜드나 아이템의 광고물이 많이 게재되므로 집중도가 떨어질 위험이 있으며 도달범위가 상대적으로 좁고 그에 반해 광고비는 높은 편이라는 단점을 갖는다.

마. 옥외광고

옥외광고 outdoor advertising 란 야외에 표출되는 광고라는 뜻인데, 항상 또는 일정기간 동안 벽, 판자와 같이 고정된 것, 또는 포스터 등의 매체를 이용하여 제품의 정보를 표시하는 광고를 말한다. 옥외광고의 종류는 여러 방식으로 분류되고 있다. 설치하는 장소와 방법에 따라 옥상광고, 벽면광고, 돌출광고, 점두 가게의 앞, 야립 road sign, 애드벌룬 adballoon, 현수막, 전신주, 교통광고 등으로 분류되고 있다. 옥외광고는 24시간 광고물의 게재가 가능할 뿐만 아니라 설치되는 장소에 따라 주목률도 높은 매체로 인식되고 있다. 뉴욕이나 홍콩 같은 국제도시 랜드마크에는 전 세계 유명 기업들이 앞다투어 옥외광고를 하고 있는 것을 쉽게 볼 수 있는데 기업의 흥망성쇠를 옥외광고 위치와 크기를 보고 판단한다는 말이 나올 정도로 글로벌 마케팅에서 옥외광고는 다른 매체에 비해 상대적으로 중요성을 가진다. 광고주는 옥외광고의 장소를 선정할 때 위치, 유동인구의 특성, 교통량, 도로 상황, 광고물이 게재되는 높이와 각도 등 여러 가지 요인을 복합적으로 고려해야 한다. 옥외광고의 장점은 고정된 위치에 설치되어 지속적·반복적인 노출이 가능함이 가장 큰 것인데 점점 새로운 소재 및 기술의 발달로 소비자의 주목을 이끌어낼 수 있는 크리에이티

■ 표 6-13 광고매체의 장·단점

미디어	장점	단점
TV	• 동영상과 음향 활용 • 도달범위 및 주목도 높음 • 높은 품격 이미지	• 매체비용 높음 • 표적 시청자 확보 어려움 • 다른 광고의 간섭 높음 • 지속성 낮음
케이블TV	• 표적 시청자 확보 상대적 유리 • 매체비용 상대적 저렴 • 지속성 상대적 높음	• 도달 범위 좁음 • 과다 채널로 채널 변경 잦음
라디오	• 도달범위 넓음 • 표적 청취자 확보 유리 • 매체비용 저렴	• 청각효과 한정 • 주의 집중도 낮음 • 지속성 낮음
신문	• 신속한 실행 • 길고 복잡한 정보 전달 가능 • 특정 지역 타깃 가능 • 높은 신뢰성	• 짧은 수명 • 시각효과 한정 • 인쇄화질 낮음 • 다른 광고의 간섭 높음
잡지	• 표적 독자 확보 유리 • 고화질 인쇄 가능 • 길고 복잡한 정보 전달 가능 • 긴 수명	• 도달비율 낮음 • 시각효과 한정 • 다른 광고의 간섭 높음
인터넷 배너광고	• 도달 범위 넓음 • 동영상과 음향 활용 가능 • 클릭 수 실시간 측정 가능	• 클릭이 구매로 이어지는 비율이 낮음 • 배너 크기 제한
옥외광고	• 긴 수명 • 낮은 매체비용 • 다른 광고의 간섭 적음 • 다양한 형태 가능	• 주목도 낮음 • 시각효과 한정 • 도시미관과 환경 규제 많음

브 측면에서 최대의 효과를 기대할 수 있게 되었다. 하지만 소비자들이 특정 장소를 차량이나 도보로 통행하는 순간 메시지 전달이 완료되어야 되기 때문에 많은 정보를 전달하기 어렵다는 단점이 있다. 따라서 제품광고보다는 브랜드의 이미지 광고가 적절하다. 한편, 초기투자비용이 높고, 환경문제나 도시미화 등의 이유로 법적 규제가 생길 수 있으며 광고효과를 정확히 파악하기 어렵다는 단점도 존재한다.

바. 인터넷광고

온라인 커뮤니케이션에는 여러 가지 기법이 있다. 가장 흔히 사용되는 기법으로는 e메일 전송, 배너 삽입, 온라인광고, 검색엔진 마케팅, 온라인 이벤트 등이다. 이 같은 온라인 광고에는 여러 가지 장점이 있다. 우선 비용이 저렴하여 자금력이 약한 중소기업에게 특히 적합할 수 있다. 둘째 지역적으로 넓은 커버리지가 가능하여 다수의 지역 및 국가에서 유용하게 활용할 수 있다. 세 번째로는 광고 효과를 측정하기가 용이하며 네 번째로 소비자와 실시간 혹은 쌍방소통이 가능하다는 것이다. 물론 온라인 매체는 통제가 어렵다는 단점이 있으나 점점 더 중요함을 더해가는 매체로 인식되고 있다. 온라인 광고에서 가장 대표적인 인터넷광고란 기업이 인터넷을 이용하여 고객과의 일련의 Communication 활동을 포함하여 특히 홍보의 목적으로 웹사이트를 구축하여 기업소개, 각종 기업정보 소개, 고객관리, 제품소개, 각종 이벤트 프로모션, 상거래 등의 internet marketing communication 활동을 전개하는 것을 포괄적인 의미의 인터넷광고로 정의한다. 즉 기업이나 개인이 월드와이드웹을 통해 불특정다수에게 발신하는 웹사이트를 구축하고, 인터넷상에서 정보를 제공하는 것을 주목적으로 하는 검색엔진 그리고 IP업체의 웹사이트에 광고물을 게재하는 것을 의미한다.

2010년대 초반부터 페이스북을 필두로 SNS상의 광고가 성행하는 중이다.

▌그림 6-20 2021 PC / 모바일 광고 규모

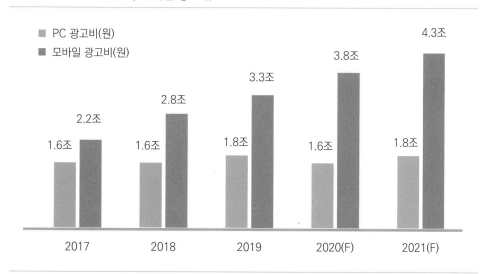

특히 인스타그램은 시각 자료 중심의 소셜네트워크로서 국내 4대 SNS 중에서 대세 SNS라고 할 수 있다. 기업의 마케팅팀의 주된 업무가 동일 업종의 경쟁자들이 인스타그램을 어떻게 이용하고 있는지 확인하는 것이 된 지 오래다. 지난 8년간 인스타그램은 전 세계적으로 8억 명의 이상의 활동적인 이용자들을 확보했고, 한국에서도 눈에 띄게 이용자들이 증가하고 있다. 페이스북 광고는 가입된 사용자들의 프로필과 인구통계학적 자료를 바탕으로 정밀한 타깃팅이 가능하다는 장점이 있다. 불특정 다수에게 뿌리는 것이 아니라 세분화된 자료를 바탕으로 목표고객을 정해 광고를 집행할 수 있다. 그러나 광고 집행이 너무 어렵다는 단점이 있다. 타깃을 여러 개 잡아서 에이비 테스트 A/B testing 도 해봐야 하고, 맞춤 타깃과 유사 타깃 설정 등의 기능은 초보자들에게 접근성이 떨어지는 영역이다.

F. 홍보

홍보란 기업 혹은 단체가 관계하는 공중의 이해와 협력을 얻기 위해 자신의 목표 방향과 의지를 커뮤니케이션 수단으로써 선전·설득하는 행위 즉, 자사의 활동을 알리기 위한 각종 간행물의 발간, 정부 기관에 대한 재정적·정보적·기술적 지원, 방문객의 안내, 회사 시설의 일반 대여 등 고객을 포함한 일반 대중에게 제공하는 일체의 편익과 관심 등을 홍보영역에 두며 특히 이것을 PR public relation 이라고 한다. PR 대상은 소비자, 종업원, 주주, 협력회사, 지역사회, 정부 공공기관 등으로 광범위하므로 각각에 대한 PR의 내용과 범위도 다르지만 기본적으로 PR은 '공중의 이익'과 관련된다는 점에서 광고와 구별된다. 또 PR은 유료 커뮤니케이션이 아니며 위에서 언급한 바처럼 궁극적으로는 상호이익을 도모하기 위한 선의의 설득이라는 점에서 이기적인 목적을 가지고 대상을 자의적으로 설득하는 광고와 구별된다. 또 PR과 퍼블리시티 publicity 가 혼동되기도 하는데, 퍼블리시티는 자사와 관계된 뉴스성의 정보를 신문·잡지 및 방송에 게재, 방송되게 하는 일로 PR의 한 부문이다. 광고와 다른 점은 전달자가 기업이 아니고 매체이므로 기업이 관련 비용을 들이지 않고 기업이나 제품에 관한 정보를 매체의 기사나 뉴스를 통해 알린다는 것인데 어떤 매체나 유명 블로거가 브랜드에 대한 정보를 긍정적이고 흥미 있게 다루어 준다면 회사는 비용을 거의 안 들이고 수십억 원 상당의 광고를 하는 것과 똑같은 효과를 거둘 수도 있다. 또한 퍼블리시티는 언론매체가 주도하기 때문에 소비자들은 전달하는 정보가 광고보다 더 객관적이라고 생각하여 광고보다 훨씬 더 신뢰하는 경향이 있다(off-guard효과). 그러나 퍼블리시티는 이러한 큰 장점에도 불구하고 실행함에 있어 주의할 점이 있는데 자사 브랜드나 상품을 다루는 기사가 간혹 기자에 의해 왜곡되거나 심지어 소비자에게 부정적으로 비칠 수 있는 내용이 전달될 수도 있으므로 사전에 이에 대한 검증을 시행하여 부작용을 방지하여야 한다. 홍보의 핵심은 다른 브랜드와 차별화된 우리 브랜드만의 콘셉트를 갖는 것이다. 명확한 핵심 콘셉트와 메시지는 고객에게 브랜드의 정체성을 뚜렷하게 인지시켜준다. 이러한 브랜드 콘셉트는 브랜드 인지뿐만 아니라 이미지와 태도에도 영향을 미쳐 장기적으로 브랜드 자산 형성에 기초가 된다.

　최근 기업이나 브랜드는 SNS 채널을 통한 제품과 브랜드 홍보에 전사적 관심을 들이고 있다. 그만큼 파급효과가 빠르고 크기 때문인데 SNS는 텍스트뿐만 아니라 사진, 영상과 같은 시각적 매체의 공유가 가능해서 소비자들의 다양한 감각적 요구에 대응할 수 있고 소비자의 반응을 댓글들이나 반응 수를 통해 즉각적으로 파악할 수 있는 장점이 크다. 홍보에 가장 많이 사용되고 있는 SNS 매체는 인스타그램, 페이스북 등인데, 최근에는 유튜브 동영상을 통한 홍보가 보다 중요시되고 있다. 페이스북의 경우 개인 프로필 계정이 개인을 브랜딩하는 도구라면, 페이스북 '페이지'는 회사 또는 점포를 브랜딩하는 도구라고 할 수 있다. 페이스북 페이지는 회사나 점포의 브랜드명이나 제품명으로 페이스북 개인 프로필 계정과 같이 팬을 맺을 수 있고 소통할 수 있는 채널이

■ 그림 6-21　PR 커뮤니케이션 수단

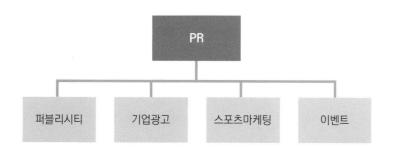

■ 그림 6-22   소비자가 신뢰하는 광고형태   (전체 응답자 500명, 단위 : %)

■ 매우 신뢰한다   ▨ 조금 신뢰한다   ▨ 그다지 신뢰하지 않는다   ▨ 매우 신뢰하지 않는다

광고형태	매우 신뢰한다	조금 신뢰한다	그다지 신뢰하지 않는다	매우 신뢰하지 않는다
지인의 추천	12	80	6	1
온라인에 게재된 소비자들의 의견	5	68	24	3
브랜드 웹사이트	2	42	53	3
TV광고	2	40	52	6
기사 형태의 광고	2	39	52	8
구독 신청을 한 이메일	3	36	55	6
브랜드 스폰서십	3	33	57	8
신문광고	1	33	55	10
라디오광고	1	32	58	9
잡지광고	1	31	58	10
영화 상영 전 광고	1	29	61	9
TV 간접광고(PPL)	1	29	58	12
빌보드 및 옥외광고	1	28	64	8
검색 결과 광고	1	25	63	11
소셜 네트워크 광고	2	23	66	9
온라인 비디오 광고	2	21	65	12
모바일 디스플레이 광고	2	21	63	15
온라인 배너 광고	1	20	65	14
모바일 텍스트 광고	1	15	59	25

다. 즉 회사의 홈페이지 기능을 하는 것이다.

기존의 텔레비전이나 영화 등 필름을 이용한 광고보다 훨씬 저렴한 비용이 들기 때문에 빠른 속도로 확산되고 있는 바이럴 마케팅 viral marketing 은 네티즌들이 이메일이나 다른 전파 가능한 매체를 통해 자발적으로 어떤 기업이나 기업의 제품을 홍보할 수 있도록 제작하여 널리 퍼트리는 마케팅 기법으로, 기업이 직접 홍보를 하지 않고, 소비자의 이메일을 통해 입에서 입으로 전해지는 광고라는 점에서 기존의 입소문 마케팅과 일맥상통하지만 전파하는 방식이 다르다. 입소문 마케팅은 정보 제공자를 중심으로 메시지가 퍼져나가지만 바이럴 마케팅은 정보 수용자를 중심으로 퍼져나간다. 글로벌 정보 분석 기업 닐슨은 2020년 하반기 국내 소비자 500명을 대상으로 광고유형별 신뢰도를 조사한 결과 [그림 6-22]와 같이 응답자 92%가 가장 신뢰하는 광고 형태로 입소

문을 선택했다고 밝혔는데 바이럴 마케팅의 중요성을 뒷받침하는 조사결과라 하겠다.

G. 인적판매

인적판매personal selling란 매장과 고객을 연결하는 최종 단계로서 판매원이 적극적으로 고객의 개인적인 취향과 욕구를 만족시킬 수 있는 상품을 선택하도록 도와줌으로써 고객의 욕구충족과 아울러 구매 활동의 목적을 달성하는 데 이용되는 중요한 촉진 활동이다. 인적판매는 판매행위가 판매자와 구매자 사이에서 직접 이루어지는 형태이므로 고객에 대한 정보 전달 수단이 약한 개발도상국의 경우 더욱 인적판매의 역할이 중요하다. 인적판매는 아래와 같이 7단계를 거친다.

- 고객예측Prospecting : 마케팅정보시스템 내의 자료, 판매기록, 소개명부, 전화번호부 등을 통해서 잠재고객을 탐색하는 단계
- 사전준비Preparing : 잠재고객에게 효과적으로 제품을 소개하는 데 필요한 구체적 자료를 추가적으로 수집하고 정리하는 단계
- 접근Approaching : 자사제품을 소개하기 위해 고객을 만나는 과정
- 제품소개Presenting : 제품이나 서비스의 특성과 장점을 포함한 각종 정보를 잠재고객에게 전달하는 단계
- 의견조정Handling Questions & Objections : 제품소개와 구매설득과정에서 발생할 수 있는 부정적 영향을 해소시키기 위해 객관적인 정보를 제공하고 소비자의 불안요인을 해결하는 단계
- 구매권유Closing : 잠재고객의 구매의도를 물어보는 단계
- 사후관리Following Up : 판매 후 상품배달과 설치가 적절히 이루어졌는지 파악하고 고객에게 제품에 대한 교육을 시키는 단계

인적판매의 장점은 잠재고객의 특정 반응에 따라 자신의 메시지를 언어 또는 비언어적 수단으로 조절할 수 있고 고객의 문제에 즉각적인 응답과 행동으로 해결방안을 모색하여 고객 불만을 사전에 해소할 수 있어 판매의 종결 즉

구매시점에서의 효과가 가장 크다는 것이다. 반면, 글로벌시장에서 인적판매가 효과적으로 수행되기 위해서는 외국시장에 대한 문화, 관습에 대한 이해와 유창한 언어구사능력을 가진 재원이 요구되므로 이러한 능력 있는 판매요원 선발·양성 및 관리의 비용이 크다는 단점이 있다.

■ H. 판촉

판매촉진은 거래처나 최종 소비자를 대상으로 실시하는 광고, 홍보, 인적판매를 제외한 나머지 여러 가지 마케팅 커뮤니케이션 활동을 말한다. 이러한 판매촉진은 상품이나 서비스의 판매를 늘리기 위하여 단기적으로 행해지는 것이 특징이다. 일반적으로 기업에서 활용하는 판매촉진 수단들은 거래처(중간상)로 하여금 자사 제품의 취급이나 적극적 판매를 자극하기 위해 실행되는 중간상 촉진 trade sales promotion 과 최종 소비자들의 구매를 자극하기 위해 실행되는 소비자 촉진 customer sales promotion 으로 나누어진다. 중간상 촉진에는 소매 상담이나 가격 할인, 협동 광고나 무료 제품 제공이나 환불 등이 포함된다. 최근에는 대부분의 제품 시장이 성숙단계로 접어들자 시장규모의 확대보다는 한정된 시장 내에서의 시장점유율 경쟁이 치열해지면서 경쟁 브랜드의 소비자를 뺏어오기 위한 효과적인 수단으로 판매촉진 활동의 비중을 높여가고 있는 추세이다. 이렇듯 갈수록 치열해지는 경쟁상황과 신업태 및 유통파워의 증가에 따른 압박 등과 더불어 시장점유율 확대와 빠른 투자수익을 바라는 기업 내부 요인이 맞물려 그 중요성이 점차 증대되고 있다. 판매촉진의 일차 목적은 단기적으로 소비자들이 다량 구입하도록 유도하는 것이기 때문에 광고보다 그 효과가 빨리 나타나고 측정하기도 간편한 장점이 있으며 기업의 재고 정리와 같은 단기적인 수요와 공급을 가능하게 해준다. 반면에 판촉은 경쟁업체의 모방이 쉽고, 판촉경쟁이 과열되는 경우 기업의 수익구조를 오히려 악화시키게 되며 지나친 가격 의존형 판촉은 브랜드의 이미지를 하락시켜 장기적으로는 큰 손실을 야기할 수 있다. 소비자 판촉의 주요 수단은 구매의 누적에 따라 일정한 혜택을 주는 컨티뉴어티 Continuity, 경품, 쿠폰, 할인행사, 이벤트, 시연, 샘플링 등이 있다.

▌표 6-13   소비자 유형별 판촉전략

소비자 유형	판촉 전략	판촉 수단
자사 브랜드 선호 소비자	• 현재의 자사 브랜드 선호 행위를 계속하도록 판촉	• Continuity • 항공사의 누적 여행거리에 따라 무료 항공권 증정과 같은 판촉행사 • 경품/보너스/증정품 판촉
	• 현재 사용하는 것보다 더 많은 양을 사용하도록 유도	• 음료수, 라면과 같은 제품의 소비 촉진 • 치약, 칫솔과 같은 제품의 1일 3회 양치질을 유도 판촉
	• 선호도가 높은 자사 브랜드와 보완관계에 있는 자사의 다른 제품을 구입하도록 유도	• 자사 컴퓨터 구입시 자사 프린터를 구입할 할인권 제공
경쟁브랜드 선호 소비자	• 경쟁제품의 품질이 우수하다고 믿고 구매하는 소비자 • 이런 소비자에 대해서는 자사 제품을 써보게 하거나 알리는 판촉 강구	• 샘플링(자사 제품의 품질 우위가 확실할 때만 실시) • 쿠폰/보너스/경품 • 다른 촉진믹스에 의한 고지
브랜드를 자주 바꾸는 소비자	• 어떤 특정 브랜드를 선호하지 않고 가격품질을 비교하여 선택하는 소비자 • 가격을 낮추어주거나 제품의 가치를 높여주는 판촉	• 쿠폰/가격할인/리베이트 • 보너스/판촉물/경품
	• 다양성을 추구하는 소비자 • 다양한 판촉 방법 동원	• 대부분의 판촉 수단(Continuity, 샘플링은 효과 없음)
	• 구매희망 제품을 쉽게 구입하기 어려울 때 쉽게 구입 가능한 제품을 구입하는 소비자 • 자사제품 취급 유통을 확산시키는 판촉	• 거래처 인센티브/사은품

I. IMC integrated marketing communication

통합마케팅 커뮤니케이션이란 기업이 행하는 광고, 홍보, 판매촉진 등 다양한 촉진 커뮤니케이션들이 기업 경쟁력과 정체성, 철학 등과 통합적으로 이루어지고 전개되어야 한다는 것이다. 명료한 브랜드 이미지 형성을 통해 브랜드

■ 그림 6-23 IMC 마케팅 커뮤니케이션

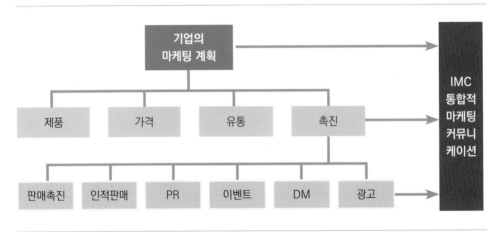

자산을 구축하기 위해서는 마케팅 커뮤니케이션 요소들 간의 일관성을 유지하는 것이 가장 중요하다. 결국 IMC는 각각의 마케팅 커뮤니케이션 도구들을 단일 조화된 형태로 소비자에게 전달하여 소비자의 마음속에 명확한 브랜드 이미지 및 브랜드 자산을 형성해나가는 과정으로 볼 수 있다. IMC가 요구되는 이유는 기업의 촉진요인들은 다양해지는데 그에 따른 각 마케팅 커뮤니케이션 도구들에 대한 조정, 통합은 필수적이며 마케팅 비용의 불필요한 중복 지출을 막고 소비자에게 서로 다른 메시지의 전달을 발생시킴으로써 일어날 수 있는 브랜드 정체성이나 이미지 혼란 또는 약화를 방지할 수 있기 때문이다. 이렇듯 마케팅 커뮤니케이션 활동이 통합적으로 관리될 때 소비자는 브랜드의 핵심 개념을 쉽게 이해하고 그 결과로 형성되는 강하고 독특한 브랜드 이미지는 기업에게 무형의 자산 가치를 제공한다. 이러한 IMC가 실제적인 효과를 얻기 위해서는 기업이 제공하는 제품과 서비스가 기업이 소비자에게 행하는 모든 촉진요인들과 유사한 수준이거나 이를 뛰어 넘어야 한다.

IMC의 주요 특징은 다음과 같다.

가. IMC의 목표는 소비자의 행동에 영향을 미치는 것이다. 이것은 단순히 브랜드 인지도에 영향을 주고 브랜드에 대한 소비자의 태도를 강화하는 것을 넘어서, 제품 구매와 같은 특정한 행동 반응을 이끌어낼 수 있도록 수행되어야 함을 뜻한다.

나. IMC는 브랜드 관련 메시지 전달에 있어 단일의 수단에 의존하지 않고

표적 소비자에게 도달할 수 있는 가장 효과적인 매체나 접촉 수단을 적극적으로 사용한다.

　다. 가장 효과적인 마케팅 커뮤니케이션 도구로 구성된 설득력 있는 커뮤니케이션 개발은 고객이나 유망 고객의 욕구를 파악하는 것으로부터 시작한다.

　라. 다양한 마케팅 커뮤니케이션 도구들 간에 시너지를 추구해야 한다. 따라서 강력하고 통일된 브랜드 이미지를 구축하고 소비자를 구매 행동으로 이끌기 위해서는 각 커뮤니케이션 도구의 역할에 대한 조정이 절대적으로 필요하다.

　마. 마케팅 커뮤니케이션이 성공하기 위해서는 고객과의 관계 구축(CRM)이 필요하다. 그러므로 소비자 간에 지속적 관계 구축 형성으로 반복 구매, 상표 애호도를 실현하는 것이 필요하다.

CHAPTER **VII**

손익 분석

A. 회계(accounting)의 개념

B. 회계의 목적

C. 회계의 분류

포트폴리오 작성자들에게 가장 어려운 부분이 재무제표를 다루어 프로젝트의 성과를 금액으로 나타내는 작업일 것이다. 회계부분은 전문가나 전공자 영역으로 단정짓고 대학생 수준의 포트폴리오 상에서는 다루기 힘들다는 판단이 보편적으로 받아들여지고 있는 것도 사실이다. 그러나 손익을 예측하지 않는 프로젝트는 비영리사업이 아닌 이상 뜬구름 잡는 계획이나 지속가능성이 적은 사업 시도로 끝날 확률이 높다. 이것은 취업용 포트폴리오뿐만 아니라 각종 정부산하기관 및 기업체에서 실시하는 각종 비즈니스 관련 공모전에도 통용되는 조건이며, 하물며 투자 유치를 위한 사업제안서 작성 시에는 손익에 대한 철저하고 정확한 분석과 예측은 필연적으로 요구되고 있다. 포트폴리오나 사업제안서 상에 브랜드 가치나 제품의 특징과 장점 등을 매우 세세하게 설명하여 이를 검토하는 기업 실무자나 투자자들이 긍정적으로 판단한다 하더라도 결국 손익을 실현하지 않으면 의미가 없다. 물론 포트폴리오 상에서 손익을 다루기 어렵거나 필요가 없는 경우가 종종 존재한다. 예를 들면 항공 산업에 관심이 있어 승무원을 희망하는 취업준비생들이 작성하는 고객 서비스 관련 포트폴리오의 경우 작성자가 제안하는 서비스 개선을 통해 소비자의 만족도가 어느 정도 상향될 것이라는 예측을 보여줄 수는 있으나 서비스 개선을 통해 매출이나 이익이 어느 정도 높아질 것이라는 것을 직접적으로 예측하기는 어렵다. 다른 예로 광고제작 회사에 입사하고자 하는 취업준비생의 경우 자신이 제안하는 광고를 시행할 때 비용은 계산해 낼 수 있으나 마찬가지로 그것을 통해 구현할 수 있는 광고효과를 손익에 직결시키는 것은 광고보다 직접적으로 매출에 영향을 주는 독립변수들이 많으므로 추정하여 수치화하기가 불가능에 가까울 것이다. 하지만 앞장에서 설명한 바와 같이 논리적 방법으로 매출을 추정하고, 비용을 현실적으로 예측할 수 있다면 손익계산은 전문가가 아니더라도 작성할 수 있으며 포트폴리오를 구성하는 영역에서 가장 가치 있는 내용이 될 것이라는 데 이견이 없을 것이다.

A. 회계 accounting 의 개념

오늘날의 경제활동은 국가, 기관, 기업, 단체 등 일정한 사회적 조직을 통하여 이루어지는데 이들 사회적 조직에 대하여 이해관계를 가지는 개인이나 조직이 존재한다. 이들 이해관계자들은 자기 이익을 보호하기 위한 의사결정을 해야 하며, 합리적 의사결정을 위하여 의사결정의 결과가 자기 이익에 어떠한 영향을 미칠 것인지를 알아야 한다. 회계는 이러한 현상을 금액으로 나타내 주는 것이라 할 수 있다. 즉, 회계란 좁게는 나가고 들어오는 돈을 따져서 셈을 하는 것을 말하고 넓게는 개인, 기업, 국가 등 경제 주체의 경제활동과 관련하여 경제적 변동 상황을 일정한 계산 방법으로 기록하고 정보화하는 일 또는 그 체계를 의미한다.

회계는 그것이 제공해 주는 정보가 재무적 정보라는 점에서 다른 모든 정보기능과 구별된다. 회계가 제공하는 정보는 기본적으로 회계 대상의 경제적 현상을 화폐액으로 나타내 주는 것이므로, 화폐액으로 나타낼 수 없는 현상은 회계 대상에서 제외된다. 회계정보가 나타내 주는 현상은 실제로 존재하거나 발생하였던 것에 한정된다. 미래에 존재하게 되거나 발생할 것으로 기대되는 것은 원칙적으로 회계 대상에서 제외되며, 역사적으로 실존하는 현상만을 나타내 준다. 회계가 회계 대상에 있어서 실제로 존재하거나 발생한 현상을 화폐액으로 나타내 주는 과정에서 수행되는 기능에는 식별identification, 측정measurement 및 전달communication 등이 있다. 식별이란 회계가 나타내 주어야 할 현상을 관찰하여 인지하는 기능이며, 측정이란 대상 현상을 화폐단위의 수로 나타내 주는 기능이고, 전달이란 정보를 기호로써 일정한 보고서 양식에 따라 작성하여 공개하는 기능을 뜻한다. 회계는 제공하는 정보의 유용성을 높이고 오해를 방지하기 위하여, 일정한 규칙에 따라 식별, 측정, 전달해 주는 것이 일반적이다.

▌ B. 회계의 목적

회계의 목적은 경제단위를 둘러싼 이해관계자들이 합리적인 의사결정을 할 수 있도록 유용한 정보를 제공하는 것이다. 기업의 경영활동으로 인하여 발생하는 재산의 증감 변화를 조직적으로 기록하고 계산하여 정리하면 다음과 같은 의사결정에 유용하게 이용된다.

첫째, 기업의 이해관계자들인 투자자, 채권자, 종업원 등은 각자의 이익을 구하기 위한 보다 합리적인 의사결정을 할 수 있게 된다. 둘째, 경영자들은 회계에 의한 정보를 분석하여 과거의 업적을 검토하고 미래의 경영방침을 수립하게 된다. 셋째, 조세 당국자들은 적정한 과세 결정의 표준자료를 회계정보에서 얻음으로써 공평한 세금을 부과할 수 있게 된다.

이 밖에도 회계정보는 기업 이해관계자들에게 권리와 의무를 확정하는 증빙자료를 제공하고, 기업의 수익성과 지급능력을 측정하는 데 필요한 근거를 제공해 주며, 회계에 관한 각종 분쟁이 생길 경우에는 그 옳고그름을 가리는 데 필요한 증거자료가 된다.

C. 회계의 분류

다른 대부분의 영역에서와 마찬가지로 회계는 많은 전문분야로 나누어진다. 회계의 전문화는 주로 경영 단위가 대규모로 성장함으로써 나타난 경향이지만, 다른 한편으로는 세금, 법률, 정부기관 등으로 인한 기업경영 규제의 증가도 또 다른 원인이 되었다.

회계는 그 정보의 이용자에 따라 재무회계financial accounting, 관리회계management accounting, 세무회계tax accounting 및 회계감사auditing로 구분된다. 재무회계는 외부 정보 이용자를 대상으로 이들의 경제적 의사결정에 유용한 정보를 제공하는 것을 목적으로 하며, 관리회계는 기업의 내부 정보 이용자인 경영자를 대상으로 한 회계이다. 또, 세금계산 목적으로 행해지는 회계는 세무회계이며, 재무보고financial reporting의 질을 향상시키기 위해 독립적인 외부감사인auditors이 재무제표financial statements를 인증attestation하는 역할을 하는 것이 회계감사이다. 그러나 유의해야 할 점은 이러한 회계의 구분에 있어서 각 회계는 완전히 독립적으로 존재하는 것은 아니며, 다만 정보이용자의 필요에 따라 정보를 제공해 주는 과정에서 차이가 있을 수 있다는 것이다. 대표적 회계분야인 재무회계와 관리회계의 일반적 차이점을 비교하면 〈표 7-1〉과 같다.

■ 표 7-1 재무회계와 관리회계 차이

	재무회계	관리회계
보고 대상	외부 정보 이용자(주주, 채권자 등)	내부 정보 이용자(경영자)
보고 시기	정기보고	수시보고 및 내부보고
기본 시스템	복식부기 시스템	원가회계 시스템
보고 형식	일정형식(GAAP)	정해진 기준 없음
보고 내용	일정한 규정에 따라야 함	정해진 기준 없음

▌D. 재무제표

기업이 주주, 채권자, 종업원, 정부 등의 다양한 이해관계자들에게 회계 정보를 전달하는 핵심적인 수단은 재무제표 financial statements 이다. 기업이 이해관계자들에게 기업이 수행한 경제적 사건을 전달하는 재무보고 financial reporting 는 여러 가지 수단을 사용할 수 있다. 예를 들면 경영자 서한을 이용한다거나, 경제신문 등의 기사를 이용하는 방법 등이 있을 수 있다. 그러나 그 중에서도 핵심적인 정보는 재무제표를 통해 이루어진다. 재무제표는 기업의 경영활동을 재무적으로 표현한 여러 회계보고서를 통칭하는 말로, 기업 회계기준에서 대차대조표, 손익계산서, 현금흐름표, 자본변동표, 주기와 주석 등을 기본적인 재무제표로 규정하고 있다.

기업의 이해관계자는 필수적으로 기업의 재무 상태와 경영성과에 관한 정보를 요구한다. 기업 이해관계자의 정보 욕구에 대한 수요를 충족시키기 위해 가장 중요하게 다루어지는 보고서는 대차대조표와 손익계산서이다. 이러한 두 가지 재무제표는 기업이 한 회계기간 동안 일으킨 수많은 경제적인 사건을 단지 두 개의 표로 요약해 준다.

가. 대차대조표 balance sheet, B/S or statement of financial position

대차대조표는 일정 시점의 기업 재무 상태를 나타내는 재무보고서이다. 대차대조표는 기업의 회계연도 종료일 현재 기업의 자산과 부채 및 자본의 상호관계를 표시한 회계보고서로 기업의 재무 상태를 명백하게 표시하기 위하여

▌표 7-2   특정일자 기업 대차대조표 예

(단위 : 억원)

차변		대변	
유동자산	196	유동부채	218
당좌자산	147	매입채무	48
현금	34	단기차입금	123
매출채권	75	기타유동부채	47
기타당좌자산	38	고정부채	171
재고자산	49	장기차입금	75
고정자산	323	회사채	66
투자자산	84	부채성충당금	17
유형자산	226	기타고정부채	13
토지	56	자본	130
건물	60	자본금	46
기타유형자산	110	자본잉여금	65
무형자산	13	이익잉여금	19
자산 총계	519	부채와 자본 총계	519

〈표 7-2〉와 같이 작성한다.

　　대차대조표의 항목들은 왼쪽과 오른쪽의 나누어져 있는데 왼쪽을 차변, 오른쪽을 대변이라고 한다. 차변의 항목들은 자산 관련 항목들이고 대변의 항목들은 부채와 자본 관련 항목들이다. 자산의 합은 부채와 자본의 합으로 나타나므로 대차대조표 상의 차변과 대변의 합은 항상 동일하다.

　① 유동자산

　　자산 중에 현금으로 바꿀 수 있는 자산을 유동자산이라고 하며 일반적으로 1년 이내에 현금화가 가능한 자산을 말한다. 유동자산은 다시 당좌자산, 재고자산, 기타 유동자산 이렇게 세 가지로 나누어진다.

　• **당좌자산** : 매각하지 않고 신속하게 현금화할 수 있는 자산으로 현금, 예금, 외상 매출금, 받을 어음, 단기 대여금 등이 해당된다.

　• **재고자산** : 매각을 통해서만 현금화가 가능한 자산으로 상품, 재고, 원·부재료 등이 속한다.

•기타 유동자산 : 선급금, 선급비용, 가지급금 등이 속한다.

② 고정자산

환금성이 낮은 자산을 의미하며 일반적으로 현금화에 1년 이상이 소요되는 자산을 고정자산이라고 한다. 고정자산은 형태에 따라 유형 고정자산과 무형 고정자산으로 나누어지며, 특히 유형 고정자산 중에서 시간의 경과에 따라 그 가치가 감소하는 건물, 기계 등에 대해서는 감가상각이 적용되고 이들 감가상 각비는 비용으로 계산된다.

•유형 고정자산 : 토지, 건물, 기계등과 같은 형태가 있는 자산
•무형 고정자산 : 영업권, 특허권, 상표권과 같이 형태가 없는 자산

③ 투자자산

투자를 목적으로 구입한 자산을 말하며 단기간 내에 현금화하기 어려운 자산이다. 투자 유가증권, 투자 부동산, 장기성 예금 등이 이에 포함된다.

④ 유동부채

단기간에 갚을 의무가 있는 부채를 말한다. 통상적으로 1년 이내에 지불해야 할 부채로서 외상매입금, 지급어음, 미지급금 등이 대표적이다.

⑤ 고정부채

지불 기한이 통상 1년 이상 되는 부채를 고정부채라 하며 장기 시설 자금, 할부대금 등과 같이 고정부채는 여러 해 동안 대차대조표에 남아있게 된다.

⑥ 자본

자본은 자산에서 부채를 뺀 항목으로 자본금, 자본잉여금(자본 거래로 발생하며 자본준비금과 재평가적립금 두 종류가 있다), 이익잉여금(영업 활동으로 발생하는 유보이익) 등이 포함된다.

나. 손익계산서 income statement or profit & loss

손익계산서는 특정 시점의 기업 재무 상태를 나타내는 대차대조표와는 달리 기업이 일정기간 동안(통상적으로 1년) 이룩한 재정적 실적을 요약해 놓은 표이다. 즉, 손익계산서는 기업이 한 회계기간 동안 영업활동을 한 결과에 대한 성적표라고 할 수 있다. 손익계산서에 기재되는 계정과목은 수익이나 비용을 발

생하게 한 이유, 원인을 나타내는 것으로서, 매출액, 수입이자 등은 기업의 가치를 증가시킨 원인이며, 반대로 매입비, 급여, 잡비 등은 기업의 가치를 감소시킨 원인이다. 이같이 손익계산서에서는 수익과 비용의 과목을 비교시켜 손익을 표시하므로, 그 기능은 손실, 손익금액을 명백히 할 뿐만 아니라 손익 발생의 과정을 분석적으로 추적할 수 있도록 하여 영업의 수행 과정까지 알려준다. 따라서 손익계산서는 내부적으로 기업의 목적 달성 정도를 측정하는 기준이며 경영정책의 수립과 방향 설정에 있어 가장 중요한 자료가 된다. 한편, 외부적으로 정보이용자들은 손익계산서를 통해 당기 영업활동에 대한 성과를 측정할 수 있고, 미래 현금에 대한 흐름을 예측할 수 있으며, 경영계획과 배당정책의 자료를 얻을 수 있다. 또한, 주주들이 경영자의 업적을 평가하는 자료로

■ 표 7-3 손익계산서 예

(단위 : 백만)

구분〈매장수〉		2009년〈4〉	구성비	2010년〈8〉	구성비	2011년〈12〉	구성비	2012년〈16〉	구성비	2013년〈20〉	구성비
총매출		3,219		7,514		11,680		15,977		20,523	
할인율		7.6%		15%		15%		15%			
순매출	VAT포함	2,975	100	6,387	100	9,928	100	13,580	100	17,444	100
	VAT제외	2,705		5,806		9,025		12,346		12,346	
매출원가		1,101	37.0	2,526	39.5	3,926	39.5	5,370	39.5	6,898	39.5
매출이익		1,603	53.9	3,281	51.4	5,100	51.4	6,976	51.4	8,961	51.4
판관비	인건비	404	13.6	643	10.1	968	9.7	1,307	9.6	1,663	9.5
	복리후생	21	0.7	36	0.6	55	0.6	74	0.5	94	0.5
	광고판촉	127	4.3	255	4.0	278	2.8	340	2.5	349	2.0
	감가상각	90	3.5	137	2.2	170	1.7	186	1.4	201	1.1
	매장수수료	1,083	30.5	1,902	29.8	2,940	29.6	4,018	29.6	5,180	29.6
	물류비	35	1.1	64	1.0	99	1.0	136	1.0	174	1.0
	기타간접비	84	2.7	150	2.4	233	2.4	319	2.4	410	2.4
영업이익		27	0.9	92	1.4	356	6.6	596	4.4	900	5.2
경상이익		27	0.9	92	1.4	356	6.6	596	4.4	900	5.2
법인세		7	0.0	24	0.4	93	0.9	155	1.1	234	1.3
순이익		20	0.7	68	1.1	264	2.7	441	6.2	666	6.8

도 사용된다. 손익계산서 상에는 손익계산서라는 명칭과, 회사명, 회계기간을 반드시 표시해야 한다. 손익계산서를 작성하는 방식은 보고식과 계정식이 있으나, '기업회계기준'에서는 보고식 손익계산서인 다단계 손익계산서 multi-step profit and loss만을 인정하고 있다. 〈표 7-3〉에서는 학습 목적으로 계정식 손익계산서를 예시하였다.

이 장의 처음 부분에서 강조하였듯 포트폴리오 상에서 작성해야할 재무제표는 대차 대조표가 아니고 손익계산서이다. 작성자가 제안하는 프로젝트를 일정 기간 수행하게 되면 어느 정도의 수익을 기대할 수 있는지 계정별로 자세하게 보여 줄 수 있고, 각 계정의 숫자는 실제 계획과 매칭이 되어서 포트폴리오 심사자의 이해를 돕는 데 큰 보탬이 될 수 있다. 즉, 포트폴리오의 핵심 결과를 보여주는 것으로 보통 취업준비생들은 포트폴리오에 손익 분석까지 하는 경우가 드물기 때문에 차별적 역량을 보여주는 기회라 판단된다.

① **총매출액** gross sales

총매출액은 가격 할인 없이 당초 산정한 판매가(정상가)로 판매가 된 조건에서의 매출금액을 의미한다. 매출은 실현주의 원칙에 따라 제품을 인도한 날 또는 용역을 제공한 날에 실현된 것으로 계상하나 예외적으로 건설업이나 조선업의 미완성 공사는 공사가 진행된 정도에 따라 수익이 실현되는 것으로 감안할 수 있다.

② **순매출액** net sales

총매출액에서 가격 할인이나 하자 보상 등 이유로 할인되어 판매된 매출금액을 의미한다. 즉 실제로 기업에서 매출을 통해 얻은 금액을 말한다.

③ **매출원가** cost of sales

매출원가는 매출을 실현하기 위한 생산이나 구매과정에서 발생된 재화나 용역의 소비액 및 기타 경비를 말한다. 판매업에 있어서의 매출원가는 기초 상품 재고액과 당기 상품 매입액의 합계액에서 기말 상품 재고 금액을 차감하여 산출되며, 제조업에서는 기초 제품 재고액과 당기 제품 제조 원가의 합계액에서 기말 제품 재고 금액을 차감하여 산출한다.

④ **매출이익** sales profit

매출이익은 순매출액에서 매출원가를 차감한 잔액을 말하며, 매출원가가 매출액을 초과하는 경우에는 그 차액을 매출 총손실로 표시한다.

⑤ **판매비와 일반관리비** selling & general administrative expenses

판매비와 일반관리비는 통칭하여 판관비라 불리우며 상품과 용역의 판매활동 또는 기업의 관리 및 유지 활동과 관련하여 발생하는 비용으로서 매출원가에 속하지 않는 모든 영업비용을 말한다.

※ **감가상각비** 減價償却, Depreciation

관리비의 일종으로 시간의 흐름에 따른 자산의 가치 감소를 회계에 반영하는 것이다. 경제학적으로는 자산의 가치 감소를 의미하나, 회계학의 관점에서 감가상각이란 취득한 자산의 원가를 자산의 사용기간에 걸쳐 비용으로 배분하는 과정(allocation)을 의미한다. 건물, 기계 등 유형 자산이 감가 대상이나 토지나 건설 중인 건물은 고려하지 않는다. 감가 처리 방식은 보통 정액법과 정률법을 택하는데 정액법은 회계연도마다 같은 금액만큼 감가상각비를 계상하는 방법이고, 정률법은 회계기간에 따라 다르게 감가 금액을 산정하는 방식으로 예를 들면 의류제품의 제품 수명을 평균 3년이라 가정할 때 첫 해 판매되지 않은 재고의 감가상각비용을 재고금액의 50%로 산정하고, 2년차 재고에는 30%, 마지막 3년차 재고에는 20%를 적용한 뒤 이후 남은 재고의 경우 감가상각비용이 없어지는 것으로 계산하는 방식이다. 의류제품을 포함한 대부분의 공산품과 선매품의 경우 가치가 초기에 급격히 하락하고 차후 시간이 가면서 점차 가치 하락 폭이 줄어드는 것을 감안할 때 정률법이 보다 논리적인 계산법이라 할 수 있다.

⑥ **영업이익** operational profit

영업이익은 기업의 주된 영업활동 결과 발생한 이익으로서 매출이익에서 판매비와 일반관리비의 합계액을 공제한 차액을 말한다. 판매비와 일반관리비의 합계액이 매출총이익을 초과하는 경우에는 그 차액을 영업손실로 표시한다. 일반적으로 영업이익은 기업 경쟁력의 핵심을 보기 위한 기준으로 판단된다. 왜냐하면 이어서 발생하는 경상이익과 순이익도 금융비용 감소와 특별이익 증가에 의해 발생하는 기업가치를 높이는 데 기여하는 이익이지만, 기업 본업 이외의 외부환경변화에 따라 영향을 받을 소지가 많기 때문에 엄밀한 의미에서 경영 실적 개선기업은 영업이익이 증가하는 기업이라고 보아야 하기 때문이다.

⑦ **영업외수익** non-operating income

주된 영업활동 이외의 보조활동 또는 부수활동에서 발생하는 이자 또는 투자수익을 영업외 수익이라고 한다. 영업외수익에는 이자수익, 배당금수익(주식배당금은 제외), 외환차익 수익 등이 이에 속한다. 그리고 1996.3.30 개정된 기업회계기준에 의하면, 종전 기업회계기준에 의한 특별이익 항목인 투자자산 처분이익과 유형자산 처분이익, 사채 상환이익이 포함되며 1998.12.12 개정 기준에는 법인세 환급액 등도 포함시킨다고 규정하고 있다.

⑧ 영업외비용 non-operating expenses

영업외비용은 기업의 주된 영업활동으로부터 발생하는 영업비용 이외의 비용 또는 손실로서 이자비용이 대부분을 차지하고 있다. 이자비용, 외환 차손, 기타의 대손상각비 및 기타 영업외비용이 이에 속한다. 1996.3.30 개정된 기업회계기준에서는 종전의 특별손실 항목인 투자자산 처분손실과 유형 자산 처분손실 그리고 사채 상환손실이 포함되며 1998.12.12 개정 시에는 전기손익수정손실 항목이었던 법인세 추납액 등도 영업외비용에 포함시킨다고 규정하고 있다.

⑨ 경상이익 ordinary income

경상이익은 기업의 경상거래, 즉 영업거래와 영업외거래에 의하여 발생된 이익으로 영업이익에 영업외수익을 가산하고 영업외비용을 차감하여 산출한다. 영업외비용의 금액이 영업이익과 영업외수익의 합계액을 초과하는 경우에는 그 차액을 경상손실로 표시한다.

⑩ 특별이익 extraordinary gains

특별이익은 비경상적·비반복적으로 발생한 영업외수익과 채무면제이익, 보험차익들을 포함한다. 여기서 비경상적이고 비반복적인 거액의 이익은 주로 투자자산 처분이익, 사채 상환이익에서 발생할 수 있다.

⑪ 특별손실 extraordinary losses

특별손실은 비경상적, 비반복적으로 발생한 영업외비용과 재해손실 등을 포함한다.

여기서 비경상적이고 비반복적인 거액의 영업외비용은 주로 투자자산 처분손실, 유형자산 처분손실, 사채 상환손실에서 발생할 수 있다.

⑫ **법인세차감전순이익** income before corporate taxes

경상이익에 특별이익을 가산하고 특별손실을 차감한 차액을 법인세차감전순이익으로 표시한다. 특별손실의 금액이 경상이익과 특별이익의 합계액을 상회하는 경우에는 그 차액을 법인세차감전순손실로 표시한다.

⑬ **법인세** corporate taxes

국세, 직접세, 보통세에 속하며 일정한 소득을 과세대상으로 한다는 점에서 소득세의 성격을 가진다.

⑭ **당기순이익** net profit

당기순이익은 법인세차감전순이익에서 법인세 등을 차감한 잔액으로, 당해 회계연도의 최종적인 경영성과를 나타낸다.

다. 현금흐름표 statement of cash flow

회계를 하는 방법에는 두 가지가 있다. 첫째는 현금주의 회계로 현금의 유입과 유출이 있는 시점에서 장부에 기록하는 방법이다. 두 번째는 발생주의 회계로 현금의 수지와는 관계없이 중요한 사건이 완성된 시점에서의 장부에 기록하는 방법이다. 기업의 회계는 두 번째인 발생주의 회계로 당기의 경영성과를 계산한다. 발생주의 회계방법이 당기의 경영성과를 정확히 계산한다는 측면에서 위에서 다룬 손익계산서가 중요한 정보를 준다. 그러나 발생주의로 계산한 당기순이익은 기업으로 현금이 유입되었다는 의미가 아니므로 현금을 관리하는 데 한계가 있다. 즉, 흑자 도산이란 말에서 알 수 있듯이 손익계산서 상으로 이익이 발생함에도 불구하고 기업이 일시적으로 현금이 부족하여 도산하는 경우 등에 대한 정보를 주지 못한다. 이러한 한계점을 극복하고자 보충적으로 현금주의 회계로 당기의 경영 성과를 계산한 보고서가 현금흐름표이다.

현금흐름표 statement of cash flow 는 기업의 활동을 영업활동, 투자활동, 재무활동으로 구분하고, 〈표 7-4〉와 같이 일정기간 각각의 활동에 따른 현금의 유입과 유출에 대한 정보를 나타내 준다. 현금흐름표는 손익계산서와 보완적으로 사용함으로써 기업의 미래 현금 창출 능력을 보다 잘 평가할 수 있으며, 기업의 부채상환능력, 배당지급능력, 자금조달에 대한 필요성 등에 대한 정보를 알게 해주며, 당기순이익과 현금흐름 사이에 차이가 발생한 원인을 설명해 준다.

■ 표 7-4 현금흐름표 예

(단위 : 백만원)

과목	금액			
	2016년		2017년	
I. 영업활동으로 인한 현금흐름		₩600		₩500
1. 현금의 유입	₩1,500			
2. 현금의 유출	900		₩1,200	
II. 투자활동으로 인한 현금흐름		(₩100)	700	150
1. 현금의 유입	500			
2. 현금의 유출	600		400	
III. 재무활동으로 인한 현금흐름		₩600	250	₩300
1. 현금의 유입	1,000			
2. 현금의 유출	400		600	
IV. 현금의 증가(I+II+III)		₩1,100	300	₩950
V. 기초의 현금		₩1,100		₩150
VI. 기말의 현금		₩2,200		₩1,100

라. 손익분기점 분석

손익분기점의 개념은 두 가지로 정리할 수 있다. 하나는 협의의 개념으로서 비용과 매출액이 똑같아서 이익도 손실도 생기지 않은 경우를 의미하는 기업의 채산점이다. 그리고 광의의 손익분기점은 매출액, 비용, 손익의 관계를 말하는데 예를 들어, 어떤 일정한 매출액일 때 이익 또는 손실은 얼마인가, 어떤 일정한 이익을 올리는 데 필요한 매출액은 얼마인가, 또는 어떤 일정한 매출액의 경우에 손실을 없애기 위해서 필요한 비용의 절감액은 얼마인가 하는 것 등 경영 관리상의 넓은 개념이다. 일반적으로 이익계획 또는 이익관리에 있어서 이용되는 손익분기점은 이러한 광의의 손익분기점일 때가 많다.

손익분기점 분석은 매출액의 증감에 따른 원가의 변동 여부를 기준으로 원가를 고정비와 변동비로 분류하여 손익분기점에서의 목표 매출액을 산출하거나, 사후적으로 손익분기점에서의 매출액과 실제 매출액을 비교함으로써 기업의 실제 매출액 수준의 적정성 및 기업의 채산성 여부를 판단하는 중요한 수단으로 이용된다.

① 고정비

고정비란 매출액의 변화에 관계없이 일정기간에 있어서 총액이 변동하지 않는 비용을 말한다. 예를 들면, 감가상각비, 이자비용, 보험료, 사무직 인건비, 부동산 임차료 등이 이에 해당된다.

② 변동비

변동비란 매출의 증감에 따라 일정기간에 있어서 총액이 비례적으로 변동하는 비용을 말한다. 변동비는 제품의 제조 및 판매활동을 하는 결과로 발생하는 비용이므로 제품을 제조, 판매하는 활동이 행하여지지 않는 경우에는 발생하지 않는다. 변동비의 예를 들면, 재료비, 외주가공비, 판매수수료, 배달비용, 포장비용 등이 이에 해당한다.

손익분기점 분석을 실무에서 적용하는 데 가장 큰 어려움은 가격 변화에 따른 판매 변화 예측 문제와 비용의 구분 문제이다. 가격에 따른 판매량 변화 예측 문제는 가격탄력성이 매번 일정하지가 않아 실제 적용이 어렵고, 비용 구분 문제에는 고정비와 변동비의 구분이 어렵다는 것이다. 일부 비용들은 생산이나 판매량의 증감에 따라 변화하기는 하지만 그 변화의 정도가 일정치 않기 때문이다.

마. 초기 투자비용

어떤 사업을 시작하려면 초기에 비용이 발생하게 될 것이다. 초기 투자비용은 사업 초기에 발생하는 비용으로서 투자된 자본이 되며 토지구입비, 건물의 건축비, 기계 장치 비용, 매장 인테리어비용 등이 포함될 수 있다. 이때 건축이나 기계 설비 등을 위한 인건비나 기타 수수료 등도 모두 초기비용에 포함된다. 건축을 하거나 기계시설을 장치하는 기간 동안에는 동시에 생산을 할 수 없으므로 통상 초기시설을 투자하는 기간은 생산기간으로 보지 않는다. 따라서 초기시설을 투자하는 기간은 생산기간으로 보지 않기 때문에 통상 0차년도라고 하여 비용자료를 정리한다. 초기비용은 초기에 투자한 금액을 모두 계산하여 기입하고, 이때의 비용은 감가상각하지 않는다. 이는 초기비용을 넣고 감가상각을 하여 감가상각비를 비용에 포함시키면 이중계산이 되기 때문이다.

■ 표 7-5   초기 투자비용 예

(단위 : 10,000원)

Store	2016	2017	2018	Total	Remarks
DFS	Hanwha	Shilla Seoul/ Shinsegae Main	Lotte Main	4	
DPT	Galleria Apgujung	Hyundai COEX	Hyundai Main	3	
Flagship Store				1	
Total	3	3	2	8	
Expense					
Contract Fee	10,000			10,000	
Interior Cost	20,000	25,000	15,000	60,000	평당 약 700~ 1천만원
Initial Order for Local	30,000	30,000	30,000	90,000	백화점 전용
Initial Operation Cost	3,000			3,000	영업 전 인건비, 업무비 외
Promotion	5,000			5,000	런칭쇼 및 사전광고
Office	3,000			3,000	보증금
Office Interior	2,000			2,000	사무용품 포함
Total	73,000	55,000	45,000	173,000	

※ 부가세 제외

바. 투자 수익률 return on investment

투자수익률은 가장 널리 사용되는 경영성과 측정기준 중의 하나로, 기업의 순이익을 투자액으로 나누어 구한다. 투자수익률은 원래 미국의 화학회사 듀퐁사에 의해 사업부의 업적을 평가하고 관리하기 위해 사용되어 투자수익률 분석이라는 내부통제기법으로 개발되었다. 투자 자금이 효율적으로 이용되면 수익이 올라가고 비효율적으로 운영되면 수익성은 떨어진다. A라는 회사와 B라는 회사가 회계 상으로 똑같이 10억원의 이익을 냈다 하더라도 투자자본이 A가 50억원이고 B가 60억원이었다면 A가 훨씬 효율적인 경영을 했다는 애기다. ROI는 그만큼 효율성에 초점을 맞춘 개념이다. 투자수익률이 경영성과의 종합척도가 된다는 관점에서 투자수익률을 결정하는 요인을 수익성과 회전율로 분리한 다음 각 결정요인의 세부항목에 대한 관리를 통하여 궁극적으로는 회사의 경영성과를 계획, 통제하는 것을 일반적인 목적으로 한다. 그러나 최근에는 이 분석이 기업전체 경영성과의 계획, 내부통제, 자원배분 결정, 이익 예측, 채권자 및 투자자에 의한 기업 경영성과의 평가 등 여러 가지 목적에 사용되고 있으며 국내경기의 둔화가 장기화되면서 기업들도 과거처럼 몸집키우기식 경영형태에서 벗어나 효율 및 수익성을 주시하는 경영평가기법에 보다 관심을 갖기 시작했다. ROI 이외에도 회사가 보유하고 있는 자산asset에 대한 수익률ROA, 주주자본equity에 대한 수익률ROE 등도 기준만 다를 뿐 수익성 위주의 경영을 강조하는 개념들이다.

수입 브랜드
사업 제안서

　　본 교재의 일차적 목적은 인문사회계열 중 경영과 무역, 유통 파트 취업준비생들의 취업을 위한 포트폴리오 작성을 위한 것이다. 이번 장은 그중에서도 특히 해외 비즈니스에 특화된 포트폴리오 작성을 위한 것으로 해외 수입 브랜드를 국내에 도입하여 운영하는 사업 프로젝트에 관한 것에 중심을 두고자 한다.

　　우리나라에 해외 브랜드가 처음 도입된 것은 1960년대이다. 이후 우리나라의 급격한 경제 성장과 발맞추어 빠르게 발전하다가 1979년 해외 브랜드 수입 자유화 정책이 시행되면서 본격화되었다. 1984년에 해외 브랜드의 수입이 허가제에서 신고제로 전환되고, 서울에서 열린 1986년 아시안게임과 1988년 올림픽을 계기로 국내 대기업과 대형 유통 업체까지 수입 시장에 적극적으로 참여하게 되었으며, 1996년 국내 유통 시장 개방 이후 세계적인 유명 브랜드와 유통 업체가 밀려들면서 국내 시장은 무한 경쟁 시대에 돌입하게 되었다. 국가 경제 성장과 수입 자유화, 국제적 행사 유치와 같은 배경을 바탕으로 급격하게 성장해 온 수입브랜드 사업은 이제 소수 독점 수입업자에 의해 수입되던 해외 브랜드 제품을 누구라도 수입하여 판매할 수 있게 되었고, 유통경로가 다변화되었으며, 소수 부유층과 40~50대 장년층이 주도하던 고객층이 20~30대로 저변이 확대되었다. 현재까지도 수입 브랜드 시장은 자동차, 의류, 의약품, 가구 등 거의 모든 제품군에서 지속적인 성장세를 보이고 있으며 향후 대기업은 물론 더 많은 기업군에서 수입 사업에 참여할 것이라 판단되어 단순하게 해외에서 제품을 구매해오는 절차나 무역에 대한 기본적인 지식을 다루기보다 특정 브랜드의 제품을 국내에 들여오는 모든 과정을 실무적으로 작업함으로써 차별적인 업무 역량을 제고하고 그에 따라 관련 기업에서 환영받는 포트폴리오를 작성하는 데 기본 목적이 있다.

▌ A. 타깃 브랜드 선정

　　해외 시장을 조사하여 국내에 도입할 만한 유망 브랜드를 발굴한다는 것은 많은 시간과 비용, 전문 인력을 요구한다. 현실적으로 말해 대기업에서도 쉬운 업무가 아니다. 하물며 국내 취업준비생들이 해외 브랜드에 대한 충분한 정보를 습득하고 지식을 갖춘다는 것은 기대하기 어려운 일이고 관련 업무를 실제적으로 수행해 본 경험을 가지고 작업을 한다는 것은 거의 불가능에 가깝다는 것을 전제하고 포트폴리오를 시작해야 한다. 그러나 이런 상황이 오히려 관련 포트폴리오의 가치를 높인다는 것을 취업준비생들은 고려해야 한다. 어느 때부터 포트폴리오가 예체능계의 전유물이 아니라 일반 전공자들이 취업을 준비함에 있어서도 요구받게 되자 이미 이력서와 자기소개서를 작성해주는 업체가 난립해있듯 포트폴리오를 제작해 준다는 업체가 나타나기 시작하고 있다. 그러나 업체의 전문성은 고사하고 신뢰도도 확인하기 어려운 상태에서 나오고 있는 포트폴리오는 거의 판에 박은 듯 유사한 내용뿐이다. 전혀 실무적인 것과 관련이 없고 증명되지 못하는 아이디어를 가지고 소구하고 있는데 이런 식의 포트폴리오를 제작하는 것은 시간과 비용을 낭비할 뿐이다.

취업준비생들이 유망 해외 브랜드를 발견하기 위해 보통은 인터넷 상으로의 조사를 하는 것이 대부분이지만 국내에 진입준비를 마친 상황일 수도 있고, 국내에 진입할 의사가 아예 없는 브랜드일 수도 있다. 그러나 위에서 전제한 한계성을 감안하여 이런 문제는 충분히 실무자들에게 이해 받을 수 있다. 또한, 작성자가 필요로 하는 정보가 인터넷 상으로는 불충분하다고 무작정 현지에 가서 조사를 하는 것도 비현실적이고, 실제 현지에 나간다 하더라도 실제 접할 수 있는 것들(매장, 제품구색, 가격 등)을 제외하고는 눈으로 볼 수 없는 정보 즉, 회사 형태, 재무구조, 매출액, 이익률 등을 습득하기는 어려운 일이다. 결국 이렇듯 제한적인 상황에서 작성자는 자신이 가진 정보 수집력과 네트워크를 사용하여 타깃 브랜드를 찾아내야 하는데 이렇게 찾아내는 것 자체가 현대 기업에서 가장 요구하는 능동적, 창의적 인재라고 할 수 있는 것이다. 인터넷 조사 외에도 도서관이나 Kotra와 같은 전문기관, 외국 대사관 상무관실을 찾아가 유용한 정보도 찾아보고, 가능하다면 인맥을 이용하여 국내외 전문가와의 인터뷰조사를 통해 보다 구체적인 정보를 수집해 보는 것도 좋은 방법이다.

우리나라 소비자들의 소비 수준이 전과 다르게 높고 꼼꼼하게 제품의 전반적인 평가를 정확하게 내릴 수 있는 능력이 생겼다는 것을 감안할 때 외국에서 도입하고자 하는 타깃 브랜드가 그 나라에서 성공적이라고 해서 특히, 아무리 선진국에서 잘 나가는 브랜드라 하더라도 우리나라에서도 성공한다고 전제하기 어렵다. 그 나라와 우리나라의 시장 환경 상에서 교집합 영역에 타깃 브랜드가 포함되어 있어야 비로소 잠재력이 있다고 판단할 수 있는 것인데 포트폴리오 상에서 가장 우선적으로 분석해야 할 명제라고 여겨진다.

B. 체크리스트

체크리스트란 포트폴리오 상의 타깃 브랜드를 국내에 도입할 때 점검해봐야 할 항목들을 나열하여 표로 만든 것이며 실제 기업에서 해외 브랜드를 도입하고자 할 때 기획단계에서 작성하는 점검표라 할 수 있다. 체크리스트는 브랜드 제품의 특성에 따라 달라지나 해외 브랜드를 도입하는 것은 다방면에 걸친 정확하고 꼼꼼한 일처리를 요하는 일이기 때문에 꼭 챙겨야 할 요인을 점검하고, 사전 문제 예방을 위해서 반드시 필요하다. 〈표 8-1〉은 해외에서 수입브랜드를 독점 도입할 때 필수적으로 파악해야 하는 항목을 모아본 것이며 시점은 아직 상대방 브랜드의 계약조건을 알지 못하는 상황 즉 사업의향서나 사업제안서가 제출되기 전 시점에서의 기준이다. 한편, 중요도는 저자의 실무 경험에 의한 주관적인 것이므로 포트폴리오 타깃 브랜드의 유형에 맞추어 조정되어야 한다.

가. 브랜드 본사의 신용평가

브랜드가 유명하다고 해서 반드시 그 브랜드를 운영하고 있는 본사의 재무구조가 안정적이며 해외 사업시스템의 신뢰가 높다고 볼 수 없다. 현재 많은 브랜드는 그동안 국제적 이합집산 및 인수합병 등을 통해 브랜드의 원산지 origin 만을 가지고 브랜드를 소유하고 있는 회사의 국적이나 형태 등을 알 수 없으며, 더욱이 회사 내부의 재무상황 및 조직현황 등을 알기는 더욱 어렵다. 수 년 전 국내 유명 편집매장 내에서 상당히 주목할 만한 반응을 보인 프랑스의 유명 브랜드 L의 경우 세부 조사를 해보니 그 브랜드는 대만의 한 개인 소유였으며 신용평가를 의뢰한 결과 매우 높은 위험수준에 놓인 것으로 밝혀져 당시 라이센스 계약을 추진하기 위해 거액의 보증금을 지급하려던 국내 기업이 급히 계약을 중단했던 사례가 있고 롯데백화점이 국내 마스터 라이센스 사업권을 가지고 운영하던 프랑스의 P브랜드는 라이센서 즉 프랑스 본사가 갑작스레 타 회사에 인수됨에 따라 사업을 종결하게 되어 사전에 그에 대한 대비가 없었던 백화점 입장에서 커다란 손실을 입은 적이 있다. 품질이 브랜드 명성을 따라가지 못하는 경우는 문제가 생길지라도 사업상 부분적인 타격을 예상할 수 있지만 파트너회사가 언제 사업을 종결할지 모를 정도로 재무구조가 빈약

▌표 8-1 해외 브랜드 도입 체크 리스트

구분	항목	최소조건	권장조건	중요도
직수입 / 라이센스	계약기간	3년 이상	5년 이상	◎
	일부 라인 라이센스 가능성	시즌별 물량의 최소 30% 가능	100%	◎
	로열티	단순 브랜드명 대여 라이센스의 경우 순매출액(수수료, 광고판촉비 제외)의 5%	매장 인건비 포함 3%	◎
	독점	2년 이상	당사의 요청기간	◎
	경합상품 취급 불가	범위 축소(대상 브랜드 명기)	없음	◎
	최저사입제	예상 매출액 원가의 50% 미만	없음	◎
	계약중단, 해지	상호 협의	상호 협의 및 의사결정 개시 6개월 전 통보	◎
	계약해지 후 상품 처리	명기 안함	당사 임의처리 권리	◎
	상품 소매가	당사 결정	좌동	◎
	사업범위	대한민국 전체 모든 유통 채널 (로컬, 면세, 온라인)	좌동	◎
	선적지연	소요비용 보상	좌동	◎
	계약서 언어	영어	영어, 한국어 동시 인준	◎
	Lead Time	발주 후 4개월 이내	좌동	◎
	광고판촉비규정 및 집행사전승인	없음	좌동	◎
	광고, 판촉지원	판촉물 지원(광고 Visual 및 포스터 기타)	기본 사항외 발주 금액 일정부분 지원	○
	신규매장 오픈	매장도면 및 일정 당사 결정	좌동	○
	프랜차이징	3년 이후 가능	사업 초기 가능	○
	상품 범위	전 라인	좌동	○
	상품대금지급조건	L/C 혹은 T/T	좌동	○
	계약해지 후 사안	2년간 제3자와 국내에서 동종 사업 전개 불가	5년간 제3자와 국내에서 동종 사업 전개 불가	○
	인테리어	국내 제작	좌동	○
	준거법	제3국	대한민국	△

하고, 그간의 대외 업무에 있어 평판이 좋지 않은 회사의 경우는 사업 자체가 커다란 위험에 빠질 우려가 있으므로 해외 브랜드와의 협상에 앞서 국내외 신용평가사를 통한 공급사의 안정성과 신뢰성 점검은 필수적 요건이라 하겠다.

나. 계약기간

일반적으로 수입 브랜드 공급사 입장에서는 계약기간을 최소화하고자 할 것이다. 직접 진출 한 것이 아니라 제3자와 독점계약을 통해 특정지역에서 사업을 하고자 하는 것이므로 매우 높은 수준의 신뢰성이 구축되어 있지 않은 상황이라면 상대 회사 규모가 아무리 크고, 운영하는 브랜드의 수가 많다 하더라도 최소한의 계약기간으로 현지 유통업자의 능력을 검증하려 할 것이기 때문이다. 한 번 계약을 체결한 이후에는 아주 특별한 사안이 아니면 중간에 계약을 무효화하기 어려우며, 상대가 제시한 사업제안서 상의 목표를 달성하지 못했다고 해서 직접적인 책임을 요구할 수도 없기 때문에 1년이나 최장 2년의 계약기간을 넘기려 하지 않을 것이다. 또한 가격할인정책이나 적절하지 않은 유통망 진입 등과 같이 브랜드의 이미지에 직결되는 사안들을 브랜드 본사에서 일일이 관리·감독하기 어렵기 때문이기도 하며 처음 한국시장에 전개하려는 브랜드의 입장에서는 더더욱 기간에 민감한 반응을 보일 것이다. 그러나 이와 반대로 국내에 외국 브랜드를 도입하는 에이전트나 유통업자의 입장에서는 최대한 계약기간을 길게 가져갈 필요가 있다. 해외에서 브랜드를 도입하기 위해서는 도입 준비과정에서도 많은 시간과 비용이 소모된다. 그리고 도입 후 매장을 이루어내고 광고, 홍보, 판촉 등의 촉진비용을 실행하는 데 있어 초기 매출액이 그에 상응하거나 초과하는 경우는 매우 드문 것이 현실적이라고 본다면 투자대비 수익을 손익분기점까지 끌어 올리는 데는 많은 시간이 필요하다. 실무에서 일하는 대부분의 전문가들은 해외에서 브랜드를 도입하여 수익을 내는 시점은 도입 이후 약 3년에서 5년 사이라고 보고 있다. 따라서 도입한 브랜드의 인지도를 높이고자 초기 낮은 매출액에도 불구하고 많은 촉진비용을 소모하고 이제 본격적으로 수익을 낼 것이라는 시점에서 계약이 종료된다면 수입하는 입장에서 이보다 더 큰 타격은 없을 것이며, 아무런 귀책사유가 없었다고 하더라도 브랜드 본사에서 파트너를 바꾸거나 직접 진출하고자 할 때 이를 방어할 만한 특별한 대응책이 없는 것이 현실이므로 안정적인 계약기간은 사업을 시작함에 있어 가장 중요한 점검 요인 중 하나라는 데 이견이 없을 것이다. 도입하는 입장에서 계약기간은 브랜드의 파워(인지도, 이미지 등)나 본사에서 제 공하는 제반 조건에 따라 다르겠으나 최소 2년 이상은 되어야 한다.

다. 로열티 지급조건

로열티란 라이센스 계약을 통한 거래에서 발생하는 일종의 수수료로 브랜드를 소유한 라이센서 licensor 에게 그와 계약을 통해 사업을 전개하는 라이센시 licensee 가 지급하는 것이다. 보통 라이센스 계약을 체결할 경우 라이센시가 라이센서에게 일종의 보증금을 지불하는 경우가 많은데 로열티의 수준은 이렇듯 보증금의 크기와 브랜드의 파워에 따라 달라지는 것이 기본이겠지만 라이센시에게 제공하는 서비스 수준에 따라 결정되는 것이 일반적이다. 국내 라이센스 시장의 상황에서 브랜드의 명칭만 사용하게 하는 경우 순매출액의 2~3%, 제품의 디자인을 제공하는 경우 7~10%, 그 외 글로벌 광고나 다양한 사업상의 서비스 제공 수준에 따라 금액이 높아지거나 낮아질 수가 있다.

로열티는 손익 상 중요한 요인이다. 2~3% 정도의 로열티에 대해 사업 초기에 둔감해 할 수도 있으나 실제로 해외 브랜드의 라이센스 사업을 하다 보면 생산과 재고에 대한 부담이 직수입 브랜드에 비해 크므로 비용을 줄일 수 있는 여지가 적다라는 것을 알게 된다. 더구나 백화점, 홈쇼핑 등 국내 유통업체의 수수료율이 매우 높고, 치열한 가격경쟁으로 인해 할인이 빈번하게 일어나는 상황에서 순매출의 2~3%는 상당히 손익을 좌우하는 요인이 되기에 충분하다. 따라서 해외 라이센서와 계약을 하는 국내 라이센시는 당연한 논리이지만 로열티를 최소화하고자 노력해야 한다.

로열티의 지급조건도 라이센시의 매출 보고에 따라 일정기간 이후 정산하여 지급하는 경우가 일반적이나 매우 강력한 라이센서 측의 감독과 사찰이 있을 경우 제대로 관리하지 않을 시 계약상의 클레임이 걸릴 소지가 많으며, 아예 사전에 브랜드 라벨의 사입조건 등을 통해 사전 로열티를 지급해야 되는 경우도 있는데 유동성의 확보와 시장변수에 보다 탄력적으로 대응하기 위해서는 가급적 매출 이후에 라이센시 측의 자료제공을 근거로 한 로열티 지급을 계약조건으로 하는 것이 유리하며 최소로열티조항(매출액과 상관없이 지불해야 되는 최소 로열티)을 없애거나 최소화하는 것이 필요하다.

라. 상품대금 지불조건

해외 기업 간 거래에서 상품대금을 지불하는 일반적인 방법은 신용장letter of credit 방식이나 전신환telegraphic transfer 이 많이 사용되나 우리나라 산업 수준이 고도화되고 해외시장에서의 평판이 높아짐에 따라 점점 전신환을 통한 대금 지급 빈도가 높아지고 있다. 상품대금 지급조건이 왜 타깃 브랜드를 선정하는 하나의 기준이 되느냐? 하는 것에 대한 의문이 있을 수 있으나 이는 사업의 시작 여부보다는 손익에 직결되는 요인이기 때문이다. 전신환의 예를 들면 우선 전신환 결제방식으로는 사전 결제와 사후 결제 혹은 순차적 결제방식이 있다. 사전 결제란 선대신용장처럼 수입업자가 주문한 상품을 입수하기 전 상품대금을 지불하는 것이며 사후 결제는 Usance 조건의 신용장처럼 수입업자가 물건을 검수한 후 수출업자에게 상품대금을 지불하는 것이고, 순차적 방식은 상품대금의 일정 부분은 먼저 보내고 상품을 받고 나서 문제가 없을 시 나머지를 보내는 방식인데 유명 브랜드의 경우 수입하고자 하는 국내 업체가 많은 관계로 사전 결제방식이 가장 많이 이용되고 있다. 이때 수입업자는 단순하게 대금을 먼저 보내는 것에 동의하지 말고 그에 따르는 대가를 요구해야 되는데 우선적으로 공급원가의 할인을 요청해 볼 수 있다. 또한 상품 공급의 시기를 보다 빠르게 해 줄 것을 요구할 수 있으며, 대금 지급 후 입고된 상품의 하자에 대한 철저한 보안책 을 계약상에 강구하여야 할 것이다. 앞서 로열티에서도 언급하였지만 수입 브랜드 사업에 있어 비용을 절감할 수 있는 범위가 그리 넓지 않기 때문에 공급원가의 할인은 손익보존에 큰 도움을 준다. 한편, 제품 주문량이 늘어감에 따라 추가로 할인할 수 있는 여지도 계약시점에서 만들어 놓아야 하고 이런 조건으로 협상을 진행하여야 할 것이다.

마. 라이센스/프랜차이징

프랜차이즈는 라이센스의 한 형태이지만 라이센스보다 훨씬 강한 통제가 가능하다. 라이센스 계약이 브랜드명이나 기술을 일정기간 공유하는 것에 비해 프랜차이즈는 품질관리, 경영방식, 기업체 운영, 마케팅에 대한 제반 업무를 프랜차이저franchisor 가 프랜차이지franchisee 를 직접적으로 관리하거나 통제하기 때문이다. 예를 들자면 MLB, 디스커버리 익스페디션, 내셔널 지오그래픽, 코닥 어패럴은 원래 의류와는 전혀 상관없는 미국 기업이지만 국내기업이 라이센스 허가를 받아 패션 브랜드로 탄생시킨 것임에 반해 롯데에서 프랜차이즈 사업을 하고 있는 크리스피크림도넛의 경우 미국 매장의 그것과 메뉴조차 쉽게 다르게 하기 어려운 형편이다. 그런 이유로 패션사업에 있어 프랜차이즈를 통한 해외 브랜드 도입의 예는 매우 드문 편이다. 직매입의 경우에도 품질차이는 이제 일부 명품을 제외하고 커다란 문제라고 볼 수 없지만 유럽과 미국의 의류 브랜드를 직매입할 경우 디자인 감도 이전에 체형문제가 따르며, 체형이 비슷한 홍콩의 브랜드를 직매입할 경우에는 현지 가을, 겨울 상품의 국내 기후 대비 부적절한 보온성의 문제와 구색의 미비 등이 생길 수 있다. 최근 몇 년 전부터 수그러들었던 해외 브랜드의 라이센스 비중이 높아지고 있는데 타깃 브랜드의 파워나 사업성도 중요하지만 국내외에서 제품을 제대로 제작할 수 있는 자사의 제조 능력을 먼저 파악하는 것이 보다 더 중요하다고 하겠다.

바. 최저사입금액

거의 대부분의 해외 브랜드는 국내 업체와 독점 계약을 맺을 경우 최저사입금액을 요구한다. 이는 독점을 제공하는 대가에 대한 요구로 국내 영업 상황이 어떻게 전개가 되든 간에 무조건적으로 일정기간 동안 국내 업체가 해외 브랜드에 지불해야 할 비용으로 매출액과 비례관계에 있는 라이센스 계약의 로열티와는 그 성격이 다르다.

국내 유통환경은 다른 나라에 비해 여러 가지 특수성을 안고 있다. 가두점이나 전문점 혹은 쇼핑몰 중심의 유럽과 미국의 경우와는 달리 백화점 중심의 패션시장 환경과 전문점을 오픈하고자 건물 일부 임차 시 존재하는 권리금, 좁고 한정된 상업지역 등에 따라서 해외 브랜드를 도입하고자 하는 국내 업체가 그들이 공급사에 제시한 사업제안서대로 유통망을 확보하기는 매우 어려운 일이다. 저자가 실무에서 몸 담았던 해외 브랜드 도입을 담당했던 부서는 다름 아닌 백화점, 할인점, 홈쇼핑, 면세점 등 국내 유수의 모든 유통채널을 운영하고 있는 우리나라 최대 유통 그룹의 기획 부서였다. 그럼에도 불구하고 내부 협의 등의 어려움으로 유통망을 예정한 시간과 장소에 진행하기가 어려웠다는 것을 고려할 때 다른 국내 제조회사나 수입전문회사의 경우 얼마나 높은 불확실성 속에서 브랜드를 도입하는 것인지 가히 짐작을 할 수 있다. 더구나 백화점과 할인점 등 우리나라 유통업체의 브랜드 입점 결정 시점은 해당 시즌의 6개월 전이 아니라 S/S spring/summer 제품을 당해년 1월에, F/W fall/winter

▌그림 8-1   해외 브랜드 독점수입/병행수입 경로

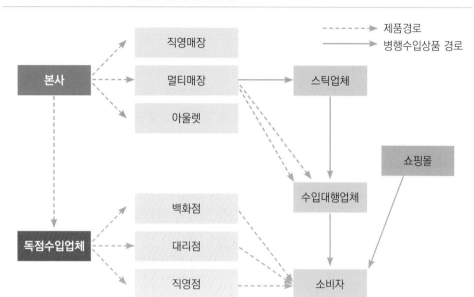

제품을 당해년 8월에 결정하므로 해외에서 최소한 6개월 전 바잉을 통해 제품을 확보해야 하는 국내 수입 업체의 입장에서는 그 어려움이 다른 나라에 비해 매우 큰 형편이다. 이러한 열악한 환경에서 최저사입금을 수용하는 것은 절대 쉬운 일은 아니나 이를 받아들이지 않고는 계약 자체를 성립시키기가 어려울 것이다.

최저사입금의 설정 기준은 공급사에서 일방적으로 결정하는 경우도 있으나 대부분은 국내 수입회사가 제안한 사업제안서 상의 관련 내용을 그 기본으로 한다. 따라서 사업제안서의 매장 및 매출계획은 매우 중요한 양면성을 가지고 있다고 할 수 있다. 브랜드 본사 측의 관심을 유도하고 도입 주체의 의지를 강력하게 보이기 위해 매출액을 공격적으로 제시하자니 최저사입금이 과다하게 산정될 수 있고, 이를 의식하여 예상 매출액이나 매장의 규모와 수를 줄이자니 계약 자체가 어려워지는 이유이다. 이에 대한 대책으로 국내 수입업체는 사업제안서 상에 예상 결과만을 나열할 것이 아니라 국내 환경의 특징을 충분히 설명하고, 목적하는 결과가 나오려면 어떠한 전제조건이 따라야 되는지도 정확하게 밝혀야 하며, 이는 양해각서나 본계약 체결 시에도 명문화할 필요가 있다. 아무리 해외사업에 대한 많은 경험을 가진 해외 글로벌 브랜드라 하더라도 사입이 아닌 임대 형식의 유통채널의 운영방식과 높은 수수료, 그 외 브랜드에 많이 불리한 국내 유통환경을 제대로 이해하고 있는 회사는 많지 않다.

사. 사업범위

국내 유통채널은 온라인과 오프라인 구분뿐만 아니라 세계적인 매출 규모를 가지고 있는 면세시장과 로컬시장의 구분이 매우 중요하다. 더구나 면세시장은 향후에도 지속적으로 성장 가능성이 높은 중요한 시장이므로 면세점에 대한 권한은 분명하게 밝힐 필요가 있다. 현 재 국내 면세점 내에는 LVMH나 Laureal과 같은 글로벌 회사조차도 면세전문 벤더를 사용하고 있는 형편이라 해외 본사에서는 면세점에 대한 권한을 로컬과 별개로 나누어 전개하려고 할지 모른다. 그렇지만 이미 국내 시장에서 커다란 영향력과 아울러 높은 이미지를 구축하고 있는 면세시장에 대한 권한의 확보는 이제 거의 필수적이라 하겠다.

아. 매장 인테리어

루이비통 Louis Vuitton 이나 샤넬 Chanel 의 백화점 내 공사비는 평당 3천만 원에 달하는 것으로 알려져 있다. 그 외 소위 유명 해외 패션 명품들은 국내 매장에 대한 지나친 권한을 가지고 천장부터 바닥 및 기타 조명, 진열집기 등에서 모든 원자재 공급과 제작을 본사에서 일임하는 조건을 걸고 있어 초기투자 비용에 대한 부담이 매우 큰 현실이다. 또한 비용적 문제뿐만 아니라 매장에 보수를 하려 하면 수입차와 마찬가지로 이러한 이유로 사소한 하자나 보강에도 비용은 물론 많은 시간이 소요되므로 영업에 적지 않은 손실을 가져오는 것이 예사이다. 따라서 국내 유통업자는 해외 본사의 이러한 매장 인테리어 공사에 대한 직간접적 간섭을 최소화하는 데 노력을 경주하여야 한다.

자. 재고반송

매우 일반적으로 해외 브랜드와의 계약에 있어 재고의 반송은 성사하기 거의 불가능한 조건이다. 우리나라에 진출하고자 하는 열망이 매우 크고, 상대적으로 브랜드 파워가 미약할지라도 팔리지 않은 제품에 대한 처리까지 해외 본사에서 책임지는 경우는 드물기 때문이다. 그러나 국내 수입업자의 입장에서는 그렇다고 반송조건에 대한 어떠한 협의 없이 계약을 종결해서는 안 된다. 반송 자체가 일차적으로 불가하다 하더라도 판매 자체에 결격이 있는 제품들 예를 들어 품질상의 문제가 있거나 예정보다 늦게 국내에 반입되어 판매 시기를 놓친 제품에는 반송이 가능한 조건이어야 하고, 하다못해 다른 계약조건과 연계하여 해외 본사의 귀책사유로 인한 사업 중단이나 사업을 지속하는데 중대한 문제가 야기되었을 때는 국내에 남은 상품의 무조건적인 반송이 가능해야 할 것이다.

차. 분쟁관련 기준

대부분의 수입 사업이 그러하지만 실제로 해외 공급사와 국내 유통사 간에 분쟁이 발생하면 그간의 다양한 사례에서 보이듯 우리나라 측 입장이 매우 불리하다는 것이다. 대부분의 수입계약 상 준거법이 수출국으로 되어 있고, 우리나라 법률회사의 대부분이 미국법 중심의 변호사들로 이루어져 있어 특히 유럽 브랜드와의 분쟁에 효과적으로 대응하기 어렵다.

분쟁의 종류는 다양하나 주로 상품품질 문제, 대금(상품, 로열티, 최저사입금) 지급 문제 그리고 통관 시 물품의 종류나 수량의 차이, 디자인 도용, 계약상 공급사로부터 승인받지 못한 유통망(회색상인, 해외도매업자, 폐쇄몰 등) 전개 등이 대부분을 차지한다. 이러한 분쟁에 대한 각각의 사전 대책으로 해당 브랜드가 다른 브랜드에 비해 특이한 조건을 내세우고 있지 않은지 반드시 사전에 파악할 필요가 있다.

C. 해외 브랜드 도입 프로세스

해외 브랜드 도입은 [그림 8-2]와 같은 순서로 진행된다. 실제 업무 진행이라기보다는 타깃 브랜드가 주어지면 실행할 수 있다는 역량을 보여주기 위한 목적을 가진 포트폴리오이므로 왜 그 브랜드여야 하는지에 대한 사업성 검토가 사실상 가장 중요하다. 이 교재 후반에 싣게 될 부록을 보면 이해가 되겠지만 이후 사업의향서와 사업제안서 그리고 양해각서 상 중요한 점을 부각하는데 이때 사업의향서와 양해각서는 영어로 작성하는 것이 바람직하다. 매장에 대한 구체적인 위치와 인테리어 컨셉을 보여주는 것도 포트폴리오의 질을 한

■ **그림 8-2   해외 브랜드 도입 프로세스**

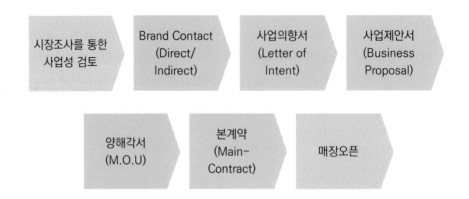

층 더 높여주는 작업이라고 판단된다. 한편 사업제안서 상 빠져있으나 손익은
결론개념이므로 초기투자비용, 손익계산서, 투자대비 수익률 같은 재무제표는
반드시 동반되어야 한다. 이 단원에서는 시장조사를 통한 사업성 검토의 경우
교재 초반부에서 다양한 마케팅 이론을 중심으로 다루었기에 사업의향서와 사
업제안서 그리고 양해각서에 대해 세부적으로 다루고자 한다.

1 사업의향서 letter of intent

   타깃 브랜드에 대한 사업성 검토가 끝나면 브랜드 본사에 사업 의지를 밝히
는 서신을 보내야 하는데 이것을 사업의향서라고 한다. 사업의향서를 보내기
위해서는 상대방 회사의 정확한 담당자를 파악하여야 하는데 홈페이지를 참고
하거나 직접 회사에 전화를 걸어 알아보는 방법이 있다. 한편, 보내진 사업의
향서에 대해 미국과 유럽기업에서 보이는 반응이 다소 다른데 미국의 경우는
거의 답신이 오는 경우가 적다. 그 이유는 아직 1차적으로 미 본토나 가까운
캐나다에 충분한 매장을 확대하지 못한 브랜드가 많아 해외에 진출을 담당하
는 부서가 존재하지 않는 경우가 적지 않고, 부서가 있다 하더라도 기업과 이
해관계가 있는 제3자(전문 agent이거나 다른 나라의 파트너)를 통해 접수된 의향
서에만 대응하는 경우가 많다. 또한 아직 미국 브랜드의 경우 한국 시장에 대
한 관심이 유럽시장이나 일본시장보다는 낮아서 아시아 지역에 경험이 없는
브랜드라면 전혀 반응을 보이지 않을 확률이 높다. 반면 유럽 브랜드는 이미

■ 그림 8-3 사업의향서 사례

Date: November, 24, 2020
To: Mr. Mikael Bartroff (Director Franchising Division)

Dear Mr. Mikael Bartroff

 This is my first letter with a desire to open business relationship between A and Lotte Shopping.

Let me introduce what we do. Our principal duty is developing new potential foreign brands which are not yet introduced in Korea local market. I think that business has been getting well so far even if we did not have enough experience in this kind of field and we are doing our best to move to the right direction in the shortest time.

Meanwhile, we recently made a fashion company named 'Lotte Global Fashion which can accomplish the working as a distributor and as an agent better than before. The Lotte Global Fashion's the most important vision is the opportunity working with A.

Lastly, we have intention of seeing you with full information to reach an agreement for matters above-mentioned in any place. We think the meeting can be a chance to understand each other better. So, I would like to ask you to share your precious time for us. And, if any further information, comments and or suggestions are raised from you, please do not hesitate to contact us. Your prompt reply would be appreciated.

Best regards,

Moon-Sang LYU / Chief Manager CFD Prestige Brand Team

오래전 자국 내 시장이 포화되어 해외 시장개척에 열을 올린 지 오래된 기업이 상당수이며, 중국과 동남아 시장에 교두보 역할을 할 수 있는 한국 시장의 중요성을 잘 인식하고 있기 때문에 한국에서 보내는 사업의향서에 직접적으로 답변을 보낼 확률이 매우 높다. 설령 그들이 한국의 다른 업체와 계약을 논의 중이라 하더라도 조건의 비교차원에서 접근하거나 자사 브랜드에 대한 관심에 대해 최소한의 인사를 해 올 것이다.

사업의향서는 상대에게 보내는 첫 번째 서신이므로 복잡한 내용이 들어갈 이유가 없다. 주로 포함되는 내용은 해당 브랜드를 알게 된 계기와 자사에 대한 간략한 소개가 우선되는데 이때 해당 브랜드를 알게 된 계기는 일반적인 것이기보다 상대가 인지하는 유력인사를 통한 소개이거나 유명한 국제 전시장에서의 미팅 등을 이유로 밝히는 것이 효과적이며 자사 소개는 회사의 규모나 역사보다는 현재 운영하는 사업이 해당 브랜드를 한국에서 운영하는 데 어느 정도 전문성과 연관성을 가지는지를 강조하는 것이 중요하다. 예를 들어 외국 화장품 브랜드에 의향서를 보내면서 그동안 가방류만 취급해 왔으나 사업 확장 차원에서 화장품 사업을 시작하려 한다는 식의 내용은 직접적인 사업 경험을 중시하는 외국 기업의 입장에서는 전혀 반가운 이야기가 아닌 것이다. 한편, 사업의향서에는 반드시 공급가격 리스트를 요청해야 하는데 아무리 브랜드의 명성이 높고 제품의 디자인, 품질 등이 뛰어나도 한국에 도입했을 때 수익구조가 맞지 않으면 협상 자체를 할 이유가 없기 때문이다. 더구나 최근 직구의 영향으로 국내 소비자들이 현지 가격에 매우 민감한 상황에서 현지가격 감안 지나치게 높은 공급 원가는 점점 사업성의 악화를 가져올 것이기 때문이다.

❷ 사업제안서 business proposal

사업의향서가 해당 브랜드로부터 받아들여져 양사 간에 서신교환이 이루어지고 상호 사업에 대한 우호적 의지를 확인하게 되면 국내 기업은 외국 본사에 사업제안서를 제출하게 되는데 이는 브랜드 도입의 핵심역량을 보여주는 것으로서 매우 전문적인 지식과 경험을 필요로 하는 작업이다. 사업제안서에는 [그림 8-4]와 같은 내용들이 수반된다.

가. 목적

사업제안서를 작성할 때 일차적으로 중요한 것은 상대기업에게 사업을 제안하는 구체적인 목적을 가지고 있어야 한다는 것이다. 예를 들어 해외브랜드를 국내에 런칭하기 위한 사업제안서일 경우 자사가 브랜드를 국내에 도입하려고 하는 타당한 목적을 가지고 있어야 하고, 왜 자사와 협력해야 하는지, 국내로 도입시킬 경우 상대기업이 어떤 이익을 취할 수 있는지를 설명함으로써 설득력을 높일 수 있다.

■ 그림 8-4   사업제안서 항목

회사 소개 연혁/매출액/고용자수/**사업영역**/대표자/담당조직	
거시환경소개 한국의 - 경제현황/투자환경/**유통현황**/관련사업/관련 인프라	
미시환경소개 관련매출크기/관련매출추세/유통정보/**경쟁브랜드**/**소비자조사**	
계약형태 계약형태/**계약기간**/지급조건/**가격조건**/품질조건/준거법 외	
매장 및 매출 계획(MPA 기준)	
마케팅 프로그래밍 (Product/Price/Person/Promotion/Store)	
향후 일정표	

■ 그림 8-5   사업목적 제시

나. 내용

① 국내시장환경 분석

국내시장환경 분석으로는 거시적 지표와 미시적 지표로 나눌 수 있는데, 거시적 지표는 기업 활동에 영향을 미치는 외부적 요인들로 인구 통계학적 환경, 사회문화적 환경, 경제적 환경, 기술적 환경, 정치·법률적 환경, 자연적 환경 등의 마케팅 환경정보로 기업이 통제할 수 없고 끊임없이 변화하는 환경적 요인들을 말하고, 미시적 지표는 기업이 통제할 수 있는 요인들로 경쟁사 분석, 유통환경 분석, 포지셔닝, 기업정책 및 문화, 조직구조, 자원 등을 말한다. 이때 주의해야 할 점은 미시는 지극히 당연하고 거시영역이라 하더라도 브랜드 제품의 특성에 맞는 요인에 대한 분석이어야지 사안 자체는 크더라도 제품과 관계성이 적은 것은 배제되어야 한다는 것이다. 또한 한국에 대한 이해가 높지 않은 해외 브랜드가 많다는 것을 감안하여 최대한 이해하기 쉽게 작성되어야 한다.

[그림 8-6]을 보면 거시적 지표로서 주로 유통산업관련 내용들을 담았는데,

■ 그림 8-6 거시지표 사례

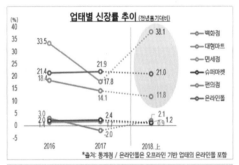
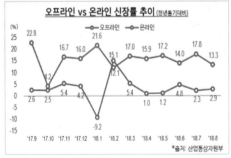
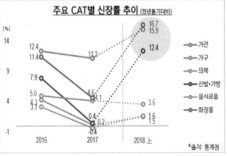

필요에 따라 인구 통계학적 환경인 인구성장률, 남녀 구성 비율, 고령화 비율 등을 구체적인 통계치로 보여주어 국내의 인구 통계학적 시장규모를 보여주는 것도 의미있는 일이다. 인구통계학적 정보는 거의 모든 제품과 연관성이 있기 때문이다.

해외 브랜드를 국내에 도입할 때 국내에 대한 사회 문화적인 이해가 부족할 경우 브랜드를 국내로 도입하는 데 어려움이 생길 수 있기 때문에 국내의 사회적, 문화적인 특성을 충분히 이해시키는 것이 중요하다. 제품 성격에 따라 수도권 집중화라든지 단독주택보다 고층 아파트가 많은 주거형태도 언급할 필요가 있고 특히, 과거에 비해서 국내 경제적 환경이 어떻게 변화하는지 수치로 정확히 제시하고, 또 얼마나 좋아지고 있는지, 다른 국가들과의 경쟁력이 어느 정도 있는지에 대한 정보를 알려 준다.

거시적 지표에 대해서 보여주었다면 그 다음은 소비자 분석을 통해 국내 소비자의 성향이 어떤지에 대해서 정보를 제시할 필요가 있다. 타깃 브랜드에 대한 국내 소비자들의 인지도 수준, 이미지, 신뢰도, 선호도 등과 같은 쇼핑성향을 조사하여 제시하면 해외 브랜드 측에서는 이 결과를 매우 의미 있게 받아들일 것이다. 소비자 조사가 무엇보다 중요한 것은 이 결과를 토대로 객관적이고 논리적인 마케팅 믹스 계획을 세울 수 있기 때문이다.

■ 표 8-2 소비자 조사 사례

Section	Definitely disagree		Somewhat disagree		Neither		Somewhat agree		Definitely agree		Total		Average	
	N	%	N	%	N	%	N	%	N	%	N	%	N	%
Luxurious	32	8.2	119	30.4	184	46.9	53	13.5	4	1.0	392	100	2.69	0.84
Fashionable	21	5.4	111	28.3	168	42.9	79	20.2	13	3.3	392	100	2.88	0.9
Individuality	29	7.4	115	29.3	168	42.9	65	16.6	15	3.8	392	100	2.8	0.93
Attractiveness	22	7.4	115	29.3	168	50.8	50	12.8	12	3.1	392	100	2.8	0.84
Quality	7	1.8	72	18.4	213	54.3	90	23.0	10	2.6	392	100	3.06	0.76
Practicality	7	1.8	33	8.4	178	45.4	143	35.5	31	7.9	392	100	3.4	0.82
Diversity	15	3.8	101	25.8	194	49.5	74	18.9	8	2.0	392	100	2.9	0.82
Shop atmosphere	13	3.3	63	16.1	232	59.3	73	18.7	10	2.6	391	100	3.01	0.76

② 경쟁사 분석

미시영역 중에서도 타깃 브랜드가 국내에 도입되면 전개된 경쟁브랜드에 대한 구체적인 상황 제시는 필수적이다. 따라서 관련 시장 규모, 유통시장별 매출 상황을 제시한다. 그 다 음 경쟁브랜드들의 정보를 보여줄 필요가 있다. 브랜드를 국내로 도입하기 위해서는 경쟁브랜드에 대한 정보를 통해서 상품의 기획이나 판매촉진, 포지셔닝에 대한 기획을 하는 데 용이하기 때문인데 이를 위하여 사업제안서 상에서는 국내 경쟁브랜드들의 매출과 매장 현황, 시장 포

■ 그림 8-7   경쟁브랜드 조사 사례

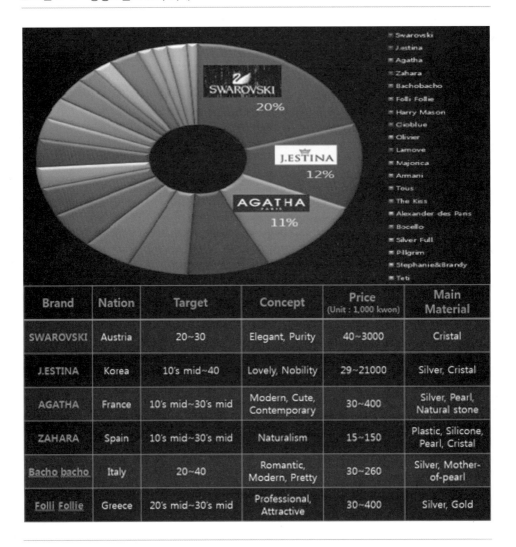

Brand	Nation	Target	Concept	Price (Unit : 1,000 kwon)	Main Material
SWAROVSKI	Austria	20~30	Elegant, Purity	40~3000	Cristal
J.ESTINA	Korea	10's mid~40	Lovely, Nobility	29~21000	Silver, Cristal
AGATHA	France	10's mid~30's mid	Modern, Cute, Contemporary	30~400	Silver, Pearl, Natural stone
ZAHARA	Spain	10's mid~30's mid	Naturalism	15~150	Plastic, Silicone, Pearl, Cristal
Bacho bacho	Italy	20~40	Romantic, Modern, Pretty	30~260	Silver, Mother-of-pearl
Folli Follie	Greece	20's mid~30's mid	Professional, Attractive	30~400	Silver, Gold

지셔닝, 가격정책, 유통정책, 판매 및 판매촉진정책, 기술력, 인력 조직도 등 구체적인 것들을 조사하여 제시한다.

③ 회사소개

사업의향서에서 자사의 소개는 간단하게 진행해도 좋으나 사업제안서 상에서는 매우 구체적으로 보여야 한다. 역사와 철학, 비전과 같은 정성적인 내용도 필요하지만 보다 중요한 것은 회사의 자본금, 매출액, 이익액, 직원 수, 조직도 등을 통해서 기업의 규모가 어느 정도인지 알게 해주고, 현재 운영하고 있는 사업현황 즉, 취급하고 있는 브랜드나 전개하고 있는 유통망의 수에 대한 정보를 사업제안서 상에 명기하여 자사가 해당시장에 대해서 얼마나 전문성을 가지고 있는지 보여준다. 한편, 타깃 브랜드를 운영할 조직을 미리 선보임으로써 해당 브랜드에 대한 구체적인 사업의지를 보이는 것도 중요한 요소이다. 물론 자사가 객관적으로 유리한 수치를 가지고 있지 못한다면 굳이 밝힐 필요는 없으며, 포트폴리오 작성 시 기업 소개는 다루지 않아도 관계없다. 회사 소개 시 무엇보다 중요한 것은 회사가 현재 진행하고 있는 사업이 타깃 브랜드와 연관성이 높아야 한다는 것인데 해외 브랜드 본사는 자사의 전문성을 가장 집중적으로 고려할 것이기 때문이다. 아무리 자본이 많고 매출이 큰 회사라 하더라도 관련 브랜드 운영에 대한 경험이 일천하면 해외 본사로부터 긍정적인 호응을 얻기 어렵다.

④ 주계약내용

사업제안서 상에 명기될 계약내용은 구체적일 필요는 없다. 하지만 사업의 근간이 되는 것은 최소한의 기본적 내용을 제시하여 상대방의 의사를 사업제안서 상에서 파악할 필요는 있다. 일반적으로 계약기간과 계약 형태 그리고 계약범위 등이 우선적으로 제시된다. 앞서 계약 체크리스트에서 언급한 것처럼 계약기간에 대한 해외 브랜드와 수입업자와의 생각은 기본적으로 차이가 있기 마련이다. 해외 브랜드 입장에서는 계약기간을 최소화하여 혹시 있을 수 있는 상대방의 장기적 태업이나 무성의를 조기에 차단하려 들 것이나, 수입업자의 입장에서는 너무 짧은 계약기간은 수익을 올리기에 무리일 뿐만 아니라 안정적 사업 투자를 하기가 쉽지 않으므로 적절한 타협점을 찾아야 한다.

사업 형태는 크게 입장차이가 없을 수 있으나 사업 범위는 최근 들어 해외 브랜드 측에서 세분화하는 추세인데 예를 들면 로컬시장과 면세시장 그리고 온라인과 오프라인을 구분하여 별개의 계약자를 두는 것이다. 즉, 제조업자 입장에서 배타적 유통전략보다는 선택적 유통전략을 국내에서 실현하고자 하는 의도인데 이렇게 되면 브랜드의 입장에서는 각기 전문적 장점을 가지고 있는 복수의 파트너를 세분시장에 둠으로써 효율을 극대화하는 효과는 볼 수 있겠으나 사업초기에 브랜드의 이미지를 구축하고 적극적 촉진을 시행해야 할 수입업자의 입장에서는 각 시장별 가격 및 서비스의 균형이 맞지 않는 경우가 많아 효과적 전개를 하기 어렵다. 따라서 독점수입 계약의 경우 일단은 전체 시장에 대한 권한을 요구하여야 할 것이다. 한편, 브랜드와 수입업자 간에 기본적인 업무 분담에 대한 골격을 확실히 하는 것이 좋다. 특히 에이전트의 경우 브랜드와 유통업자 사이에서 수행하는 업무에 대해 구체적으로 언급하여 협상이 더 진행된 시점에서 다시 초기 협상으로 돌아가 기초적인 것을 재협상하는 일이 없어야 할 것이다. 예를 들면 국내 면세 에이전트의 경우 체화재고의 반송을 면세점에서 요구하는 것은 매우 빈번한 일로서 면세점에서는 브랜드 본사의 책임 하에 그러한 업무가 이루어지는 것을 당연시 하지만 실제로 재고 반송을 허락하는 해외 브랜드는 거의 찾아보기 어려우며 브랜드 측에서는 에이전트의 책임이라 간주할 것이다. 따라서 불필요한 차후 분쟁을 막기 위해서라도 각자 역할에 대한 규명은 사업제안서 시점에서 명확하게 할 필요가 있다.

⑤ Marketing Mix−4P

마케팅 믹스란 마케팅 목표를 효과적으로 달성하기 위해 마케팅 활동에서 사용되어지는 주요 요인들(product, place, price, promotion)에 대한 실행 전략을 말한다.

마케팅 믹스를 구체적인 계획을 통하여 보다 효과적으로 실행함으로써 소비자의 욕구를 충족시키며, 매출, 이익, 사회적 명성, 이미지 등과 같은 기업목표를 달성할 수 있게 된다.

4P라고 불리는 마케팅 믹스는 먼저 사업을 위해 기본적으로 요구되는 제품과 서비스 믹스(브랜드, 구색, 디자인, 기획제품 등)와 가격 믹스(촉진가격, 할인가격 등) 그리고 유통 믹스(매장, 수송, 보관, 재고 등), 마지막으로 촉진 믹스(광고, 홍보, 인적판매, 판매촉진, 디스플레이 등)이다. 즉, 수입업자가 타깃 브랜드의 어떤 제품을 어디서, 얼마에 어떻게 판매하겠다는 실행계획을 밝히는 것으로 특히 해외 브랜드는 수입업자가 거의 역할을 하기 어려운 제품이나 한계성이 있

■ 그림 8-8   마케팅 믹스 사례

PRODUCT

1. 다양한 상품 Collection
2. 국내 Taste 반영 모색(Logo 등)
3. ACC 구색 강화
4. 오리진 효과(Made in Italy)

PRICE

1. Mark-up: Ex-work의 3.6배수
2. 면세가 대비 15% 이내 로컬가 유지
3. 명품 대비 50-70% 이하 유지(동일 재질, 동일 크기 기준)
4. 품질 대비 합리적 가격

PLACE

1. 피혁잡화군內 오픈
2. 핸드백을 비롯한 ACC 라인의 효과적 진열을 위한 위치 및 면적 연구
3. 경쟁 브랜드 대비 매장 컨셉 강화

PROMOTION

1. PPL 비중 강화
2. 감성, 경험 마케팅 강화
3. 홍보를 통한 원산지 효과 극대화
4. 면세 고객 대상 판촉

는 가격보다는 브랜드의 이미지를 극대화할 수 있는 유통계획과 차별적인 촉진계획을 우선적으로 중시한다.

• 제품계획 Product

라이센스가 아닌 이상 제품 수입업자가 수입 브랜드의 제품과 관련하여 사업제안서 상에 표기할 내용은 극히 제한적이다. 아직 상품에 대한 국내시장의 반응을 알 수가 없고, 브랜드로부터 공급 받을 수 있는 제품라인을 구체적으로 알지 못하므로 일반적인 계획으로 충분하다. 다만 배달, 수선, 친절 판매원 서비스 등의 무형 서비스를 포함하여 품질보증, A/S방법과 같은 제품 외적인 방안을 추가적으로 보여주는 것이 바람직한 제시안이라 할 수 있다. 우리나라의 기후조건과 로컬 소비자의 욕구를 충족시켜 줄 수 있는 스타일 등에 대한 간단한 제안도 긍정적이다.

• 가격계획 Price

가격계획은 이미 브랜드 현지 가격이 확정되어 있는 상황에서 수입업자가 임의로 정할 수 있는 것이 아니므로 사업제안서상의 가격계획은 브랜드 본사

에 수입업자가 한국시장의 특성상 유통업체가 가져가야 하는 가격조건을 설명하는 자료의 역할을 한다.

유럽이나 미국과 달리 위탁사업을 중점으로 하며 높은 수수료를 받는 국내 백화점의 경우 수입업자가 부담해야 할 비용이 다른 나라 시장에 비해 상대적으로 크기 때문에 해외 브랜드가 국제적으로 동일한 가격정책을 요구한다고 하더라도 어려움이 따르기 마련이다. 한편, 면세점의 경우는 관세법에 의해 면세점에서 직수입을 하지만 판매사원 부담이 크고, 매장 인테리어나 그 외 부수적인 면세점 보조업무가 크기 때문에 만만하게 접근할 수 있는 시장이 아니다. 따라서 국내 가격구조 내에서 차지하는 판매관리비용이 높다는 것을 해외 본사에 보여줌으로써 한국시장에 수입업자가 성공하기 위해 필요한 최소한의 가격수준을 구체화 할 필요가 있다 하겠다.

• 유통 distribution channel 계획

사업제안서에서 유통은 해외 브랜드 본사가 가장 중점을 가지고 확인하는 계획이다. 매출이 일어나더라도 브랜드의 이미지가 향상되는 편안하고 고급스러운 환경에서 소비자가 구매하길 원하기 때문이다. 따라서 수입업자는 일단 백화점이나 전문점 위주의 계획안을 준비할 필요가 있다. 인지도를 높이기 위해 방문판매나 온라인판매를 시작으로 사업 3년차에 본격적으로 백화점에 매장을 전개하겠다는 식의 계획은 한국 상황에서는 현실적일 수 있으나 해외 브랜드 본사에서는 이해하기 어려운 제안이며, 아무리 면세점 시장의 성장이 두드러진다 하더라도 면세점을 먼저 오픈하겠다는 계획은 로컬시장을 최우선으로 하는 브랜드의 입장에서 달가운 제안이 아니다.

유통은 제품을 소비자가 용이하게 구매할 수 있도록 연결시키는 실질적인 경로로서 모든 마케팅 기능의 직접적 수행을 담당한다. 국내에서 해외 브랜드에 대한 소매업을 하기에는 많은 제약이 있다. 예를 들어, 다른 나라에서는 찾아보기 어려운 '권리금'이라는 전문점을 오픈 할 때 필요한 초기비용이다. 이는 사업 초기에 큰 부담으로 작용한다. 또한 백화점 같은 주요 유통 채널에 입점하고자 하면 지역에 따라 차이가 있으나 평당 최소 천만 원에 육박하는 매장 인테리어 비용과 해가 갈수록 상승하는 판매사원 인건비 그리고 수입브랜드라 하더라도 평균 30% 정도의 높은 수수료를 지급해야 한다. 면세점의 경우는 고가의 유명 명품 브랜드 위주로 대부분 입점하기 때문에 타깃 브랜드의 국내 혹은 중국 관광객에게 인지도가 낮으면 입점 자체가 불가하기 쉽다. 온라인매장은 인테리어 비용과 같은 투자비용은 없고 인건비를 줄일 수 있다. 물론 온라인매장은 오프라인 시장에서 획득하기 어려운 비용적 장점과 쇼핑 시간과 장소의 한계를 극복하는 데 유리하나 실제로 온라인 사업만을 계획하는 업체 와 독점 수입계약을 맺을 해외 브랜드는 없다. 그러므로 포트폴리오에서 타깃 브랜드에 대한 적절한 유통망을 계획할 시에는 현실적인 문제에 대한 심도 있는 연구가 우선되어야 하며 갈수록 중요도를 높여가고 있는 물류에 대한 계획도 함께 수반되어야 한다.

어느 정도 글로벌 명성을 구축한 해외 브랜드 본사의 경우라 하더라도 한국의 유통 환경에 대한 이해와 별개로 보통 플래그십 스토어 Flagship Store 나 적어도 국내 유통 랜드마크에 전문점을 개설할 것을 요구하는 경우가 많다. 미국 특히 유럽의 경우 패션소비의 중심은 전 문점이기 때문이기도 하고, 한국도 이제 백화점의 장악력이 상당히 떨어져가고 있다는 것을 그들이 모를 이유가 없기 때문에 향후 잠재력과 수입업자의 사업의지를 확인하는 전략의 일환으로 사업제안 단계서부터 논의가 될 것은 분명하다. 이때 현실적인 어려움을 토대로 해외 브랜드를 설득하려는 것보다 장기적인 계획을 제시하여 그 가능성을 살리는 것이 현명한 대응책이다. 예를 들면 계약기간의 3년으로 예상되는 경우, 3년차에 전문점을 오픈하는 계획을 제시함으로써 초기 2년간 쌓을 신뢰를 바탕으로 해결할 방안을 열어두고 사업이 성공적으로 진행되어 재계약이 필요할 시 하나의 조건으로 삼을 수 있기 때문이다.

■ 그림 8-9 유통 계획

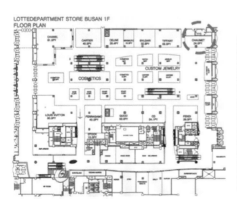

• 촉진활동 Promotion

해외 브랜드들은 유통계획과 아울러 국내 수입업자의 차별적이고 효과적인 촉진계획을 확인하고자 할 것이다. 촉진활동을 통하여 더 많은 이익을 내는 것도 중요하지만 장기적인 사업을 도모하기 위해서 브랜드의 인지도와 이미지를 긍정적으로 국내에 수립하고자 하는 강한 의지가 있기 때문이다.

광고는 기업이 제공하는 상품이나 서비스에 대한 잠재 고객의 반응을 촉진시킴으로써 정보를 제공하고, 소비자의 욕구충족의 길을 열어 주며, 특정 기업의 상품을 선택해야 할 이유를 제시한다. 광고는 판매증진의 수단으로 그치는 것이 아니라 모든 활동과 연동되어 기업 전체의 이미지 형성에 영향을 미치는 기업 커뮤니케이션의 가장 기본적인 수단이다. 홍보는 소비자에게 보다 믿음을 주는 폭넓은 정보를 제공함으로써 기업 입장에서의 자화자찬이 아닌 소비자가 공감할 수 있는 기업과 브랜드에 대한 긍정적인 태도를 형성하게 한다.

해외에서 도입되는 브랜드 중에 국내에 충분한 인지도를 확보하고 있는 경우는 드물다. 따라서 상품수명주기 상 도입기에 있는 것과 같아 인지도의 구축을 우선적으로 검토하여야 한다. 물론 단기적인 효과가 높은 공중파나 옥외광고 등을 통해 인지도를 넓힐 수도 있고, 유명연예인의 PPL을 통해 관심도를 빠르게 올릴 수는 있겠지만 막대한 비용이 드는 일이기 때문에 시행하기 쉬운 일은 아니다. 따라서 대부분의 브랜드는 타깃 소비자가 많이 구독하는 잡지를 통해 선을 보이는 경우가 보통이며 최근에는 SNS상의 바이럴 마케팅을 강화하는 추세이다. 잡지는 표적대상에게 집중적으로 보여줄 수 있으며, 신문에 비해 인쇄 품질이 우수하고 광고의 수명이 길기 때문이고, 바이럴 마케팅은 전파력이 빠르기 때문이다.

인지도 구축과 긍정적 이미지 강화를 위해 훌륭한 매장을 오픈하는 것도 매우 좋은 방법이다. 신규 해외 브랜드의 매장을 백화점이나 면세점에서 좋은 위치와 면적으로 오픈하기는 매우 어렵다. 하지만 그런 이유로 유명 유통망에 브랜드를 좋은 위치와 면적을 통해 입점하게 된다면 소비자들에게 주는 효과는 상당히 클 것임은 분명하다. 결론적으로 사업제안서 상의 촉진계획은 타깃 브랜드의 성격에 따라 다르겠지만 단순히 상품의 판매를 증대시키기 위한 각종 기능이나 활동보다는 브랜드의 이미지를 높일 수 있는 서비스 차원의 계획을 강조할 필요가 있다. 이때 시장조사 단계에서 미리 확보한 소비자 조사 결과를 반영하여 타깃 소비자가 이용하는 주요 정보원에 대한 우선적인 촉진노력과 브랜드 제품의 특성을 고려한 차별적인 촉진 계획 제시는 해외 브랜드로 부터 긍정적인 반응을 얻을 수 있을 것이다.

⑥ 매출계획sales plan

당연한 이야기지만 해외 브랜드 본사에서 한국기업에서 보내온 사업제안서 상에 큰 관심을 보이는 것은 매출계획이다. 그런 이유로 별도의 항목을 구성 하여 이에 대한 구체적인 계획안을 만들어 제시하는 것이 좋다. 이때 매출추 정의 근거를 앞에서 설명한 매출추정 이론을 활용하여 제시한다면 해외 브랜 드 측은 자사가 제시한 내용에 보다 큰 신뢰와 호감을 표시할 것이다. 이때, 수입업자가 매우 주의를 요해야 하는 것은 계약을 성공시키겠다는 욕심으로 너무 장밋빛 계획안을 제시하게 되면 독점 계약상 반드시 요구되는 최저사업

■ 표 8-3 매출 계획 사례

(단위 : Retail/in thousand USD)

Year	Store	# of Shop	Sales Amount	Aggregate/Y	Growth(%)
2005 (2 months)	DPT	3	437	437	–
	Mart	3	218	218	–
2006	DPT	6	5,242	5,679	1,300
	Mart	6	2,621	2,839	1,302
	Franc	10	6,540	6,540	–
2007	DPT	9	7,862	13,541	238
	Mart	9	3,931	6,770	238
	Franc	20	13,080	19,620	300
2008	DPT	16	13,978	27,519	203
	Mart	14	6,115	12,885	190
	Franc	30	19,620	39,240	200
2009	DPT	25	21,840	49,359	179
	Mart	20	8,736	21,621	168
	Franc	50	32,700	71,940	183

Condition

① Uner Lotte exclusive operation until 2007

② Fanchising starting from 2007

③ Launching at competitor's store(Hyundai, Shinsegae…) from 2008

금액에 커다란 부담을 스스로 자초하게 된다는 것이다. 최저사입금액 조건이란 독점수입권을 보장하는 대신 계약기간 동안 수입업자가 이행하여야 할 무조건적인 사입금액 약정을 말하는데 이는 수입업자의 사정으로 매장이 존재하지 않아도 이행되어야 하는 것으로 보통 사업제안서 상 수입업자가 제시한 매출계획에 따라 정해지므로 희망적이되 현실성을 망각한 계획 제시는 매우 난감한 상황을 만들어 낼 수 있다.

⑦ 향후 스케줄schedule

사업제안서 후반부에는 사업제안서 협의 이후 매장을 오픈하기까지 스케줄을 시기별로 알아보기 쉽게 제시한다. 이것은 수입업자의 전문성을 보여주는 자료가 될 뿐만 아니라 매장을 오픈하는 데까지 소요되는 시간을 명확하게 함으로써 해외 브랜드에서 상품계획을 세우는 데 도움을 주게 하기 위함이다. 보통 매장 오픈 두세 달 전에 광고를 시행하는 것이 일반적이며, 정규 판매사원은 오픈 한 달 전 채용하여 내부적으로는 상품 및 서비스 교육을 시키고, 외부적으로는 해당 매장에 파견을 보내 POS관리에 대한 교육을 받게 하여야 한다. 매장 인테리어는 브랜드의 정책에 따라 달라지나 국내 수입업자의 재량권이 클 경우는 최소 3개월 전에는 해당 유통업체 영업 혹은 공사 담당과 협의를 시작하여야 한다. 브랜드의 매장 컨셉 이 입점할 유통채널에 모두 다 허용되는 것은 아니므로 Shop in Shop 상황에서 유통업체와의 관련 업무협의는 중

■ 그림 8-10 향후 스케줄 예시

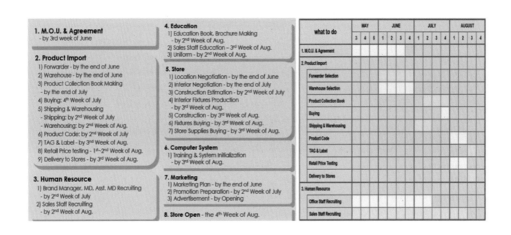

요한 일이며, 이때 입점해 있는 경쟁브랜드 현황이나 고객 동선 등을 잘 고려하여야 할 것이다.

❸ 양해각서 memorandum of understanding

해외 브랜드와 본계약이 체결되기까지 많은 시간이 걸리는 것은 당사자가 원격지에 있는 것은 물론 언어나 법률문화의 차이가 있기 때문으로 어느 정도 용인할 수밖에 없다. 또 계약조건 협의는 단순한 상품매매 같은 것이 아니기 때문에 수년간의 계약기간을 가지는 마스터계약Master Contract 이나 라이센스 계약 같은 것이라면 6개월 이상, 어떤 경우에는 몇 년 이상 걸리는 것도 흔히 있는 일이다. 흔히 MOU로 일컬어지는 양해각서는 본계약에 들어가기 전 브랜드와 수입업자 간에 맺는 약속문서이다. 양해각서는 형식이 정해져 있는 것이 아니라 부분적, 잠정적 합의가 기재되어 있는 서면으로 생각하면 좋을 것이다. 이 같은 개별 합의사항이 모이면 최종적으로 계약서에 정리하게 된다. 이렇듯 굳이 본계약 전에 양해각서를 맺는 이유는 본계약을 체결하기 위해서는 많은 시간이 소요되므로 적절한 사업 시기를 그로 인해 놓치게 되는 경우가 예상되므로 매우 중요한 계약의 근간이 되는 사항에 대한 합의만 가지고 사업에 필요한 일정을 시작하려는 데 있다. 보통 한두 장 정도로 요약되며 사업제안서 제출 이후 양자 간의 협상을 통해 확인된 사안들만 다루게 된다. 아래는 양해각서에 대한 이해와 작성을 위해 필요한 사안들을 설명하고 있으며 이는 본계약에도 적용된다.

가. 계약 주체

한 법인회사의 사장이 주식을 모두 소유하면서 경영상의 실권도 모두 장악하고 있는 경우에도 법인회사와 사장 개인과는 전혀 별개인 것처럼 사장 개인이 맺은 계약이 회사에 대하여 자동적으로 효력을 가지는 것은 아니다. 사장과 회사가 사실상 일체인 동안은 문제가 발생하지 않을지 모르지만 사장이 주식을 매각하여 회사의 경영권이 이전되면 새로운 경영자는 한국 특정 기업과 이전에 맺은 수입권에 대한 계약은 무효라고 주장하고 나올 우려가 있다. 계약 당시 담당자는 언제 바뀔지 모르는 일이고 기업매수 등으로 경영진이 바뀌는 일도 많지만 법적 소송 시 계약서의 기재 내용만을 의지하게 된다. 따라서 계약의 당사자가 외국의 회사일 경우 한국의 등기부처럼 편리한 제도가 없을 때가 많고, 서명하는 사람이 진짜 회사를 대표하는 권한을 가졌는지 여부를 확인하는 방법을 검토하지 않으면 안 되는 때도 있다. 이런 확인을 위하여 자주 사용되는 방법은 공증의 증명서라든지 변호사의 의견서 등이다.

나. 계약의 정의와 법적 효력

사전에서 계약에 해당되는 영어는 Contract과 Agreement가 명시되어 있다. 그러나 영미법에서는 합의agreement와 계약contract은 원래 서로 다른 개념이고 명확하게 구별되어 왔다. 계약은 두 사람 이상의 당사자 사이에 합의되고, 그 합의가 법률로 강제될 수 있는 것으로 설명되고 있다. 반면, 계약 당사자 간 합의agreement라도 공공질서와 법규에 반하지 않는 한 계약으로 유효하다고 보는 대륙법 계열(우리나라의 법률도 대륙법의 영향을 받아 편찬되고 있음)과 달리 영미법 아래에서는 단적인 합의만으로는 아직 계약으로 보지 않는다. 영미법 아래에서는 합의에 '약인約因: consideration'이 더해지지 않으면 계약으로 성립되지 않는다. 즉 제안offer에 대해서 승낙acceptance이 있으면 합의agreement가 되는데 이것에 약인이 더해져야 비로소 계약이 된다. 여기서 약인이란 양 당사자에게 존재해야 하는 거래상의 손실이라고 생각할 수 있다. 예를 들면 해외 브랜드가 가죽 가방을 100만원에 수입상에게 판매한다고 하는 경우 매도자에게는 가방을 건네주는 손실이 있고 매입자에게는 100만원을 지불하는 손실이 있다. 이때 서로 대립하는 손실의 존재가 약인인 것이다. 그러나 현대의 매매계약처럼 명확하게 약인(쌍방의 손실)이 있는 것에 대해서는 굳이 '약인'이라는 용어를 사용하지 않는 경우가 많다.

이처럼 영미법에서 Contract와 Agreement는 엄밀한 의미로는 별개의 개념이지만 오늘날은 이 두 가지 단어는 거의 같은 뜻으로 쓰이고 있다. 따라서 그 외에 그 어떤 합의내용을 기록한 서류에 'Memorandum'이나 'Letter of Intent' 등여러 가지 제명의 것을 사용하기도 하는데 이런 것들이 계약서에 해당하는지와 법률적 권한이 있는 것인지는 어디까지나 그 합의상의 내용 등으로부터 판단되는 것이지 더 이상 제명에 의하여 효력의 유무가 결정되는 것은 아니다. 이처럼 양해각서에서 가장 중요한 문제가 되는 것은 그 서면이 법적 구속력을 지니는가 아닌가 하는 것이다. 당사자 한 쪽은 양해각서에 기재한 사항이 법적 구속력을 가진다고 생각하고 있는데 다른 쪽 당사자가 구속력이 없다고 생

■ 그림 8-11　양해각서 예시

Vendor: Furla SpA of Via Belllaria 3-5, San Lazzaro di Savena(Bologna),
　　　　Italy; Distributor: Lotte;

Territory: 대한민국, 승인된 아울렛 매장을 포함하고 면세지역을 제외한 국내 시장
상품: 어패럴 및 non-어패럴 제품
기간: 5년
개시: 2006년 9월 6일 이전 상호협의 된 본 양해각서에 서명된 날로부터 시작
가격: 발주 승인 시의 Furla SpA export price list에 따르며 세일 전 한국 리테일
　　　가격은 3.2 mark-up에 준한다. (*본 계약 시 추가 협의)
Delivery: ex-factory, San Lazzaro di Savena, Bologna, Italy
Payment terms: Furla 홍콩 또는 Furla코리아가 지명한 은행계좌로 취소불능신용장
　　　　　　　　개설한다.(롯데가 현금으로 미리 지불할 경우 2% 할인 가능)
Invoicing: 상품 인보이스는 Furla 홍콩 또는 Furla 코리아가 발생한다.
Retail Outlet: 한국에서 오픈하는 모든 매장은 Furla의 사전 승인을 받아야 한다.
　　　　　　　　위치, 크기, 컨셉 관련 조건을 만족 시키도록 노력한다.

롯데는 본 양해각서가 체결된 날로부터 18개월간 최소 4개의 mono-brand Furla 매장, 멀
티브랜드 매장, 코너, 숍인숍을 오픈하고 운영하며 한 매장은 롯데 백화점 본점에 위치한다.

기존 Furla코리아에 의해 오픈한 신세계 강남점의 운영을 인수한다.

사업계획: 롯데는 한국에서의 상품유통관련 사업계획안을 제공하여 Furla 홍콩 또는
　　　　　Furla 코리아의 승인을 받는다. 사업계획안은 Distribution Agreement에
　　　　　첨부되고 연간 최저사입금과 매장 수를 포함한다.

광고: 롯데는 총매출의 2% 이상을 마케팅 비용에 투자한다.

매 시즌 롯데는 마케팅 계획을 제공하여 Furla HK 또는 Furla 코리아의 승인을 받으며, Furla
HK 및 Furla 코리아의 승인 없이 그 어떠한 프로모션, 광고, 마케팅 활동을 진행하지 않는다.

이월재고: Furla 홍콩 또는 Furla 코리아와 협의하여 남은 재고를 처분한다.

각하면 문제가 발생되는 것은 분명하다. 의향서에 양 당사자의 합의를 기재하고 계약으로서 효력이 있다고 판단하기 위해서는 '합의의 명확성'이 객관적으로 확정되어야 한다. 또, 양 당사자가 법률적으로 구속력을 갖는 계약을 체결한다는 인식(약인의 존재)을 갖고 있음이 의향서의 기재에서 확실히 드러나야 한다. 한편, 법적 구속력이 의향서에 없는 경우에는 분명하게 구속력을 부정하는 내용을 거기에 기재할 필요가 있다. 양해각서에 contract, agreement 등 계약 성립을 나타내는 말을 사용하지 않고, shall, will 등 의무를 명시하는 용어를 피하며 그 대신에 desire, intend, expect, be thinking of라는 표현을 사

용하는 것이 권유된다.

다. 계약서 서식

국제거래에서는 계약의 주요 조건이 합의에 달하면 자사가 준비해놓은 계약서 양식에 그 합의사항을 기재해서 상대방에게 보내 서명을 구하게 된다. 그러나 상대방 측도 그것을 쉽게 받아들이지 않고 자사 양식의 계약서를 고집하는 것은 흔한 일이다. 이처럼 자사의 양식을 보내는 것은 거래상 조금이라도 자사에 유리한 일반 조항이 기재되어 있는 양식을 쓰고 싶기 때문이다. 그러나 해외 브랜드 도입 계약의 경우 사업 파트너가 한국만 있는 경우가 드물기 때문에 거의 해당 브랜드가 가지고 있는 서식을 통해 협상을 시작하게 되는 것이 일반적이다.

라. 양해각서 상의 미결사항 open terms

양해각서 작성 과정에서 일부 조항에 대해서 'to be agreed later'처럼 나중으로 사안을 미루는 것은 실무적으로 종종 경험하는 일이다. 그 사항을 일반적으로 미결 사항 open terms 라고 부른다. 그런데 이 미결사항 중 나중에 문제될 수 있는 것은 아닌지 잘 따져보아야 할 일이다. 주로 결정을 늦추는 경우가 상품의 가격과 재고처리에 대한 것이 많은데 예를 들어 양해각서 협의 당시에는 물류 등에 대한 비용을 잘 따져보기 전인 경우가 많으므로 상대방이 제시한 가격조건에 확신을 가지기 어렵다. 따라서 성급하게 상대의 제안을 받아들이지 않고 미결 상태로 묶어 두는 것은 큰 문제가 없으나 재고처리의 경우 보다 손익에 직결되는 사안이므로 상대방을 자극할 것을 걱정하여 미결상태로 두면 나중 상대방이 완강하게 나올 경우 매우 난감해지는 경우가 많다. 이처럼 미결사항을 뒤로 늦추는 것은 장래 이 미결 사항에 대해서 협의해도 합의에 도달하지 않았을 때 체결된 계약의 효력은 어떻게 되는 것인가 생각해 보아야 한다. 영국법의 경우에는 계약조건의 모든 합의가 계약 성립의 조건이 되고 미결사항이 있으면 그 계약은 아직 성립되지 않은 것으로 해석된다. 반면 미국의 U.C.C.(Uniform Commercial Code: 통일상법전)는 종래의 영국법 사고를 변경해서 주요조건(가격, 인도장소, 납기, 지불시기 등)이 미결사항이 되어 있어도 각 당사자 간 교섭의도를 밝혀 계약서체결 의도가 양자 간에 명백한 경우는 존중한다는 개념을 가지고 있다. 그러나 너무 미결사항이 많으면 당사자가 계약할 의사가 원래부터 없었다고 판단될 수도 있고 계약의 주요조건이 아직도 합의에 달하지 않은 경우에는 계약이 성립되지 않았다고 보는 가능성도 나온다. 어느 경우이든 계약 조항의 최종적 합의가 이뤄지지 않은 채 해외거래를 개시하는 것은 리스크가 많다고 생각해야 할 것이다.

부록

1. 해외브랜드 런칭

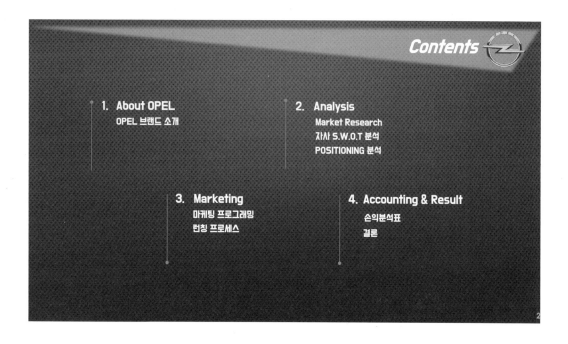

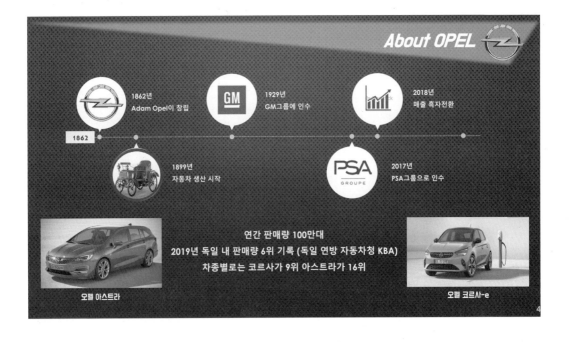

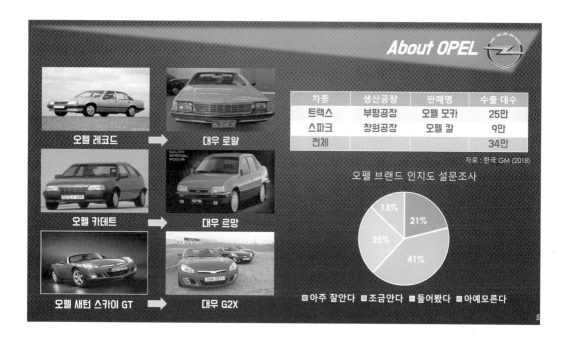

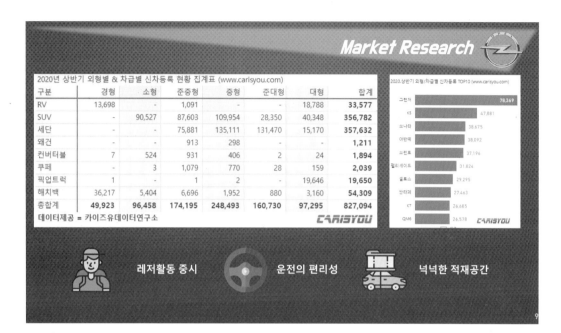

Market Research

2020년 상반기 외형별 & 차급별 신차등록 현황 집계표 (www.carisyou.com)

구분	경형	소형	준중형	중형	준대형	대형	합계
RV	13,698	-	1,091	-	-	18,788	33,577
SUV	-	90,527	87,603	109,954	28,350	40,348	356,782
세단	-	-	75,881	135,111	131,470	15,170	357,632
왜건	-	-	913	298	-	-	1,211
컨버터블	7	524	931	406	2	24	1,894
쿠페	-	3	1,079	770	28	159	2,039
픽업트럭	1	-	1	2	-	19,646	19,650
해치백	36,217	5,404	6,696	1,952	880	3,160	54,309
총합계	49,923	96,458	174,195	248,493	160,730	97,295	827,094

데이터제공 = 카이즈유데이터연구소

2020 상반기 외형/차급별 신차등록 TOP10 (www.carisyou.com)

- 그랜저: 78,369
- K5: 47,881
- 쏘나타: 38,675
- 아반떼: 38,092
- 쏘렌토: 37,196
- 팰리세이드: 31,824
- 셀토스: 29,295
- 싼타페: 27,463
- K7: 26,685
- QM6: 26,578

레저활동 중시   운전의 편리성   넉넉한 적재공간

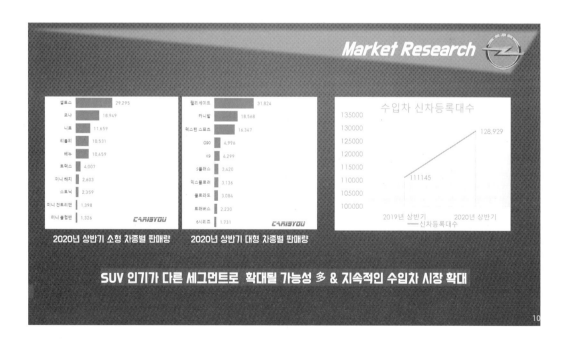

Market Research

2020년 상반기 소형 차종별 판매량
- 셀토스: 29,295
- 코나: 18,969
- 니로: 11,659
- 티볼리: 10,531
- 베뉴: 10,459
- 트랙스: 6,007
- 미니 해치: 2,603
- 스토닉: 2,359
- 미니 컨트리맨: 1,398
- 미니 클럽맨: 1,326

2020년 상반기 대형 차종별 판매량
- 팰리세이드: 31,824
- 카니발: 18,568
- 렉스턴 스포츠: 16,347
- G90: 4,996
- K9: 4,299
- S플랜스: 3,420
- 익스플로러: 3,136
- 콜로라도: 3,084
- 트래버스: 2,230
- 6시리즈: 1,731

수입차 신차등록대수
- 2019년 상반기: 111,145
- 2020년 상반기: 128,929
신차등록대수

SUV 인기가 다른 세그먼트로 확대될 가능성 多 & 지속적인 수입차 시장 확대

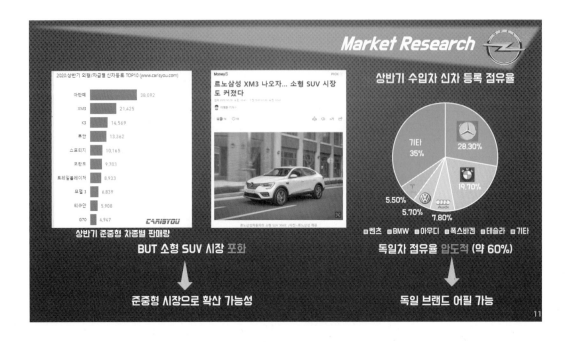

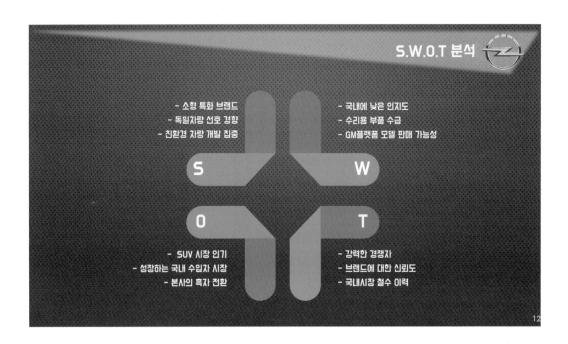

S.W.O.T 분석

구분	내용	가중치	배점	총점
Strengths	소형 특화 브랜드	70	4	280
	국내 소비자의 독일차 선호 경향	80	4	320
	친환경 차량 개발 집중	80	3	240
Opportunities	소형 SUV 시장의 인기	90	4	360
	본사의 흑자 전환	60	3	180
	성장하는 국내 수입차 시장	80	5	400
S.O 종합	S (840) + O (940) = 1,780			1,780
Weaknesses	낮은 인지도	70	5	350
	부품 수급 문제	80	4	320
	GM 플랫폼 차량 판매 불가	70	3	210
Threats	강력한 경쟁자	90	4	360
	국내 시장 철수 이력	70	3	210
	소비자들의 브랜드에 대한 신뢰도	80	3	240
W.T 종합	W (880) + T (810) = 1,690			1,690

- 가중치 100점 만점 기준   - 배점 5점 척도 (S.O : 5=매우 긍정 4=긍정 3=보통 , W.T : 5=매우 부정 4=부정 3=보통)

W.T 1,690 < S.O 1,780   시장성 모호

13

POSITIONING 분석

기아 스포티지
장점: 국산 브랜드
단점: 디자인

현대 투싼
장점: 하이브리드 모델
단점: 호불호 디자인

쌍용 코란도
장점: 가격
단점: 애매한 포지션

르노삼성 XM3
장점: 저렴한 가격
단점: 옵션

폭스바겐 티구안
장점: 브랜드
단점: 비싼 가격

오펠 그랜드랜드 X
장점: 넉넉한 크기
단점: 브랜드 인지도

14

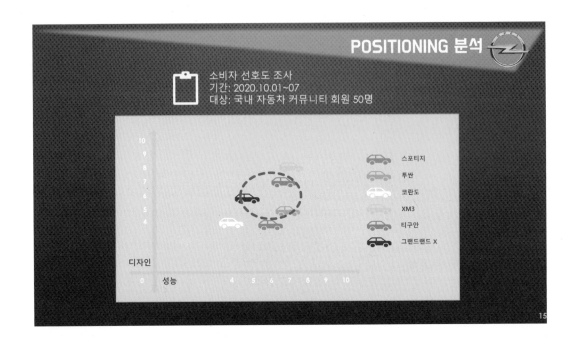

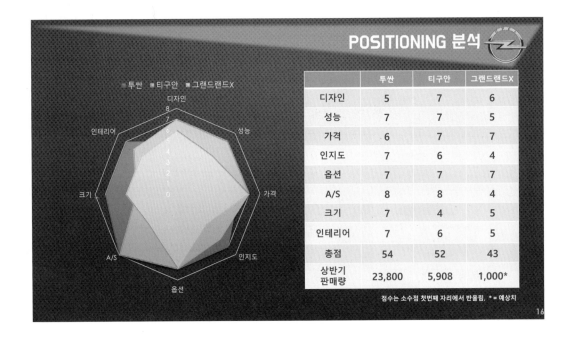

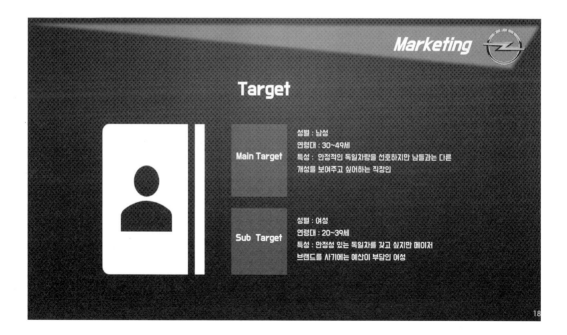

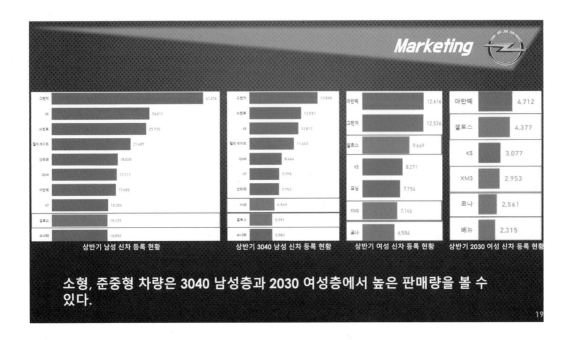

Marketing

상반기 남성 신차 등록 현황 · 상반기 3040 남성 신차 등록 현황 · 상반기 여성 신차 등록 현황 · 상반기 2030 여성 신차 등록 현황

소형, 준중형 차량은 3040 남성층과 2030 여성층에서 높은 판매량을 볼 수 있다.

Marketing

Grandland X	Getriebe	Edition	Design Line	Elegance	Ultimate
		Preise inkl. 16% MwSt.			
Benzinmotoren					
1.2 Direct Injection Turbo 96 kW (130 PS)	6-Gang	27.235,63	29.048,74	30.354,96	34.712,27
1.2 Direct Injection Turbo 96 kW (130 PS)	8-Stufen-Automatik	29.516,64	31.505,21	32.635,57	36.980,40
1.6 Direct Injection Turbo 133 kW (180 PS)	8-Stufen-Automatik	-	34.819,50	35.950,25	40.307,56
Dieselmotoren					
1.5 Diesel 96 kW (130 PS)	6-Gang	30.584,03	32.567,25	33.717,98	38.094,79
1.5 Diesel 96 kW (130 PS)	8-Stufen-Automatik	32.869,92	34.868,24	35.998,99	40.375,80
Plug-in-Hybrid mit Benzinmotor					
Hybrid Systemleistung 165 kW (224 PS) 1.6 Direct Injection Turbo 133 kW (180 PS) Elektromotor vorn 81,2 kW (110 PS)	8-Stufen-Automatik	43.075,97	-	43.538,99	45.649,41
Hybrid4 Systemleistung 221 kW (300 PS) 1.6 Direct Injection Turbo 147 kW (200 PS) Elektromotoren vorn 81,2 kW (110 PS), hinten 83 kW (113 PS)	8-Stufen-Automatik mit elektrischem Allradantrieb	49.412,10	-	49.875,13	51.985,55

독일 그랜드랜드 X 트림 별 가격표

트림 별 선호도 조사

선호하는 차량 옵션 (가격)	1순위	2순위
1.6 가솔린 터보 기본(3300만원)	1	4
1.6 가솔린 터보 풀옵션 (4700만원)	18	9
1.5디젤 기본 (3500만원)	0	0
1.5 디젤 풀옵션 (4700만원)	2	3
1.6 하이브리드 기본 (5000만원)	2	2
1.6 하이브리드 풀옵션 (6500만원)	9	14

1.6 가솔린 터보 모델과 하이브리드 모델 집중 마케팅

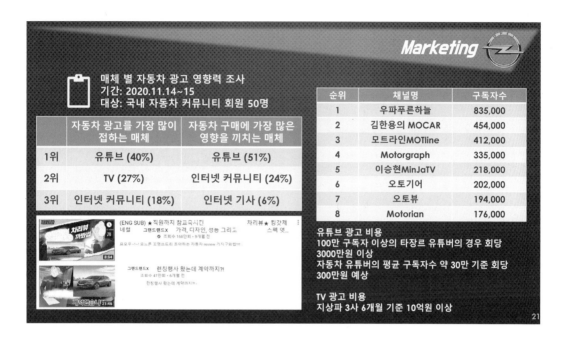

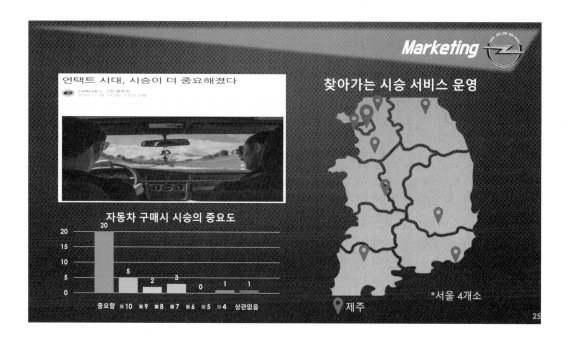

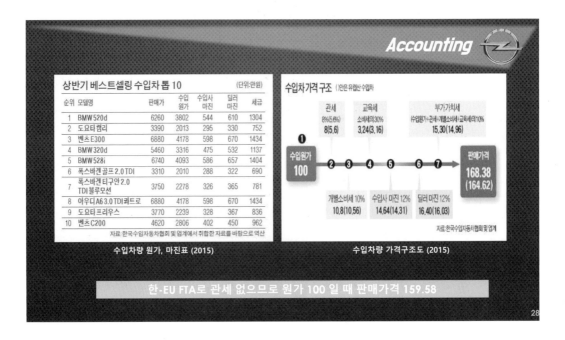

상반기 베스트셀링 수입차 톱 10					(단위:만원)
순위	모델명	판매가	수입원가	수입사 마진	딜러 마진	세금
1	BMW 520d	6260	3802	544	610	1304
2	도요타 캠리	3390	2013	295	330	752
3	벤츠 E300	6880	4178	598	670	1434
4	BMW 320d	5460	3316	475	532	1137
5	BMW 528i	6740	4093	586	657	1404
6	폭스바겐 골프 2.0 TDI	3310	2010	288	322	690
7	폭스바겐 티구안 2.0 TDI 블루모션	3750	2278	326	365	781
8	아우디 A6 3.0 TDI 콰트로	6880	4178	598	670	1434
9	도요타 프리우스	3770	2239	328	367	836
10	벤츠 C200	4620	2806	402	450	962

자료: 한국수입자동차협회 및 업계에서 취합한 자료를 바탕으로 역산

수입차량 원가, 마진표 (2015)

수입차 가격 구조)안은 유럽산 수입차

관세 8%(5.6%) 8(5.6)

교육세 소비세의 30% 3.24(3.16)

부가가치세 (수입원가+관세+개별소비세+교육세의 10%) 15.30(14.96)

① 수입원가 100

② ③ ④ ⑤ ⑥ ⑦

판매가격 168.38 (164.62)

개별소비세 10% 10.8(10.56)

수입사 마진 12% 14.64(14.31)

딜러 마진 12% 16.40(16.03)

자료: 한국수입차동차협회 및 업계

수입차량 가격구조도 (2015)

한-EU FTA로 관세 없으므로 원가 100 일 때 판매가격 159.58

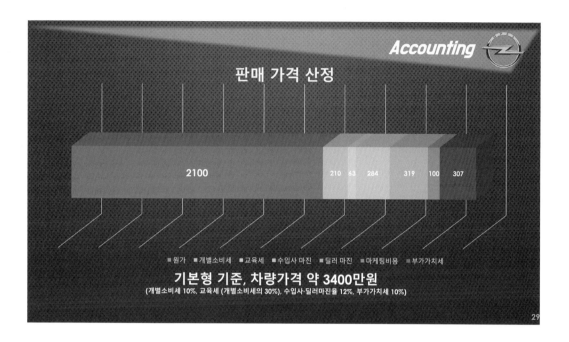

판매 가격 산정

Accounting

| 2100 | 210 | 63 | 284 | 319 | 100 | 307 |

■원가 ■개별소비세 ■교육세 ■수입사 마진 ■딜러 마진 ■마케팅비용 ■부가가치세

기본형 기준, 차량가격 약 3400만원
(개별소비세 10%, 교육세 (개별소비세의 30%), 수입사·딜러마진율 12%, 부가가치세 10%)

29

Accounting

판매관리비 산정

구분	항목	금액	비고
마케팅	유튜브 광고비	30,000,000	회당 약 300만원, 10개 채널
	TV광고비	3,000,000,000	6개월, 지상파 3사 광고
	인건비	360,000,000	딜러 8명, 시승관리 2명, 온라인 시스템 관리 2명, 연봉 3000만원
	복리후생비	36,000,000	인건비의 10%
	매장 진열공간 임대료	130,000,000	1년, 푸조 전시장 공유
	시승 서비스 운영비	15,000,000	시승 차량 유지, 관리비

매장 진열공간 임대료 산정 기준
푸조 수원 전시장 월 임대료 300만원의 일부인 60만원X18개 전시장X12개월

시승 서비스 운영비 산정 기준
시승구간 1시간, 40Km 운영 기준 유류비 회당 1만원, 월 50회 기준, 18개 전시장 + 세차비, 부품 관리비 등
= 연간 약 1500만원

30

Accounting

트림 별 손익 계산서

구분		1.6 가솔린 터보 기본형		1.6가솔린 터보 풀옵션		1.6 하이브리드 풀 옵션	
		금액	기준	금액	기준	금액	기준
총 매출액		6,800,000,000	20p 참조, 연 2000대 기준	9,000,000,000	20p 참조, 연 2000대 기준	12,000,000,000	20p 참조, 연 2000대 기준
순 매출액		6,800,000,000		9,000,000,000		12,000,000,000	
공급 원가		4,200,000,000	29p 참조	5,600,000,000	29p 참조	7,500,000,000	29p 참조
매출이익		2,600,000,000		3,400,000,000		4,500,000,000	
관리비	인건비	360,000,000		360,000,000		360,000,000	
	복리후생비	36,000,000		36,000,000		36,000,000	
	작업실 임대료	130,000,000	30p 참조	130,000,000	30p 참조	130,000,000	30p 참조
	기타비용	15,000,000		15,000,000		15,000,000	
	광고비	3,030,000,000		3,030,000,000		3,030,000,000	
영업이익		-971,000,000		-171,000,000		929,000,000	
영업외 비용		-					
경상이익		-971,000,000		-171,000,000		929,000,000	
법인세		-				185,800,000	
실직이익		-971,000,000		-171,000,000		743,200,000	
참조내용						법인세 20%	

31

OPEL

Thank you

32

About OPEL

자료 출처

박상준, 김태현, 김은정 (2009). 수입 자동차와 국내 자동차 브랜드에 대한 소비자의 태도와 구매태도. 한국경영과학회 학술대회논문집, 521-533

김현철 (2018). 수입자동차 시장의 소비요인, 만족, 행동의도, 추천의도 간의 관계연구. 한국산학기술학회 논문지,19(12), 118-127

서지린, 양지연, 정양운 (2018). 자동차의 제품 속성이 고객 만족도에 미치는 영향. 국제경영리뷰, 22(4), 29-48

전승봉, 고태경 (2019). 도로 위의 군비경쟁 : SUV의 인기를 어떻게 설명할 수 있을까. 한국사회학회 사회학대회 논문집, 299-300

OPEL year in review 2015, Facts&figures, Opel.2015

나무위키 - 오펠 항목
https://namu.wiki/w/%EC%98%A4%ED%8E%A0

문희철 "한국 GM 수출 16만대 2년뒤 중단…" 〈마이데일리〉 2018.02.20
https://news.joins.com/article/22379881

카이즈유데이터연구소 2020년 상반기 신차등록 TOP10 외 5
https://www.carisyou.com/magazine/STATS/

이명환 기자 "르노삼성 XM3나오자…" 〈MoneyS〉 2020.10.28
https://n.news.naver.com/article/417/0000611121

33

2. 해외진출

떡하지

INDEX

떡하지

1. Ddeokhaji.

1. Concept.

2. Making.

2. Analysis.

1. Market research.

2. Consumer research.

3. SWOT.

4. Quantification.

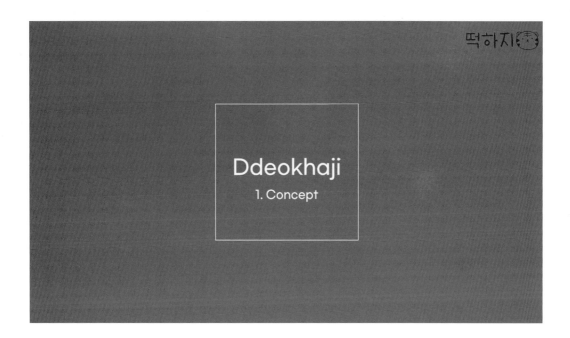

떡하지

동화 해님 달님에서 "떡 하나 주면 안 잡아
먹지"를 줄여 만든 이름으로 우리에게
친근감을 줄 수 있는 이름입니다.
또, 떡을 하자 라는 의미를 담고 있습니다.

떡하지

떡하지

홍삼 떡을 대표메뉴로 '전통떡'과 현대인의 입맛
에 맞는 글루텐프리 '라이스베이킹', 현지화된
떡을 선보일 것이다. 일차적으로는
해외에 거주하는 재외동포를 타겟으로 하고,
이차적으로 현지인을 겨냥할 것이다.
궁극적인 목표는 프렌차이즈이다.

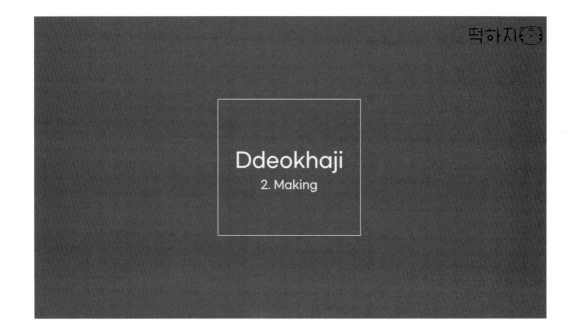

떡하지

Ddeokhaji

2. Making

Ddeokhaji 2. Making

떡하지

<홍삼 떡> 홍삼을 넣어 만든 떡 선물세트가 주력상품이다.
베트남에서 홍삼은 수요가 증가하고 고급스러운 선물이라는 인식이 있다.
여러 사람들이 나눠먹기 편하고 걸어다니면서 먹기 편한 형태로 개별포장을 할 것이다.
베트남에서 빨강은 운, 좋은 기운, 강인함, 평화를 의미하고, 노랑은 복을 의미하기 때문에 포장지를
빨강과 노랑으로 선택했다.

<포장지 예시>

<개별포장 예시>

Ddeokhaji 2. Making

떡하지

<라이스 케이크> 건강에 관심이 높아지는 요즘 트렌드에 맞게 밀가루가 아닌 쌀가루
로 글루텐 프리 케이크를 선보인다.
카페형 베이커리에 관심이 증가하고 있기 때문에 보기에 좋고 건강에도 좋은 제품을
판매한다.

<라이스 케이크 예시>

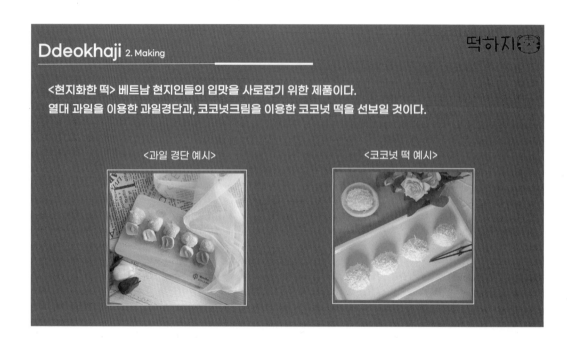

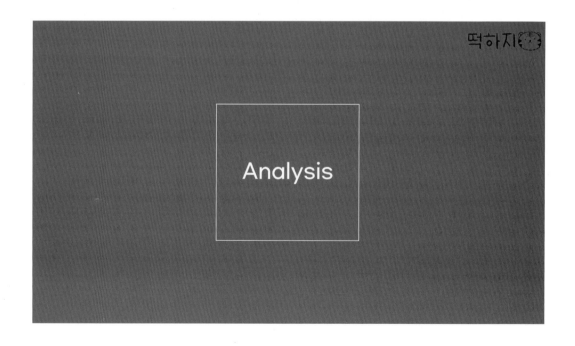

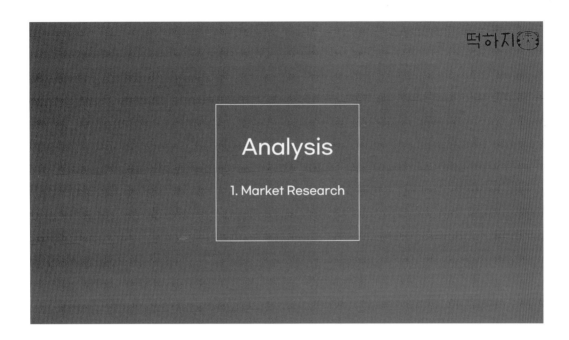

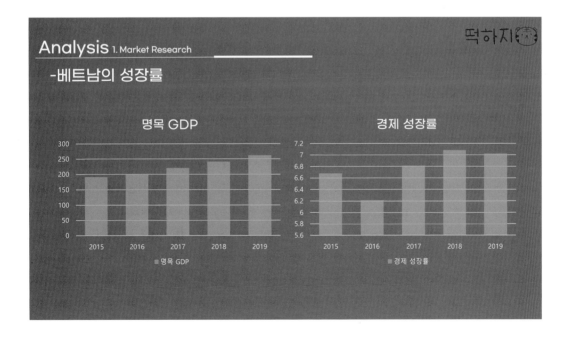

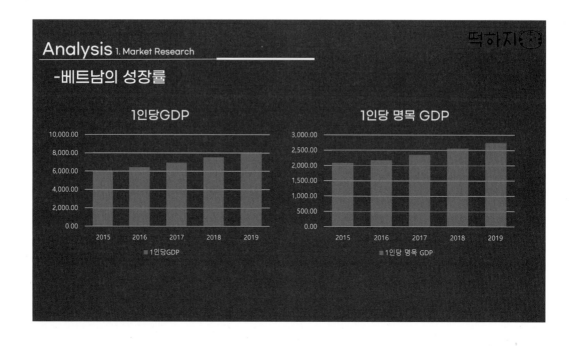

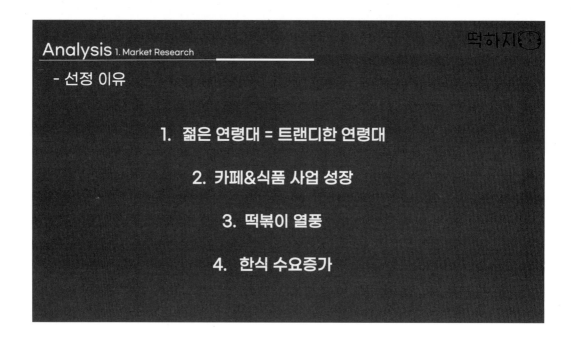

Analysis 1. Market Research   떡하지

- 젊은 연령대

국가별	2080			
	인구	인구(0-14세)	인구(15-64세)	인구(65세 이상)
아시아				
베트남	100.0	15.7	58.0	26.3

<출처: 통계청>

베트남의 연령을 보면 15~64세의 젊은 층이 많은 걸 볼
수 있다. 베트남의 평균 연령은 30세로 이는 주로 카페
이용하는 젊은 층이 많다는 것을 의미한다.
젊은 층이 많다 = 트랜드에 민감한 연령층이 많다
또, 베트남에서 최근 서구적인 라이프스타일 붐이 일고
있어 외국 브랜드에 대한 거부감이 없다.

Analysis 1. Market Research   떡하지

-식품 소비 현황

<출처:Vietnam Food & Drink Report Q3-2015, BMI>

베트남의 식비 지출 증가율이 타국가들에 비해 높은 것을 볼 수 있다.

Analysis 1. Market Research

떡하지

- 떡볶이 열풍

2018년 11월 베트남으로 진출한 두끼 떡볶이의 경우 오픈한지 2년만에 베트남 전역에 30개의 매장을 오픈하는 인기를 누리고 있다.

지난달 대만 두끼 시먼딩점의 풍경. 4층에 있는 두끼를 방문하기 위해 사람들이 매장에서부터 1층까지 줄을 길게 섰다. 줄은 건물을 한바퀴 돌아서까지 이어졌다. 3시간 이상을 기다리더라도 두끼 떡볶이를 먹으려는 사람들이 몰린 것이다.

K푸드 수출 10조 시대, 떡볶이·김밥에 열광하는 베트남
August 10, 2018

베트남에 10년째 살고 있는 교민 이인화(38세) 씨는 고국의 음식을 그리워 할 일이 없다. 시내 곳곳에 떡볶이, 김밥, 라면을 파는 분식점들이 속속 들어섰기 때문이다. 이씨는 "최근 베트남 젊은이들은 떡볶이와 김밥에 열광한다. 특히 SNS를 통해 한국 음식 만드는 법, 맛있게 먹는 법 같은 영상들이 굉장히 인기다. 내 주변 현지인들은 자신이 직접 만든 한국요리를 내주며 맛을 평가해달라고 부탁한다"고 말했다.

는 "10월10일 쌍십절, 두끼 시먼딩점에 길게 줄이
양은 월 평균 매출만 2억5000만원이 나올 정도로,
고 있다"고 밝혔다.

Analysis 1. Market Research

떡하지

- 베트남의 한식 수요 증가

베트남시장의 한식에 대한 소비가 증가하는 추세이다. 한인이 운영하는 식당 뿐만 아니라 베트남인이 직접 운영하는 한식식당과 프랜차이즈가 증가하였다.

베트남 한식 수요

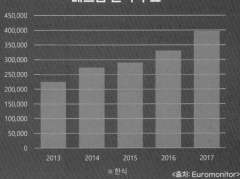

■ 한식   <출처: Euromonitor>

Analysis 1. Market Research

떡하지

-도시 선정

호치민

- 소비자가 젊은 층이다.
- 개방적인 분위기이다.
- 재외동포가 약 9만명이다.
- 쇼핑과 여가 지출에 관대하다.

하노이

- 오래된 전통 도시의 느낌이다.
- 브랜드에 대한 충성심이 높다.
- 부유한 계층이 많이 살고 있어 초고가 브랜드에 적합하다.
- 재외동포 거주자 약 7만명이다.

새로운 브랜드에 거부감이 없고, 주 고객층인 재외동포와 젊은 소비자들이 사는 호치민이 적합

Analysis 1. Market Research

떡하지

-도시 선정

재외동포현황을 본다면 호치민에 상대적으로 많은 것을 알 수 있다. 재외동포를 통해 현지인들에게 입소문을 낼 예정이기 때문에 호치민으로 선정하였다.

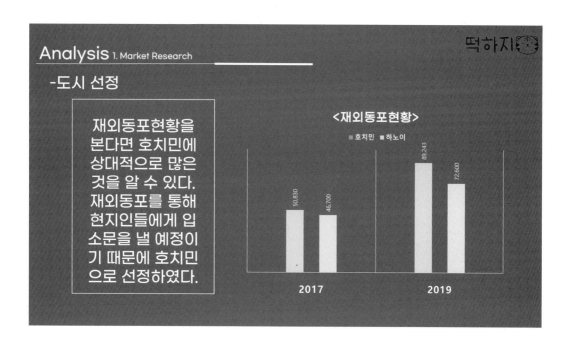

<재외동포현황>

호치민 하노이

2017: 50,830 / 46,700
2019: 89,243 / 72,600

Analysis 1. Market Research

떡하지

-배달 서비스

최근 베트남에 배달 서비스가 증가하고있다. 트렌드에 맞춰 호치민 지역에 일정 금액이상 구매시 배달하는 서비스를 시행하여 고객들의 편의를 높인다.

베트남 배달서비스 현황

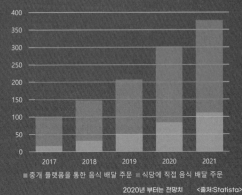

■ 중개 플랫폼을 통한 음식 배달 주문 ■ 식당에 직접 음식 배달 주문

2020년 부터는 전망치   <출처:Statista>

Analysis 1. Market Research

떡하지

-가게 설립 & 프렌차이즈 조건

WTO 협정에 따라 외국기업은 베트남에서 100% 외국소유 가게를 설립할 수 있는데 조건은 이러하다.

외국기업이 베트남에 가게를 설립하기 위한 조건이다.

1. 투자등록증과 사업자등록증명원을 발급받아야 한다.

2. 식품안전인증서, 환경보호인증서, 보안인증서, 화재에방인증서 등을 발급받아야 한다.

프랜차이즈 가맹점 개점 조건이다.

1. 외국계 프랜차이즈 가맹본부는 베트남 내 기업을 설립할 필요는 없으나 관련당국으로부터 프랜타이즈 등록증명서를 받아야 한다.

2. 프랜차이즈 등록증명서를 발급받기 위한 방법
 1)프랜차이즈 사업을 1년 이상 운영한 경력이 있어야 한다.
 2) 가맹점의 상품 및 서비스가 베트남 정부가 금하는 항목에 해당하지 않아야 한다.

Analysis 1. Market Research

- 성공 사례 <뚜레쥬르>

뚜레쥬르는 2007년 베트남 시장에 진출. 체인점 형식의 베이커리 중 명실공한 상위 브랜드로 자리를 잡음. 현지 언론들은 뚜레쥬르의 성공요인 중 하나를 '카페형 베이커리 ' 로 지목.

카페 장소를 분리해 공간을 재배치하고, 약 20가지의 음료를 판매하며, 무선 랜 서비스를 구비함. 현지인들에게 오랜 사랑을 받아온 베이커리 브랜드인 Givral의 지점이 31개인 것과, 뚜레쥬르의 지점이 32개인 것을 감안하면 뚜레쥬르의 인지도를 가늠할 수 있음.

Analysis

2. Consumer research

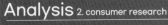

Analysis 2. consumer research

-베트남인의 인식을 알아보기 위해 현지 유학생들의 의견을 들어봤다.

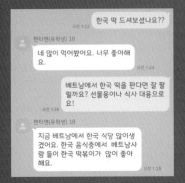

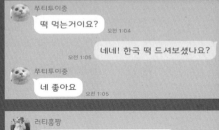

대화 내용이 포트폴리오에 사용될 것이라고 사전에 동의를 구함.

Analysis 2. consumer research

- 수출상담회에 방문한 현지 바이어들에게 설 선물에 관련하여 인터뷰한 내용이다.

남성으로서, 홍삼 뿌리(통절편)를 선호한다. 그 자체가 고급스럽고 좋아보인다.

어떤 형태이든 가족 구성원에 알맞도록 나누어 먹으면 된다.
중년 이상의 비즈니스 파트너에게 적합한 형태이다.

홍삼 자체가 고급 이미지가 있어, 비즈니스 관계에 따라 그 가공 형태만 선택하면 된다.

선물로서 인삼 또는 인삼 가공식품은 높은 직책에 있는 비즈니스 파트너들에게 적합하다.
개인적으로 나는 얇게 잘린 홍삼 절편이나 엑기스를 선호한다. 사탕은 아이에게 적합한 것 같아 선호
하지 않는다. 또한 홍삼 제품은 대부분 포장이 붉은 색이 섞여, 설 분위기에 적합하다.

베트남에서 인삼은 가치가 높이 평가되며 이목을 끌기에도 좋다. 그 외에는 건강기능식품을 추천한다.

여기서 가공식품은 홍삼을 가르킴.
<출처: kotra 베트남 무역관>

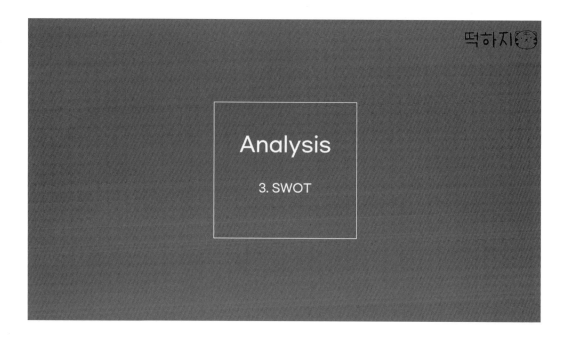

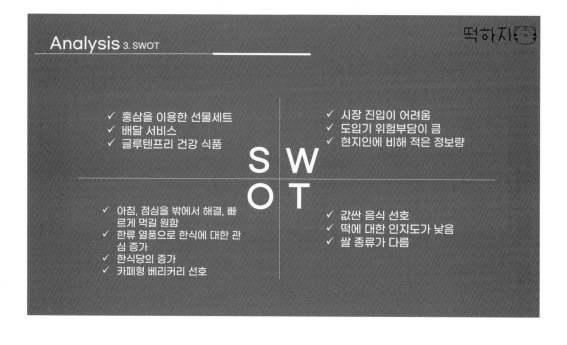

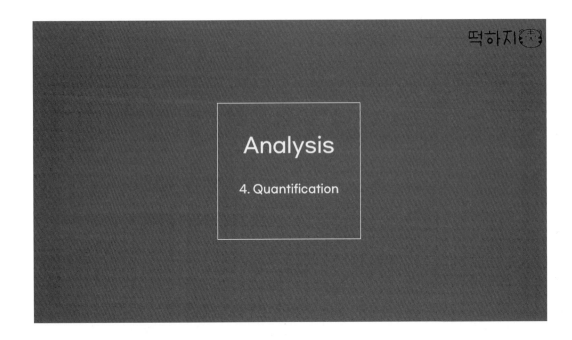

Analysis 4. Quantification

구분	내용	가중치	배점	총점
Strengths	홍삼을 이용한 선물세트	90	5	450
	배달 서비스	70	4	280
	글루텐프리 건강식품	70	4	280
Opportunities	아침과 점심을 밖에서 간단하고 빠르게 해결	70	4	280
	한류열풍에 의해 한식에 관심 증가	80	4	320
	한식당의 증가	70	3	210
	카페형 베이커리 선호	70	3	210
S.O 종합	S(450+280+280)+O(280+320+210+210)= 2,030			2,030
Weaknesses	시장진입이 어려움	80	5	400
	도입기 위험부담이 큼	85	5	425
	현지인에 비해 적은 정보량	65	3	195
Threats	시장 진입이 어려움	60	4	240
	한국 떡에 대한 인지도가 낮음	70	4	280
	값싼 음식 선호함	70	3	210
W.T 종합	W(400+425+195)+T(240+280+210)=1,750			1,750

-가중치 100점 만점 기준 -배점 5점 척도 (S,O : 5= 매우긍정 4=긍정 3=보통, W, T : 5=매우 부정 4= 부정 3=보통)

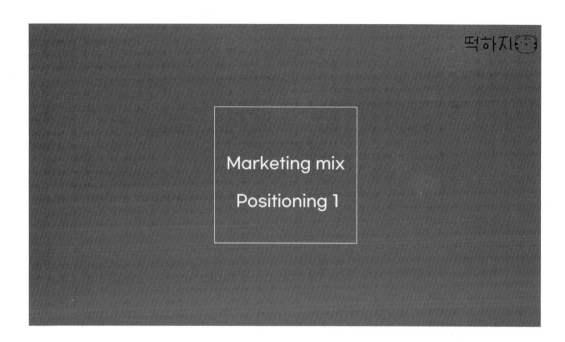

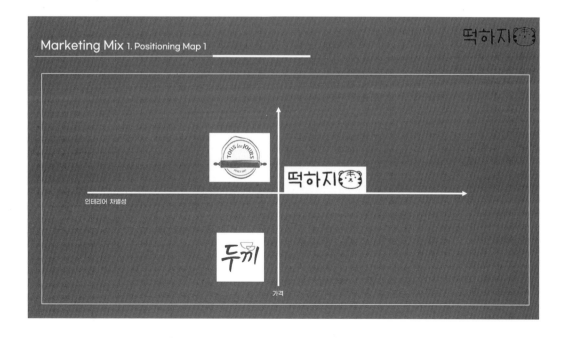

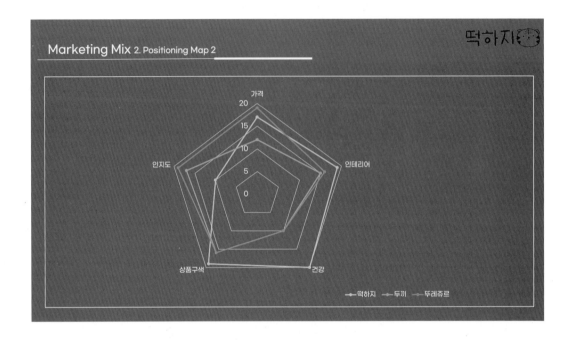

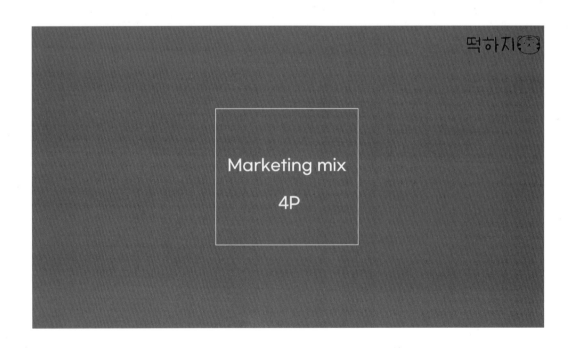

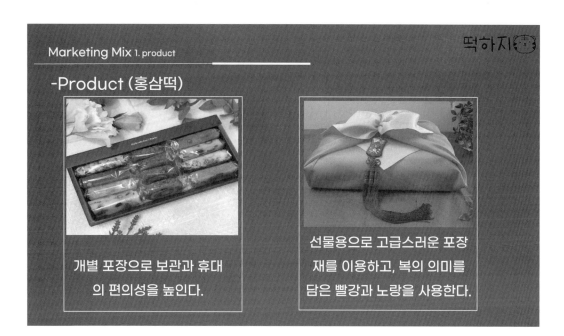

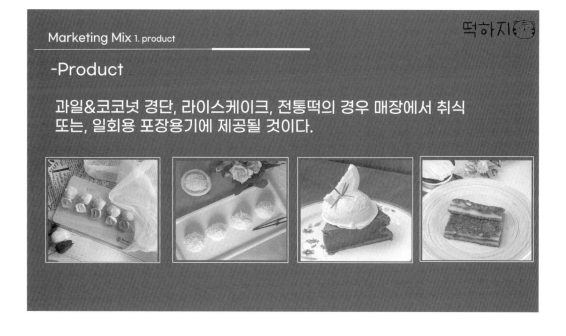

Marketing Mix 2. price

떡하지

-Price

✓ 식품 위생 안전에 대한 인식이 높아져 고품질 가공식품에 대한 수요가 증가

> 2019년 3월에는 박닌 성에 위치한 21개 유치원에서 촌충에 감염된 돼지고기가 급식으로 제공되면서 200여 명의 원생이 집단 감염되는 사고가 발생

> 베트남 소비자들은 점차 식품 정보를 꼼꼼하게 따진 후 제품을 구매하고 있으며, 고가이더라도 품질이 좋은 가공식품 소비를 선호

> 베트남 정부도 식품 위생 및 검역에 대한 기준과 절차를 강화하면서 식품 안전성 제고에 앞장서고 있음

> 베트남 내 가파른 임금 상승과 가계 소득 향상은 고품질 제품에 대한 수요를 뒷받침 함

<출처: "베트남 가공식품 시장 동향 및 시사점", 한국무역협회>

Marketing Mix 2. price

떡하지

-Price

✓ 부가세

임대료 59%			재료비 17%	인건비 14%	부가세 10%

✓ 임대료 약 7천 500만 동(약 366만원)
부과세 10%
인건비 4명 2천만동 (약 100만원)
일반적으로 재료비가 17% 정도
광고 약 209만동 10만원
총 1억 1천 9백 18만 동

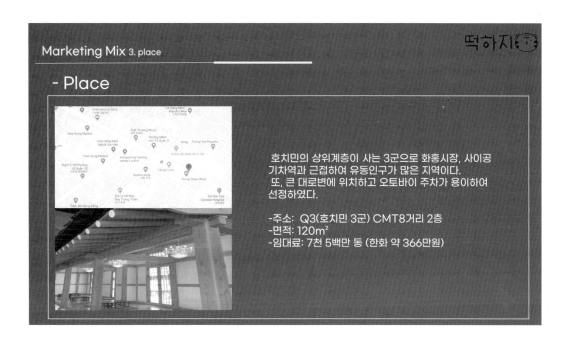

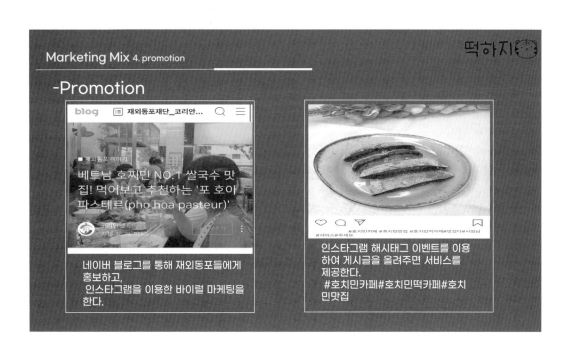

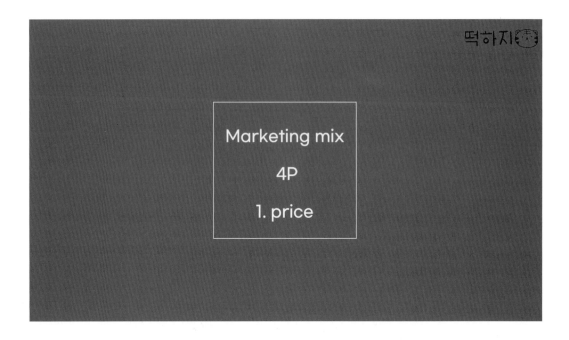

Marketing mix

4P

1. price

출처   떡하지

- ❖ '2019년 베트남 외식산업 현황 및 전망' 한국무역협회 호치민부, 호치민한국지상사협
  의회,2019, 13p
- ❖ 외교부 2017 재외동포현, 93p
  (file:///C:/Users/User/Downloads/20171130+%EC%9E%AC%EC%99
  %B8%EB%8F%99%ED%8F%AC%ED%98%84%ED%99%A9.pdf)
- ❖ 외교부 2019 재외동포현황,95p-96p
  (file:///C:/Users/User/Downloads/2019_overseas.pdf)
- ❖ 김민훈 '2019년 베트남 외식산업 현황 및 전망' KITA 무역통상정보, 2019
- ❖ 윤보나 '베트남도 배달의 민족!' 베트남 호치민무역관, Kotra, 2020
- ❖ 윤보나 '2020년 베트남 설날 선물 트렌드' 베트남 호치민무역관, kotra, 2020
- ❖ 베트남 디저트 프랜차이즈 1- 전반적인 현지 시장 동향, 양미영, 베트남 호치민무역관
- ❖ 네이버 블로그, 베이킹 맘의 달콤한 하루
- ❖ 윤보나 '베트남 외식산업 분석(2) 제대로 알아보고 진출하자!', 베트남 호치민무역관,
  kotra, 2016
- ❖ Kotra '해외 출장 가이드, 싱가포르 출장자료', 2020. 05

- ❖ 인스타그램, 소소하게
- ❖ 인스타그램, 케이크 한 입

출처

떡하지

❖ '2019년 베트남 외식산업 현황 및 전망' 한국무역협회 호치민부, 호치민한국지상사협
  의회,2019, 13p
❖ 외교부 2017 재외동포현, 93p
  (file:///C:/Users/User/Downloads/20171130+%EC%9E%AC%EC%99
  %B8%EB%8F%99%ED%8F%AC%ED%98%84%ED%99%A9.pdf)
❖ 외교부 2019 재외동포현황,95p-96p
  (file:///C:/Users/User/Downloads/2019_overseas.pdf)
❖ 김민훈 '2019년 베트남 외식산업 현황 및 전망' KITA 무역통상정보, 2019
❖ 윤보나 '베트남도 배달의 민족!' 베트남 호치민무역관, Kotra, 2020
❖ 윤보나 '2020년 베트남 설날 선물 트렌드' 베트남 호치민무역관, kotra, 2020
❖ 네이버 블로그, 베이킹 맘의 달콤한 하루
❖ 윤보나 '베트남 외식산업 분석(2) 제대로 알아보고 진출하자!', 베트남 호치민무역관,
  kotra, 2016
❖ Kotra '해외 출장 가이드, 싱가포르 출장자료', 2020. 05

❖ 인스타그램, 소소하게
❖ 인스타그램, 케이크 한 입

Thank You

떡하지

3. 브랜드 개발

Health 도시락 브랜드
사업계획 포트폴리오 이정아

Health ?

SWOT 분석

시장세분화

promotion

healthy

= 건강한 음식을 먹자

헬씨는 저렴한 가격과 개선된 품질로 최근 가성비(가격 대비 만족도)를 중요시하는 트랜드
에 발맞추어 성장 하는
도시락 브랜드 입니다

집밥을 먹고싶은 나
다이어트 도시락을 먹고싶은나
고단백질을 먹고싶은나

헬씨는 나를 위한 도시락을 만듭니다

healthy

=

일반화된 도시락이 아닌 나의 나이 , 상태, 입맛에
따라 도시락의 종류를 선택할 수 있으며 도시락을 시키는 횟수제한없이
배달이 되어 경제적 부담 해소

헬씨 도시락을 시킨 고객님들은 헬씨와 상담을 통해 원하는 도시락의 종
류, 나이, 건강상태, 알레르기 등
고객님의 니즈를 맞춰주는 시스템

헬씨 전문상담시스템 구축

고객님의 몸 상태에 맞게 상담후 반찬 종류 , 밥 종류 (쌀, 보리 , 곤약 등)
구성 에 따라 도시락 변동하기 때문에 헬씨만의 상담시스템 구축

포르미

바르닭

[EVENT 베스트5] 신애한 끼 건강한 식단구성 영양

29% SALE
55,900원 39,900원

바른도시락 시즌1~시즌3 14종 골라담기

5,900원
4,300원

D-도시락
4종 8팩

K-도시락
7종 21팩

다이어트 체중조절식 D-도시락 4종 8팩

34,000원

K-다이어트도시락 7종 21팩

69,900원

내 몸에 맞는 도시락
4,500
(재료, 기간에 따라 가격상이)

헬씨

호밀

프레시온

도시락 평균 금액

잇슬림 = 3,900

호밀 = 4,250

프레시온 = 3,330

바르닭 = 4,300

헬씨 = 4,500

기존 도시락전문점 제조원가

한솔 도시락

마진율은 53% 원가율 47%
+인건비/월세 제경비를 제외한 순수 마진율은 약 25%

원가비율
5,000 x 0.47 = 2,350

마진율
5,000 X 0.53 = 2,650

=

소불고기
5,000원

출처 : 한솔도시락 홈페이지

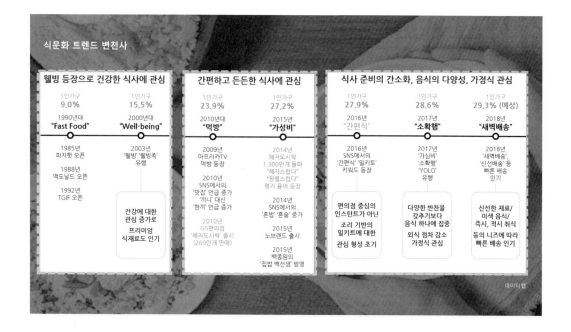

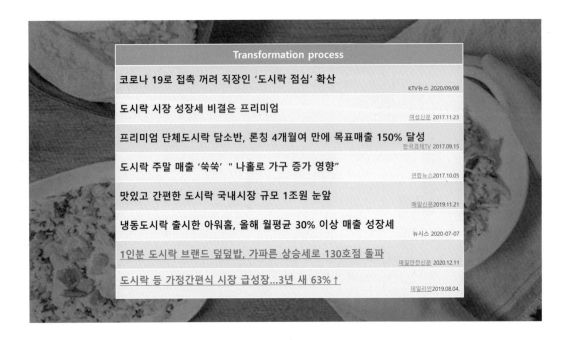

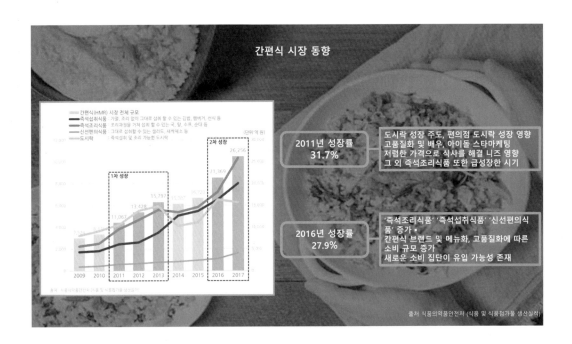

도시락 시장 규모 (조 단위)

시장 규모는 2조2542억원으로 2015년도의 1조 6720억원보다 34.8% 성장했다.

각 연도별 식품 및 식품첨가물 생산실적, 농림축산식품부

간편식 시장의 성장 영향 요인 비교

간편식 구모(억원)　1~2인가구수(천명)　여성 경제활동인구 수(천명)

출처 : 농림축산식품부 보도자료

주요 도시락 전문점 매출 규모

가맹사업자 조회, 한국프랜차이즈산업 협회(2014)

편의점 도시락 매출 현황

출처 :농림축산식품부

국내 프랜차이즈 도시락 3사
(한솥, 본도시락, 오봉도시락)
가맹점 매출 합산

출처 : 각사

도시락 시장 현황

구분	편의점	도시락 전문점	외식업체	온라인
규모	1,329억원 (2015년 시장규모)			
주 타깃	20~30대 남성	20~30대 남성	30~40대 남녀	20~30대 남녀
도시락 특징	섭취 시 가열필요	주문과 동시에 조리, 메뉴 다양	외식업체 특화 메뉴 판매 상대적으로 고가	건강식 다이어트식 특별메뉴 도시락외에도 다양한 메뉴
가격대	3천원~1만원	2천원~2만원	5천원~3만원	월 정기 구매
참여사	CU,GS25,,세븐일레븐 등	한솔도시락 오봄도시락	아웃백스테이크 비비고	밸런스빅스 잇슬림
시장특징	24시간 이용가능	행사에서 단체 구매 유사한메뉴 존재하며 가격대 비슷	일정금액 이상 만 배달가능 외식업체 특징 메뉴구성	시간장소에 맞게 배달서비스 정기구매형식 인터넷 주문

도시락 제조
- 편의점 (40%)
- 도시락 전문점 (30%)
- 외식업체 (20%)
- 온라인 판매 (10%)

출처 : 편의점 매출액, AC닐슨 2015년기준

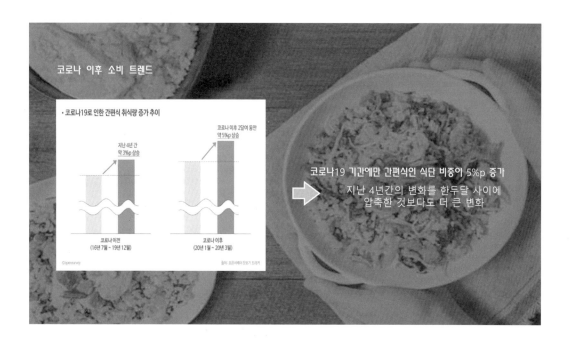

코로나 이후 소비 트렌드

- 코로나19로 인한 간편식 취식량 증가 추이

지난 4년 간 약 3%p 상승

코로나 이후 2달여 동안 약 5%p 상승

코로나 이전 (16년 7월 ~ 19년 12월)

코로나 이후 (20년 1월 ~ 20년 3월)

Opensurvey

출처 : 오픈서베이 정기구 트렌드

코로나19 기간에만 간편식인 식단 비중이 5%p 증가

지난 4년간의 변화를 한두달 사이에 압축한 것보다도 더 큰 변화

도시락 섭취 빈도

구분	명	명	매일	일주일 5~6번	일주일 3~4번	일주일 1~2번	일주일 한달에 1번	한달에 2번	두달에 1번	세달에 1번	세달에 1번 미만
	전체	600	0.7	2.2	9.8	33.3	20.8	18.2	6.0	3.3	5.7
성별	남성	300	1.3	3.0	11.3	39.0	20	15.7	4.0	3.0	2.7
	여성	300	0	1.3	8.3	27.7	21.7	20.7	8.0	3.7	8.7
연령	10대	120	0.8	3.3	5.0	28.3	16.7	18.3	11.7	7.5	8.3
	20대	240	0.8	1.3	14.2	34.2	21.7	18.3	4.6	1.7	3.3
	30대	240	0.4	2.5	7.9	35.0	22.1	17.9	4.6	2.9	6.7
직업	자영업	11	0	0	27.3	27.3	18.2	18.2	0	9.1	0
	경영 사무직	250	0.8	1.6	9.6	36.0	24.8	14.8	4.8	2.8	4.8
	전업주부	25	0	0	0	32.0	4.0	12.0	8.0	4.0	4.0
	학생	205	0.5	2.9	5.9	33.2	19.5	20	8.3	3.9	5.9
	무직	30	0	0	10	23.3	20.0	23.3	3.3	3.3	16.7

남성(50%), 여성(50%), 10대 (20.0%), 20대(40.0%), 30대(40.0%) 2016년 기준

가장 선호하는 도시락 제품

구분	사례	백반 위주	육류 메인	튀김 메인	생선 메인	덮밥	볶음밥	비빔밥	찌개/ 탕	기타
	전체	600	12.8	39.3	20.6	0.7	19.5	4.2	1.3	0.5	1.0
성별	남성	300	13.3	44.3	18.7	0.3	17.3	4.3	1.0	0.7
	여성	300	12.3	34.3	22.7	1.0	21.7	4.0	1.7	1.0	1.3
연령	10대	120	5.0	36.7	24.2	0.8	25.0	8.3	0.0	0.0	0.0
	20대	240	10.4	37.5	23.3	0.4	22.9	2.1	1.7	0.0	1.7
	30대	240	19.2	42.5	16.3	0.8	13.3	4.2	1.7	1.3	0.8

도시락 개선사항

구분	사례 수	반찬 종류	재료 양	재료품질향상	용기 개선	국물 추가	과일 추가	기타
판매채널	편의점	711	24.1	22.6	16.6	12.5	9.3	9.8	2.7
	도시락 전문점	219	23.7	20.5	15.5	11.0	13.7	10	1.4
	외식업체	18	38.9	16.7	16.7	5.6	11.1	11.1	0

도시락 구입시, 메뉴 가격 제외 고려하는 사항

구분		(명)	칼로리	브랜드	영양성분	포장상태	양	유통기한	원산지	기타
전체		600	7.2	14.7	7.2	11.3	30.2	21.0	5.2	3.3
성별	남성	300	5.7	13.3	7.7	8.0	35.7	23.0	4.3	2.3
	여성	300	8.7	16.0	6.7	14.7	24.7	19.0	6.0	4.3
연령	10대	120	12.5	9.2	0.8	7.5	43.3	18.3	2.5	5.8
	20대	240	6.7	16.3	7.1	12.5	35.4	14.6	4.2	3.3
	30대	240	5.0	15.8	10.4	12.1	18.3	28.8	7.5	2.1

도시락 구입시 메뉴 가격 제외 양, 유통기한을 제일 중요하게 생각

도시락 구입시, 구입해 본 채널

구분		(명)	편의점	도시락전문판매점	일반음식점	열차매점	고속도로휴게소	온라인몰	기타
전체		1,155	47.8	40.2	6.7	1.4	1.9	0.7	1.4
성별	남성	582	48.3	38.3	8.1	1.4	1.9	0.9	1.2
	여성	573	47.3	42.1	5.2	1.4	1.9	0.5	1.6
연령	10대	235	48.1	37.0	7.2	1.3	2.6	0.4	3.4
	20대	458	48.0	41.9	6.3	1.1	0.9	0.9	0.9
	30대	462	47.4	40.4	6.7	1.7	2.6	0.6	0.9

구매장소는 편의점, 도시락전문판매점 월등히 높음

2016 가공식품 세분시장 현황

정기 배달 도시락을 이용하는 이유

구분		(명)	밥 사먹을 장소 불충분	집에서 요리 불가능	다이어트건강관리	프리미엄 도시락 호기심	기타
전체		59	18.6	32.2	23.7	20.3	5.1
성별	남성	37	21.6	37.8	18.9	13.5	8.1
	여성	22	13.6	22.7	31.8	31.8	0
연령	10대	10	40.0	20.0	10.0	20.0	10.0
	20대	21	23.8	38.1	28.6	4.8	4.8
	30대	28	7.1	32.1	25.0	32.1	3.6

집에서 요리를 하는 사람이 줄었고 현대인들이 다이어트 및 건강관리에 관심 급증을 알 수 있음

도시락 전문점 주요 제품 판매 가격

브랜드	제품명	가격
본도시락	치킨마요 도시락	4,300
	제육쌈밥 도시락	6,700
	명품 한정식 도시락	19,900
오봉도시락	치킨 마요	2,700
	천하 도시락	3,700
	동민물장어 도시락	15,000
토마토도시락	치킨마요	2,700
	돈불튀김도시락	3,700
	17찬 명품도시락	18,000
한솔도시락	치킨마요	2,700
	도련님도시락	3,400
	점보새우프리미엄	12,000

판매가격 조사 기준: 2016. 9. 10

온라인 업체 도시락 주요 제품 판매 가격

브랜드	제품명	가격(한달단위)
잇슬림	퀴진	190,000
	알라까르페 슬림	190,000
밸런스박스	건강 1식	224,000
	다디어트 1식	282,000
호밀	호밀 한식	200,000
	호밀 슬림	154,000

판매가격 조사 기준: 2016. 9. 21
해당 가격은 1일 1식 주 5회 4주분 기준

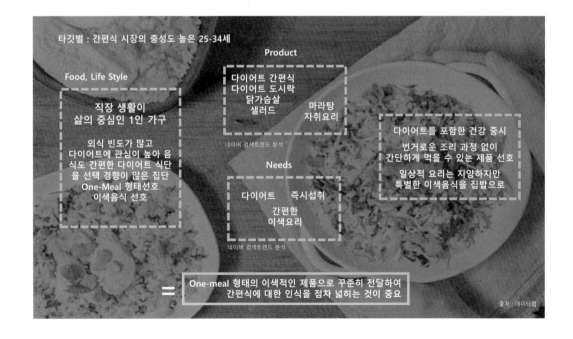

타깃별 : 간편식 시장의 충성도 높은 25-34세

Food, Life Style

직장 생활이
삶의 중심인 1인 가구

외식 빈도가 많고
다이어트에 관심이 높아 음
식도 간편한 다이어트 식단
을 선택 경향이 많은 집단
One-Meal 형태선호
이색음식 선호

Product

다이어트 간편식
다이어트 도시락
닭가슴살
샐러드   마라탕
            자취요리

네이버 검색트랜드 분석

Needs

다이어트   즉시섭취
      간편한
      이색요리

네이버 검색트랜드 분석

다이어트를 포함한 건강 중시

번거로운 조리 과정 없이
간단하게 먹을 수 있는 제품 선호

일상적 요리는 지양하지만
특별한 이색음식을 집밥으로

= One-meal 형태의 이색적인 제품으로 꾸준히 전달하여
간편식에 대한 인식을 점차 넓히는 것이 중요

출처 : 데이터랩

타깃별 : 간편식 트렌드와 다소 먼 거리 35-49세

Food, Life Style

바쁘게 직장과 가정을 오가는 워킹맘

남편과 어린 자녀에게는 직접 차려주고 싶은 워킹맘 신선하고 건강한 재료를 활용한 아침식사에 대한형성

Product

편의점 배달 인스턴트

아침간편식 주부

네이버 검색트렌드 분석

건강 등 기능적 혜택 보다 편의성, 저렴한 가격에 따른 선택

아직은 초보 주부인 워킹맘 으로 못하는 요리의 대체제로서 인식

건강에 대해 꼼꼼히 따지기 보다는 최소한의 검증된 안정성 고려

Needs

저렴하고 간편한

초보 주부 역할 지원

안전한 먹거리

네이버 검색트렌드 분석

= 바쁜 일상으로 가족에 소홀하다는 심리적 죄책감, 불안감 위로 기능적인 편의성 뿐만 아니라, 심리적 만족감 충족

출처 : 데이터랩

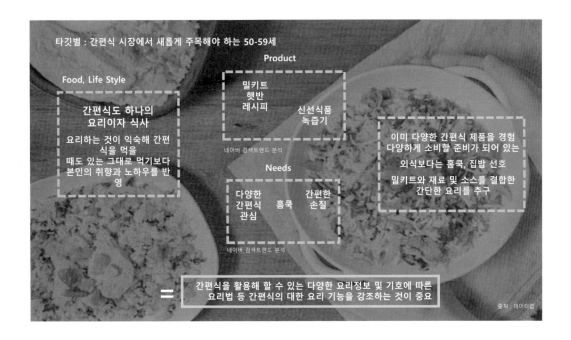

타깃별 : 간편식 시장에서 새롭게 주목해야 하는 50-59세

Food, Life Style

간편식도 하나의 요리이자 식사

요리하는 것이 익숙해 간편식을 먹을 때도 있는 그대로 먹기보다 본인의 취향과 노하우를 반영

Product

밀키트 햇반 레시피

신선식품 녹즙기

네이버 검색트렌드 분석

이미 다양한 간편식 제품을 경험 다양하게 소비할 준비가 되어 있는

외식보다는 홈쿡, 집밥 선호

밀키트와 재료 및 소스를 결합한 간단한 요리를 추구

Needs

다양한 간편식 관심

홈쿡

간편한 손질

네이버 검색트렌드 분석

= 간편식을 활용해 할 수 있는 다양한 요리정보 및 기호에 따른 요리법 등 간편식의 대한 요리 기능을 강조하는 것이 중요

출처 : 데이터랩

식사대용 제품

김밥 | 도시락 | 라면 | 햄버거

- 김밥 30%
- 도시락 27%
- 라면 26%
- 햄버거 17%

도시락 구입시 고려사항

칼로리 | 브랜드 | 영양성분
포장상태 | 양 | 유통기한
원산지 | 기타

- 칼로리 10%
- 기타 5%
- 브랜드 20%
- 영양성분 10%
- 포장상태 15%
- 양 4%
- 유통기한 29%
- 원산지 7%

도시락섭취이유

건강 | 접근성 용이
가격 | 집밥느낌
메뉴선택용이 | 기타

- 건강 22%
- 접근성 용이 25%
- 가격 18%
- 집밥느낌 14%
- 메뉴선택용이 14%
- 기타 7%

남성(50%), 여성(50%), 10대 (20.0%), 20대(40.0%), 30대(40.0%) 2016년기준

SWOT 분석

Strengths	연령에 제한 없음
	각자만의 취향에 맞게 도시락 제작
	도시락업계 최초 상담시스템 구축
Opportunities	가성비를 중요시하는 현대사회
	코로나로 인해 배달식품수요 급증
	도시락 산업 확장
Weaknesses	초기 자본금 부담
	낮은 인지도
Threats	코로나로 인해 원자재 상승
	유사 경쟁업체들 성장

SWOT 분석

구분	내용	가중치	배점	총점
Strengths	연령 제한 없음	80	4	320
	각자만의 취향에 맞게 도시락 제작	90	4	360
	도시락업계 최초 상담시스템 구축	90	5	450
Opportunities	가성비를 중요시하는 현대사회	90	4	360
	코로나로 인해 배달식품수요 급증	70	4	280
S.O 종합	S (1,130) + O (640) = 2,090			2,090
Weaknesses	초기 자본금 부담	80	4	320
	유통전문 인력 부족	90	4	360
	도시락 시장 인지도 부족	80	4	320
Threats	코로나로 인해 원자재 상승	80	4	320
	유사 경쟁업체들 성장	90	4	360
W.T 종합	W (1,000) + T (680) = 1,680			1,960

=S,O > W.T : Health 도시락 브랜드 시장성 양호

Target

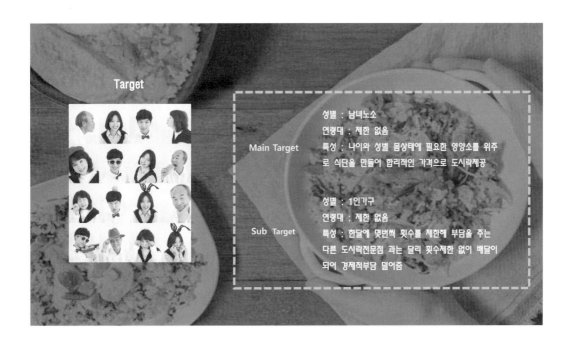

Main Target	성별 : 남녀노소 연령대 : 제한 없음 특성 : 나이와 성별 몸상태에 필요한 영양소를 위주로 식단을 만들어 합리적인 가격으로 도시락제공
Sub Target	성별 : 1인가구 연령대 : 제한 없음 특성 : 한달에 몇번씩 횟수를 제한해 부담을 주는 다른 도시락전문점 과는 달리 횟수제한 없이 배달이 되어 경제적부담 덜어줌

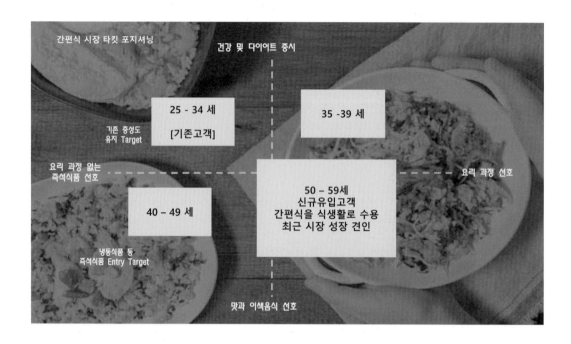

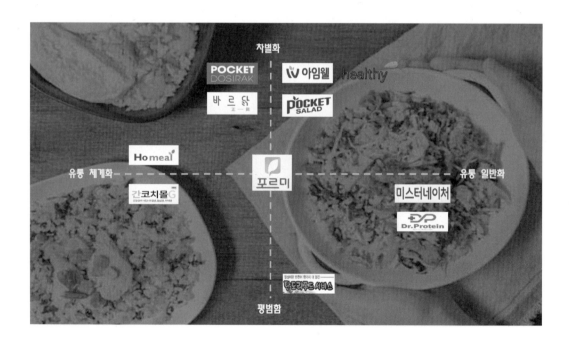

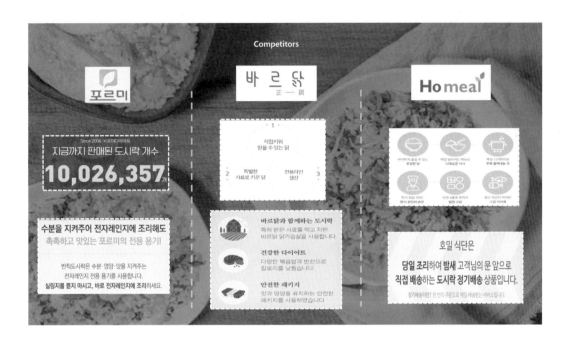

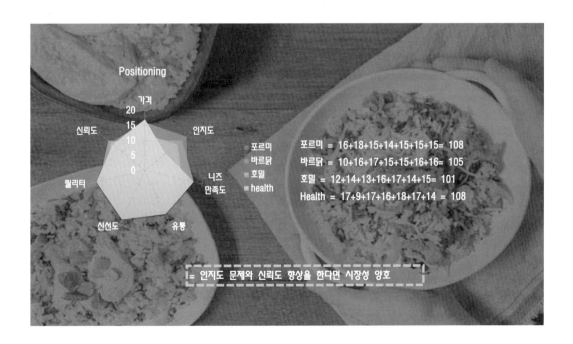

포르미 = 16+18+15+14+15+15+15= 108

바르닭 = 10+16+17+15+15+16+16= 105

호밀 = 12+14+13+16+17+14+15= 101

Health = 17+9+17+16+18+17+14 = 108

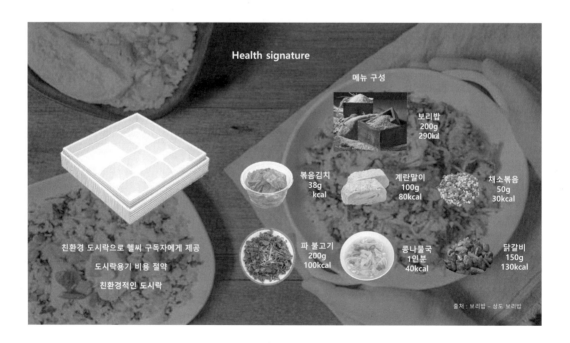

음식 & 제작 비용 + 인건비 + 광고 판촉비+소모품비 + 기타
40%   20%   20%   10%   10%
(상담비용 포함)
니즈에 맞게 메뉴가 상이한걸 감안

헬씨 도시락 : 4,500 ~ 8,000
평균금액 [6000]

- 손익 계산서 (2021년)		
2021 손익 계산		
구분	금액	기준
총 매출액	20(억)	
순 매출액	18(억)	할인율 10%
매출 원가	4(억)	원가율 20%
매출이익	14(억)	
판관비 인건비	9천만	기준표
복리후생비	9백만	인건비 약 10%
광고판촉비	3천6백만	20%
소모품비	1천8백만	10%
영업이익	12억4천7백만	
영업외 비용	2천만원	은행차입금 2억 (금리10%)
경상이익	12억2천7백만	
세금	2억4천5400만	20%
순이익	981,600,000	
참조내용	기준	2021년1월 4일 사이트 오픈
	인건비	3000만원 / 한사이트당 3명

문헌 인용 출처

교육부, 한국직업능력개발원. '대학 진로교육 현황조사' / 2017년 12월 31일.

교육부. 2019년 고등교육기관 졸업자 취업통계 / 2020년 12월 28일.

교육부. '2021년 4월 대학정보공시'.

교육통계서비스. www.kess.kedi.re.kr

김동기(1991). '현대마케팅원론' / 박영사.

김완석(2000년). '광고심리학' / 학지사.

김재휘, 박은아, 손영화, 우석봉, 유승엽, 이병관(2009). '광고심리학' / 커뮤니케이션
  북스.

네이버 백과사전. '통합광고효과 측정의 역사' / 2016. 10. 15.

네이버 백과사전. '허프의 확률모델' / 2020. 9. 10.

뉴스앤잡. '2019년 학과별 취업률 발표'.

대학알리미 사이트 www.academyinfo.go.kr

류문상(2015). '패션런칭' / 예림.

류문상(2021). '글로벌 마케팅' / 학현사.

방송통신위원회. '2020년도 방송매체 이용행태조사' 보고서.

사람인. '신입사원 채용 결산 및 합격 스펙' 보고서 / 2020년 12월 22일.

삼성물산 기업 홈페이지 www.samsungcnt.com

심성욱, 박종민(2004). '라이프스타일과 다양한 매체의 광고효과 인식에 관한 연구' /
  광고학연구, 15(2), 7~33.

안화곤(2018). '4차 산업혁명시대 온라인 생존마케팅' / 리텍콘텐츠.

이경렬(2012). 'TV 광고와 인터넷 배너광고 간의 크로스미디어광고의 효과에 관한 실
  증적 연구: 광고 인게이지먼트, 브랜드 인게이지먼트, 구매의도를 중심으로' / 커
  뮤니케이션학연구, 20(3), 67~90.

이종호(2004). '광고관리론' / 경문사.

인크루트. '2020 대학생이 가장 일하고 싶은 기업' / 2020년 7월 1일.

임종원, 양석준(2006). '디지털 환경에서 고객 참여를 통한 고객 주도형 관계 구조 형
  성에 관한 탐색적 연구' / 한국마케팅학회, 8(1), 19~47.

잡코리아. '2021년 4년제 대학 졸업 예정자 전공별 취업현황'.

통계청. '첫 직장 평균근속기간 조사 보고서' / 2018년 11월 5일.

통계청. '2021년 1월 온라인쇼핑 동향' / 2021년 3월 5일.

통계청. '경제활동인구조사 보고서' / 2021년 4월 14일.

포춘코리아. '2020 2분기 전자상거래 보고서' www.fortunekorea.co.kr

한국능률협회컨설팅. '2021년 한국에서 가장 존경받는 기업'.

한국면세점협회 홈페이지. www.kdfa.or.kr

한국직업능력개발원. '글로벌인재포럼' / 2020년 12월 27일.

한국창업경제신문. '온라인 쇼핑 2020 결산과 전망' www.sengseng.co.kr/1356

허성윤, 조만석, 이용길(2016). '계층분석법(AHP)을 이용한 우리나라 신재생에너지 정책 구성 요인의 상대적 중요도 분석' / 한국혁신학회지, 11(1), 29~69.

현대경제연구원. '국내 니트족 현황과 시사점 보고서' / 2021년 3월 22일.

Holloway, R. J., Hancock, R. S. (1969). 'Environment of Marketing Behaviour' / John Wiley & Sons, NY.

Howard, J. A. (1983). 'Marketing Theory of the Firm' / Journal of Marketing, 47(4), 90−100.

Kotler, P. (2001). 'A Framework for Marketing Management' / Prentice−Hall. NY.

Lipson, H. A., Lamont, D. F. (1969). 'Marketing Policy Decisions Facing international Marketer in the Less−developed Countries' / Journal of Marketing, 33(4), 24−31.

찾아보기

저자약력

류 문 상

현: 호서대학교 경영대학 글로벌통상학과 교수
　　주)호서글로벌통상&컨설팅(HSGC&C) 대표
　　https://hugcunsulting.imweb.me

전: 롯데그룹 GF 사업본부 기획팀장 / CFD Prestige Brand팀장
　　롯데백화점 해외명품팀 바이어
　　워커힐면세점 수입명품 바이어
　　롯데면세점 수입품 영업담당

학력: 한양대학교 이학박사 졸업
　　　프랑스 Lyon 국립 2 대학교 DESS과정 졸업
　　　프랑스 Paris ISG 경영대학원 MBA과정 졸업
　　　한국외국어대학교 영어과 졸업

경력: 롯데그룹유통부문, 블루벨코리아, 필라코리아, 한국섬유센터 등 교육위원
　　　신세계그룹, 주식회사 형지, CJ 홈쇼핑, 현대백화점 등 특강
　　　세종대학교대학원, 서울여대, 상명대, 성신여대, 숙명여대 출강

저서: 패션바잉 2008 / 우용출판사
　　　패션바잉 2012 / 경춘사
　　　패션런칭 2015 / 예림
　　　패션바잉 2018 / 서훈
　　　글로벌 마케팅 2021 / 학현사

비즈니스 포트폴리오

2021년 8월 20일 초판 인쇄
2021년 8월 25일 초판 1쇄 발행

저 자 류   문   상
발행인 배   효   선

발행처   도서   法 文 社
         출판

주 소   10881 경기도 파주시 회동길 37-29
등 록   1957년 12월 12일 제2-76호(윤)
TEL   (031)955-6500~6 FAX (031)955-6525
e-mail (영업) bms@bobmunsa.co.kr
       (편집) edit66@bobmunsa.co.kr
홈페이지 http://www.bobmunsa.co.kr
조 판 (주)성 지 이 디 피

정가 25,000원   ISBN 978-89-18-91228-8